中青年经济与管理学者文库

不同商业模式下管理会计工具应用与企业创新绩效研究

曹晓昱　王　满　著

中国财经出版传媒集团

中国财政经济出版社

图书在版编目（CIP）数据

不同商业模式下管理会计工具应用与企业创新绩效研究／曹晓昱，王满著． -- 北京：中国财政经济出版社，2023.3

（中青年经济与管理学者文库）
ISBN 978-7-5223-1878-3

Ⅰ.①不… Ⅱ.①曹…②王 Ⅲ.①企业管理-管理会计-研究 Ⅳ.①F275.2

中国国家版本馆 CIP 数据核字（2023）第 018351 号

责任编辑：武志庆　　　责任印制：党　辉
封面设计：智点创意　　责任校对：徐艳丽

不同商业模式下管理会计工具应用与企业创新绩效研究
BUTONG SHANGYE MOSHI XIA GUANLI KUAIJI GONGJU YINGYONG
YU QIYE CHUANGXIN JIXIAO YANJIU

中国财政经济出版社 出版

URL: http://www.cfeph.cn
E-mail: cfeph@cfeph.cn

（版权所有　翻印必究）

社址：北京市海淀区阜成路甲 28 号　邮政编码：100142
营销中心电话：010-88191522
天猫网店：中国财政经济出版社旗舰店
网址：https://zgczjjcbs.tmall.com
北京财经印刷厂印刷　各地新华书店经销
成品尺寸：148mm×210mm　32 开　9.125 印张　231 000 字
2023 年 3 月第 1 版　2023 年 3 月北京第 1 次印刷
定价：42.00 元
ISBN 978-7-5223-1878-3
（图书出现印装问题，本社负责调换，电话：010-88190548）
本社质量投诉电话：010-88190744
打击盗版举报热线：010-88191661　QQ：2242791300

策划人语

题记：一个人的精神成长史，取决于他的阅读史。只有阅读能最有效地培养精神生活习惯，而好的习惯又培养性格，性格决定人生。

——我们自豪，因为我们就是创造这精神产品的人。

选择了飞翔，总能看到蓝天；选择了远航，总能感受大海。人生不仅要作出选择，也要坚持住自己的选择。学会计、当编辑是我的意外选择。人说编辑是为人作嫁，可是这一选择我坚持了30年，苦在其中，乐在其中，也算是有声有色。每当我把一本本好书呈献给人们的时候，我觉得我是"富贵"的人：富，不是你身上的钱财，而是你心里的满足；贵，不是你地位的显赫，而是你被人需要的程度。

书海探寻，情怀永恒

我要说，做编辑我幸运，因为我不仅是第一个读者，可以对作品"品头论足"，也可以对作品"生杀予夺"；更重要的是，这是一个有很高层次的平台，在多年与名家的交往和名著的"对话"中，深深地为他们的人格和才学所感动，被作品的精彩所吸引，这不仅使我"下笔如有神"，更使我的思想和灵魂也受到一次次洗礼和震撼，得到一次次升华。对于我的作者我的书，如数家珍，作者中不乏才学和为人同样过人的多位泰斗和"颜值高责任大"的众多才子佳人；策划的作品不仅立足专业还兼顾人文，也是情怀所在，专业加人文路才会更宽更远。

多年的体会是，作为一名编辑，起码要"三心二意"，即"责任心、细心、耐心"和"服务意识、创新意识"。要多策划一些拳头产品，用一个选题推动一个系统工程，用一个系统工程培养一个出版社品牌。给新入职编辑讲座时我做过一个比喻：编辑两项基本功，审稿——甚至要比博导审批学生论文还要全面、细致；选题策划——要像电影导演一样做"星探"，善于发现优秀作者和挖掘好的原创作品。记不清30年来我策划和编辑了多少书，组织和策划了大批教材、业务培训用书、通俗读物、理论专著等，有的获得过国家、省部级各类奖项，有的以其填补空白、社会热点、风格新颖、开拓尝试等特点受到读者的欢迎。正是：

一入书门情似海，

探寻经典职责在。

苦辣酸甜何其乐，

编辑人生也精彩。

想是问题，做是答案

众所周知，目前的图书出版业在行业竞争和纸质图书受到严重冲击的情况下，出版人无不感到莫大的危机。在这种背景下，我们还要积极应对，完善纸质图书的固有特质，拓宽纸媒的功能，挖掘出版内容和形式都精彩的原创作品，适应新形势下读者的更高需求。2017年至今，在新的时代环境下不断出新，我又策划了多套系列丛书和单本图书，不乏名家著作、教材、学术专著和实务丛书等，继续为扶持学术研究和总结实践最新成果，在高端研究与专业知识普及和应用之间搭建一座座有益的桥梁。

每一个时代的经济环境不同，理论研究和实务探索所需要解决的问题也有所差别。当前我国处于新的历史时期，市场环境和组织模式不断演变发展、推陈出新，经济、管理、财税等领域的新理论、新思想、新方法、新工具也层出不穷。乱花渐欲迷人眼，击水三千浪几何？这些领域的研究人员被时代赋予了更艰巨的责任，也面临着更高、更多元的要求，我们不仅要具备更广阔的学术视野，而且要有更严谨的学术思维。

输在犹豫，赢在行动

《中青年经济与管理学者文库》的作者，都是我国经济与管理领域的中坚力量，也是未来的大家。他们中有些人潜心从事理论研究，有些人则深耕在实务一线，但无论现实身份如何，视野全都没有被拘泥在"象牙塔"内。他们从不同视角对市场经济的不同要素进行细致审视，然后汇聚于"财经版"这面旗帜之下，相互碰撞，彼此激荡，力求在市场经济转型升级的关键时期留下最新鲜的"中国印记"。

这些经济与管理领域的中青年学者，就是我国市场经济发展的潜力与优势，他们的研究成果，不仅将引领市场经济的各个组成环节向更科学、更先进的方向发展，而且将成为我国政府和企业在未来经济世界扮演更重要角色的支点与动力。祝愿这些中青年学者能攀上更高的学术之山，走向更远的研究之路，也期待宏观、中观、微观各个层面的市场参与者都能从这套文库中得到切实的启发与指引，在全面深化改革、增强发展活力的关键时期，发挥正能量和积极作用，为经济社会发展增添新的动力！——这也是我策划此套丛书的初衷。

作始也简，毕也必巨

2021年，是一个非凡之年，纵观世界风云，抗击疫情"风景这边独好"，"十四五"规划开局，我们喜迎建党百年。"其作始也简，其将毕也必巨。"从"开天辟地""改天换地"到"翻天覆地""惊天动地"，我们党经历了四个历史时期——救国大业、兴国大业、富国大业、强国大业，四件大事铸就了中国共产党百年辉煌。我们不禁感叹——风雨百年创辉煌，"天地"之间"有杆秤"。

2021年，还是一个纪念之年，出版社成立65周年和我从事编辑工作30周年。65年来，财经出版社始终坚持正确的舆论导向和鲜明的出版特色，努力为经济建设和财政工作服务，致力于为读者奉献经典作品，在中国财经出版传媒集团旗下发挥着更大的作用，取得更大的成就。作为一个有着20多年党龄的党员，我是生在新中国长在红旗下的幸运的一代，怀着对党无限的热爱和感恩，浓情做事、淡泊做人，用30年的情怀和坚守见证了出版业的转型，践行了编辑的天职，向党递交一份努力的答卷。

2017年策划出版《中青年经济与管理学者文库》至今已五年，得到了众多中青年学者的热烈响应与大力支持，文库诞生至今已囊括专著60余种，为中青年学者们提供了展示学术研究成果的平台，作者队伍不断壮大，作品陆续出版。如果您认可，如果您有意愿，欢迎您和您的朋友加盟我们的作者队伍！在中国财经出版传媒集团的"旗舰"下，中国财政经济出版社这"老字号"，一定励精图治，谱写新的篇章。敬请关注"龙媒玉制新书坊"微信公众号，我们用"龙的精神，玉的品质"来助力您实现梦想！

策划人：樊清玉

邮箱：qingyuf@sina.com

2021年12月31日

  当今企业面临着动态的、复杂的内外部环境，企业应积极调整组织战略和结构，增强组织建设与技术创新，以不断提高自身管理水平来应对复杂环境的挑战。其中，提高企业管理水平的重要措施之一是建立与外部环境、战略目标及组织结构相匹配的管理会计系统，并结合自身管理特点和实践需要选择合适的管理会计工具方法，系统化、集成化地应用管理会计工具，为企业管理决策提供有用信息。自 2014 年财政部发布《关于全面推进管理会计体系建设的指导意见》以来，我国管理会计理论研究和实践应用进入了加速发展期。在新发展阶段，如何创新应用管理会计工具，改善企业经营管理，助力企业高质量发展，已经成为新发展阶段下管理会计学者的重要使命。

  本书依据权变理论，基于管理会计发展阶段中管理会计工具的功能定位以及当前我国企业管理会计工具的应用情况，研究并阐述了管理会计工具应用与企业创新绩效之间的关系，探索了管理会计信息在其中发挥的路径作用。首先采用理论分析与实地访谈相结合的方法，对管理会计工具应用的调查问卷进行了设计和发放、回收与整理统计；其次利用问卷数据，通过多元回归分析与结构方程模型方法对管理会计工具应用与企业创新绩效之间的关系进行了初步检验;在此基础上,进一步检验了管理会计信息在其中发挥的中介作用机制以及商业模式的调节作用机制。通过理论分析与实证检验,本书所得到的研究结论主要有以下几点:

(1) 界定出本书所要研究的管理会计工具不同种类和以及管理会计工具所处的具体应用层次。本书在借鉴IFAC(1998)及相关文献的基础上,对管理会计工具应用层次的概念进行拓展,并进一步提出管理会计工具应用的理论研究框架,界定了标准成本法、全面质量管理、价值链分析以及全面预算管理等18种管理会计工具。

(2) 管理会计工具的应用能够促进企业实现战略目标、提高创新绩效。层次内的工具整合应用有利于发挥协同效应,也可以促进企业的创新绩效水平;不同层次的管理会计工具之间的差异互补性,也能为企业的管理决策提供有用信息,降低不确定风险,提高企业的创新绩效。

(3) 商业模式对企业的管理会计工具应用与创新绩效有影响。在新颖型商业模式下,管理会计工具纵向整合程度更高,管理会计工具横向整合水平也更高;在新颖型商业模式的企业中,管理会计工具应用对创新绩效的影响更加显著;进一步地,商业模式类型对管理会计工具应用与企业创新绩效起调节作用,且部分以管理会计信息为中介。

本书的贡献和创新在于:第一,提出了管理会计工具应用的分析范式和度量方式。本书在借鉴IFAC(1998)及相关文献的基础上,对管理会计工具应用层次的概念进行拓展并进一步提出,管理会计工具应用的理论研究框架,为后续相关研究奠定了概念基础。第二,基于权变理论的视角拓展了管理会计工具应用相关研究。本书基于权变理论,将商业模式视为管理会计工具应用的一项重要权变因素展开详细研究,分析并检验管理会计工具应用在不同环境下所达到的不同应用程度和应用效果。第三，以创新绩效为落脚点探索了管理会计应用的经济后果。本书将管理会计工具应用与企业创新活动纳入同一研究框架内，拓展了管理会计工具应用经济后果研究的视角。第四，采用定量分析方法丰富了管理会计研究方法体系。研究突破了管理会计工具对创新绩效的影响难以量化的局限，有助于管理会计工具应用经济后果的衡量与评价，保证了研究结果的科学性和准确性。

  本书立足于学科前沿对管理会计理论研究进行探索，对管理会计工具应用的实践经验和规律进行归纳总结，以推广和普及这些先进理念与实践，对推动企业创新实践，提高企业价值创造能力具有重要的研究意义。

作者

2022 年 10 月

第1章 绪论	（1）
1.1 研究背景和问题提出	（1）
1.2 研究意义和研究目标	（7）
1.3 研究内容和研究方法	（10）
1.4 研究贡献和创新点	（16）
第2章 文献综述	（18）
2.1 管理会计及其工具应用文献回顾	（18）
2.2 创新绩效文献回顾	（28）
2.3 商业模式文献回顾	（34）
2.4 文献述评	（40）
第3章 理论基础	（43）
3.1 权变理论	（43）
3.2 协同理论	（49）
3.3 组织结构理论	（54）
3.4 资源基础理论	（58）
3.5 信息处理观	（64）
3.6 本章小结	（67）

第4章 管理会计工具应用的企业访谈与问卷设计 ……… (68)
　4.1 概念界定 ………………………………………… (68)
　4.2 实地访谈 ………………………………………… (71)
　4.3 问卷的设计与处理 ……………………………… (85)
　4.4 问卷数据的相关检验 …………………………… (91)
　4.5 调查结果的描述性统计与分析 ………………… (100)
　4.6 本章小结 ………………………………………… (102)

第5章 管理会计工具应用对企业创新绩效影响的实证检验
　　　　………………………………………………… (104)
　5.1 理论分析与研究假设 …………………………… (104)
　5.2 研究设计 ………………………………………… (109)
　5.3 实证结果分析 …………………………………… (121)
　5.4 本章小结 ………………………………………… (145)

第6章 管理会计信息对管理会计工具应用与企业创新绩效
　　　影响的实证检验 ………………………………… (146)
　6.1 理论分析与研究假设 …………………………… (146)
　6.2 研究设计 ………………………………………… (152)
　6.3 实证结果分析 …………………………………… (163)
　6.4 本章小结 ………………………………………… (187)

第7章 商业模式对管理会计工具应用与企业创新绩效影响的
　　　实证检验 ………………………………………… (189)
　7.1 理论分析与研究假设 …………………………… (189)
　7.2 研究设计 ………………………………………… (194)
　7.3 实证结果分析 …………………………………… (205)
　7.4 本章小结 ………………………………………… (222)

第8章 研究结论、政策建议与研究展望 ……………… (224)
　8.1 研究结论 ………………………………………… (224)
　8.2 政策建议 ………………………………………… (226)

8.3 研究展望 …………………………………………（231）
附录 A 访谈提纲 ……………………………………（232）
附录 B 访谈企业编码材料 …………………………（234）
附录 C 管理会计工具在企业中应用及其应用效果问卷
　　　 调查 …………………………………………（245）
参考文献 ………………………………………………（251）

绪　　论

本章首先介绍了本书的选题背景以及需要进一步探讨的问题，其次从理论和实践两个方面阐明了本书的研究意义，明确本书的研究目标。在此基础上，对本书的研究内容和研究方法进行了论述，最后总结了本书的研究贡献和创新点。

1.1　研究背景和问题提出

1.1.1　研究背景

管理会计作为信息支持系统与管理控制系统的集合体（财政部，2014），管理会计的应用对我国经济的稳定增长与经济产业结构的优化升级，以及促进企业创新等具有积极的推动作用（冯巧根，2014）。近年来，我国财政部也陆续发布了《全面推进管理会计体系建设的指导意见》（以下简称《指导意见》）、《管理会计基本指引》《管理会计应用指引》等政策文件，强调了加强企业管理会计系统建设、提高企业管理水平与价值创造能力的重要性（胡玉明，2018），引发了社会各界对管理会计的高度重视（杨雄胜，2018）。在市场竞争程度与环境不确定性日益增强的现实背景下，管理会计在企业中的应用也需要管理会计理论的指导和支持。企业应结合自身实际情况，根据管理特点和实践需要选择适用的管理会计工具方法，系统化、集成化地应用管理会计工具为企业管理决策提供有用性信息，推动企业创新实践，为企业创造价值。

管理会计的应用不是一成不变的，而是随着权变因素的变化而变化（王斌，2014；诸波，2017）。1998 年，国际会计师联合会（International Federation of Accountants，IFAC）按管理会计发展阶段将管理会计应用划分为以下四个层次（Abdel – Kader and Luther，2008）：成本确定与财务控制、为计划和控制提供决策信息、消除商业流程中的资源浪费、通过有效的资源利用进行价值创造。四个层次的划分不仅体现了管理会计应用层次由低到高的历史演进过程，也反映了当前不同企业的管理会计应用水平。因此，依据权变理论和管理会计工具的环境适应性原则（财政部，2016；谢志华和敖小波，2018；王满等，2019），探索管理会计工具应用问题，能够为我国企业管理会计工具的综合应用研究提供思路（王斌，2004；Otley，2016）。

管理会计工具作为管理会计系统的基本构成要素，工具之间的整合应用关系呈一定的特征：不同的管理会计工具功能不同，可以依据功能定位到不同层次中；不同层次之间以及同一层次内的管理会计工具可以整合使用。因此，管理会计工具综合应用研究应包含两个方面的内容，一是"管理会计工具的纵向整合"，包括管理会计工具应用层次的提升以及管理会计工具层次间的整合应用情况；二是"管理会计工具横向整合"，即管理会计工具的层次内的整合情况。基于此，本书根据当前我国企业管理会计应用情况构建理论研究框架，并对管理会计工具综合应用程度加以度量，分析管理会计工具综合应用情况对企业创新绩效的影响，对于我国管理会计理论体系的建设与管理会计的应用实践具有一定的现实意义。

创新作为推动宏观经济向前发展的内在动力以及微观企业获得持久竞争力的重要手段（Schumpeter，1934），对企业各项业务起到支持作用（Porter，1985），也越来越成为当今企业发展的不竭动力与内在要求（杨雄胜，2018）。企业只有具备持续性创新能力才能不断提高自身的市场竞争力，满足日益变化的市场需求。创新过程中存在的不确定性也为企业带来了一定的挑战（Bertrand and Mullainathan，2003）。管理会计的本质是搜集和处理与组织资源有关信息的信息系统（余绪缨和毛付根，1990），包括财务资源和非财务资源信息、过程和结果导向信息以及战略与运营等各领域信息，更加关注于各个流程的风险控制。因此，管理会计工具的应用可以为管理者提供控制和管理决策有用的信息（王斌，2004），降低创新过程中的不确定风险，实现资源的有效配置与利用，进而提高企业创新绩效。

商业模式作为企业进行价值获取与创造的活动系统，将内外部因素同时纳入企业成长和成功的解释框架（龚丽敏等，2011），反映着企业嵌入商业环境的方式（Zott and Amit，2010），是运营结构和战略方向等的统一。商业模式通过调整产品、服务和信息流的基本架构（Timmers，1998），反映企业运营结构；通过对战略方向的总体考察，反映企业执行战略的过程（项国鹏等，2014），以此回答企业如何实现价值、如何实现战略目标等问题。管理会计的融合性原则和战略导向原则（财政部，2016）强调管理会计要通过与营运业务融合来实现企业战略目标，企业的目标与实现手段之间应具有匹配性和动态适应性（Masanell and Ricart，2011）。因此，在不同商业模式下，管理会计工具应用所提供的有用性信息对企业创新绩效的促进作用有所差异。基于权变理论，本书将商业模式视为一项重要权变因素，考察管理会计工具综合应用与不同商业模式的适应性及经济后果。

在上述研究背景下，本书依据管理会计发展阶段中管理会计工具的功能定位（IFAC，1998），结合当前我国企业管理会计工具的应用情况，研究管理会计工具综合应用与企业创新绩效之间的关系，探索管理会计信息在其中发挥的路径作用。同时，考虑到商业模式与企业创新之间的高度协调性（李志强和赵卫军，2012），本书进一步构建了以商业模式为调节变量的理论框架来研究不同商业模式下管理会计工具综合应用对企业创新绩效的影响效果和影响路径。以期通过本书发现管理会计在企业中应用的基本规律，丰富和完善我国管理会计工具应用的理论研究体系，为我国企业管理会计实践的发展做出一定的贡献。

1.1.2 问题提出

随着信息技术的迅猛发展与商业模式的不断变化，我国企业环境在政府干预与不完善的市场体系的大背景下呈一种复杂和动态变化的基本特征。管理会计作为信息系统，能够为会计信息确认、计量、解释和报告提供支持，增强企业决策的科学化，提高管理水平和管理效益。因此，运用科学的管理思想和方法以实现管理水平和管理效益的提高是企业在动态复杂的环境中稳步发展的必要手段。但管理会计工具在企业的实践应用中，必然会受到复杂的外部环境的影响。作为企业内部管理的重要手段，管理会计同其他管理工具一样，本身还具有一定的艺术性，代表着植根于特定的市场环境中的潜在管理理念和规律。因此，只有将我国企业的文化特征与制度背景充分融入管理会计工具的实际应用中，才能使管理会计工具在企业中的应用价值达到最大化。

目前关于管理会计工具应用的研究已呈多元化发展的态势，但在实际的应用过程中仍存在一些问题，例如，在现代企业中，管理会计工具的应用呈什么样的趋势、特点和规律？如何使用管理会计工具才能具有相关性并收到良好的效果？企业商业模式的变化是否会对企业管理会计工具的应用产生一定影响？以上问题仍需要在理论层面做深入的解答。因此，对以上问题进行深入了解和探讨，掌握管理会计工具在企业实践中运作的本质和内在规律，对于完善管理会计体系的建设是十分必要的。

随着管理会计工具在企业中应用的数量和整体水平的不断增加，管理会计工具的应用特征可归纳为如下 3 点：①诸多的管理会计工具按功能和性质的不同可以定位到不同的类别或层次。②企业对管理会计工具的实际应用中，相比于单一工具的应用，管理者往往会将几种不同的管理会计工具搭配使用以发挥管理会计工具的协同效应，不同种类管理会计工具的搭配使用会产生一定的经济后果。③企业在应用管理会计工具时，往往会考虑所企业面临的外部环境、战略、组织结构特征等要素的影响，权变地使用管理会计工具。从以上三个方面的特征得以窥见：管理会计工具的应用，呈一种层次化综合应用的特征。这种综合应用的特征可简要归纳为：首先，从形式上看，管理会计存在着一定的应用层次，不同的管理会计工具归属于不同的应用层次，应用层次的高低可以在一定程度上反映一个企业管理会计应用水平的高低；其次，从功能上看，管理会计工具之间存在一些整合使用的趋势，不同的管理会计工具之间存在着差异性和互补性。因此，对于管理会计工具的应用仍存在以下问题需要进一步探讨。

一是如何基于权变理论，构建管理会计工具综合应用的理论研究框架？如何度量不同企业的管理会计工具综合应用程度？本书依据管理会计发展阶段中管理会计工具的功能定位（IFAC，1998），结合当前我国企业管理会计工具的应用情况，采用调查问卷的方式调查分析了管理会计工具在各层次之间与层次内的应用情况，以进一步构建管理会计工具综合应用的理论研究框架。

二是管理会计工具综合应用对企业创新绩效的影响效果如何？虽然已有相关研究显示，管理会计功能与创新活动之间具有密不可分的联系。如 Revellino and Mouritsen（2015）、杨雄胜（2019）等。但也有一些学者认为，企业管理会计工具的应用并不一定促进企业的创新绩效水平，原因在于管理会计工具主要解决的还是价值创造和价值获取的问题，即便对创新绩效有影响，也非企业构建管理会计工具应用体系的主要目的，管理会计工具应用通过加强企业内部管控甚至有可能损害创新绩效。因此，管理会计工具的应用是否对企业创新绩效起到一定的促进作用以及对不同维度的创新绩效的影响是否有所差异，需要进一步的实证检验和数据分析，本书采用了多元回归和结构方程模型等实证方法对此问题进行了分析和检验。

三是管理会计信息在管理会计工具综合应用对企业创新绩效的影响中能否发挥一定的路径作用？目前理论界缺少关于管理会计工具应用对企业创新绩效的影响机制的研究。基于信息处理观理论，认为管理会计工具的应用有助于管理会计信息功能的发挥，而管理会计信息功能的发挥可以提高企业的决策控制能力进而降低不确定性风险。本书引入管理会计信息这一中介变量，采用问卷数据对管理会计信息在管理会计工具与企业创新绩效关系中所发挥的中介效应进行了实证检验，探索管理会计工具应用对企业创新绩效的影响路径。

四是不同类型商业模式如何影响管理会计工具综合应用与企业创新绩效的关系？随着当今时代的发展，商业模式也在相应地变化与创新，力求引入其他领域的多元化元素，以不断打破原有的两元化商业模式。而在整个变化的过程中，管理会计工具的应用也不是一成不变的，商业模式的变化将会对企业的管理会计工具应用以及企业的创新活动产生什么影响，目前理论界还缺少相关研究。因此，本书基于权变理论，将商业模式作为管理会计工具综合应用的一项重要环境因素，权变地研究不同商业模式对管理会计工具应用的差异性影响，采用问卷数据考察管理会计工具综合应用与不同商业模式的匹配适应性及经济后果。

随着管理会计工具在企业应用的日益多元化，对管理会计工具及其应用的不断探索也是十分必要的。本书对上述问题的探索，不仅可以为管理会计工具领域相关研究奠定一定的基础，拓宽管理会计的研究视角，丰富管理会计的研究成果，也可以为管理会计工具在企业的实践和应用提供理论支持，具有重要的理论意义和实践价值。

1.2 研究意义和研究目标

1.2.1 研究意义

本书基于管理会计层次化应用的视角，调查分析了管理会计工具在企业的综合应用情况，运用结构方程模型和多元回归分析方法不仅探究了管理会计工具综合应用对企业创新绩效不同维度的影响，实证检验了管理会计信息对管理会计工具综合应用与企业创新绩效的中介效应。同时，考虑到商业模式与企业创新之间的高度协调性，本书进一步构建了以商业模式为调节变量的理论框架来研究不同商业模式下管理会计工具综合应用对企业创新绩效的影响效果和影响路径。本书通过对上述内容的研究具有以下理论和实践方面的意义。

（1）理论意义

第一，为完善管理会计应用体系的建设提供了新的研究视角。本书从管理会计工具层次化应用的视角考察了管理会计工具之间的逻辑关系，构建管理会计工具综合应用理论研究框架。为管理会计应用体系的进一步完善提供了新视角，有助于丰富管理会计理论的研究内容，推进和完善我国管理会计理论体系建设。

第二，拓展了基于权变理论的管理会计工具应用的研究。本书基于权变理论，将商业模式作为权变因素，探讨了管理会计工具综合应用与不同商业模式的适应性及经济后果，有助于基于权变理论的管理会计研究视角的发展和完善。

第三，探索了管理会计工具应用经济后果的研究。本书以企业创新绩效为落脚点，将管理会计与企业创新业务纳入一个框架内研究二者之间的关系，分析管理会计工具应用对企业创新绩效的影响效果和作用路径，有助于丰富管理会计工具应用经济后果的研究。

第四，丰富了管理会计研究方法体系。本书运用定量分析方法衡量了不同商业模式下管理会计工具综合应用的程度和效果，基于问卷调查来进行数据收集和样本统计，采用因子分析以及结构方程等实证分析方法验证各变量之间的关系。在一定程度上保证了各变量的合理性以及实证结果的科学性，弥补了管理会计研究方法中缺少量化分析和实证分析的不足。

（2）实践意义

第一，为企业系统化、集成化地应用管理会计工具提供了理论借鉴。本书所构建的管理会计工具综合应用理论框架，不仅为《指导意见》和《管理会计基本指引》中所推进的管理会计指引体系的有效应用提供理论支持，也能够为企业依据所处环境、针对具体业务合理有效地应用管理会计工具提供指导借鉴。

第二，为企业提高创新绩效提供了一定的参考。对管理会计工具的综合应用问题进行研究，有助于指导企业合理选择和应用管理会计工具，发挥管理会计信息的路径作用，降低创新业务的不确定性，提高企业创新能力。

第三，为企业加强商业模式与管理会计工具应用之间的作用关系提供了新的思路。企业的目标与实现手段之间应具有匹配性和动态适应性，不同商业模式对管理会计工具综合应用的影响不同，不同商业模式下管理会计工具应用对企业创新绩效的影响效果也不同。本书将商业模式视为研究框架中一项重要权变因素，探讨不同商业模式下的管理会计工具综合应用程度与经济后果，有助于企业结合自身特点推进管理会计的应用。

1.2.2 研究目标

本书在对国内外研究文献与相关理论进行梳理、归纳总结的基础上，拟从管理会计工具的种类和层次界定出发，将企业创新绩效作为落脚点，实证检验管理会计工具综合应用对企业创新绩效的影响以及管理会计信息的中介效应。此外考虑了商业模式与二者之间的高度协调性，权变地研究商业模式对二者关系的影响。为管理会计的理论发展和企业的相应决策提供经验支持。本书拟实现如下具体的研究目标：

（1）衡量企业管理会计工具的综合应用程度

本书通过对管理会计工具的研究趋势和现状进行分析，界定管理会计工具的概念范畴和管理会计工具的应用层次，基于管理会计工具的应用层次，从纵向整合和横向整合角度构建管理会计工具综合应用体系，并利用问卷调查数据度量企业实际的综合应用情况，为管理会计工具的研究提供理论依据。

（2）探究管理会计工具综合应用对企业创新绩效的影响

本书通过实证检验管理会计工具综合应用与创新绩效之间的关系，依据实证分析结果为企业如何根据自身情况应用管理会计工具提供经验证据，为企业综合应用管理会计工具，发挥管理会计信息支持功能，降低创新业务的不确定性，提高创新能力提供指导。

（3）检验管理会计信息的路径作用

本书以管理会计信息为中介，实证检验管理会计工具综合应用、管理会计信息以及企业创新绩效之间的关系，探索管理会计信息其在中间发挥的路径作用。

（4）检验商业模式对管理会计工具综合应用与创新绩效的影响

本书将商业模式、管理会计工具综合应用与企业创新绩效纳入同一框架内，研究商业模式对管理会计工具综合应用的影响，并将不同商业模式下管理会计工具综合应用对企业创新绩效影响效果和影响路径的差异性进行分析比较,最后对结果进行数理和经济解释。

1.3 研究内容和研究方法

1.3.1 研究内容

管理会计工具作为管理会计理念的具体体现,发挥着一定的价值创造功能。具体来说,通过帮助企业管理者制订并实施组织计划和战略、深度参与管理决策、加强控制与绩效管理等方面发挥着重要作用,进而为企业利益相关者创造价值。本书主要关注管理会计工具的综合应用问题,综合运用相关理论,深入阐述管理会计工具综合应用的两个方面,即管理会计工具纵向整合与横向整合。通过理论分析和实证检验,明确管理会计工具的综合应用对企业创新绩效的影响和作用机理,以及商业模式的权变作用。

本书的主要内容按照文献综述—理论基础—访谈与问卷设计—实证分析—结论的研究思路进行。全书共 8 章,各章主要的研究内容如下:

第 1 章:绪论。本章首先介绍了选题背景,提出研究问题,从理论和实践两个方面阐明了研究意义,设定研究目标。在此基础上,论述了研究内容和研究方法,并对研究贡献和创新点进行了总结。

第 2 章:文献综述。本章主要从管理会计及工具应用、企业创新绩效、商业模式三个方面对国内外相关文献进行梳理、总结和评述。首先,对管理会计的内涵、功能及管理会计信息系统相关内容进行了梳理;其次,对管理会计工具的应用随管理会计历史阶段而产生的变化进行了文献回顾,引出管理会计工具应用的四个层次概念；再次，对企业创新绩效的内涵与影响因素以及管理会计工具应用对创新绩效的影响进行了文献综述；最后，在商业模式概念界定及维度划分文献回顾的基础上，对商业模式与管理会计工具应用之间的关系进行了综述。通过文献研究的比较和梳理，探索将商业模式、管理会计工具应用和企业创新绩效纳入同一研究框架中的可能性，为本书的后续研究奠定文献及理论基础。

第3章：理论基础。本章对研究所涉及的权变理论、协同理论、组织结构理论、资源基础理论以及信息处理观等理论进行了总结和梳理。权变理论、协同理论与组织结构理论为管理会计工具综合应用与不同商业模式的适应性及经济后果研究提供了理论基础，资源基础理论和信息处理观为管理会计信息的中介作用检验提供了强有力的理论支撑。

第4章：管理会计工具应用的企业访谈与问卷设计。本章在文献综述和相关理论阐述的基础上，通过企业访谈和问卷调查方法考察了管理会计工具综合应用的具体情况。首先，对管理会计工具的应用层次与种类进行了概念界定，以进行访谈的设计与实施，并对访谈结果的有效性进行了检验；其次，对管理会计工具应用情况的调查问卷进行了设计、收回和整理，并对被调查者与企业的基本情况进行了统计和分析；最后，为保证问卷数据的可靠性和有效性进一步对有效问卷的数据进行了信度和效度检验，为后文的实证研究奠定基础。

第5章：管理会计工具应用对企业创新绩效影响的实证检验。本章以规范研究和实证研究为基础，将管理会计与企业创新业务相融合，提出管理会计工具综合应用与企业创新绩效之间关系的研究假设。按照已建立的理论框架来选取变量指标和相关题项来设计问卷，构建管理会计工具综合应用的理论分析框架。首先，参照IFAC（1998）对管理会计工具应用层次的划分标准，借鉴国内外学者对管理会计工具层次应用与发展的分析，选取27种管理会计工具进行访谈与问卷调查，通过信度效度检验，最终确定18种管理会计工具进行研究分析；其次，从新产品推出和市场反应以及新技术的使用三个维度（Ritter and Gemünden，2004；Bell，2005；钱锡红，2010）衡量创新绩效。最后，使用多元回归分析和结构方程模型进行假设检验来研究管理会计工具综合应用对企业创新绩效及其不同维度的影响，并进行分析比较，为后续研究奠定实证基础。

第 6 章：管理会计信息对管理会计工具应用与企业创新绩效影响的实证检验。在第 5 章实证研究的基础上，提出假设并检验管理会计信息在其中发挥的路径作用。本章借鉴 Meredith and Hill（1987）、于增彪和桑向阳（2014）以及孔增强（2015）等研究，对企业管理会计信息（MAI）加以度量。依据温忠麟的中介效应检验原理，建立多元回归模型与结构方程模型进行管理会计信息的中介效果检验，比较管理会计信息在三个不同维度所发挥的路径作用。为企业针对创新业务的不同目标适当地选取管理会计工具、科学地建立管理会计信息系统提供政策建议。

第 7 章：商业模式对管理会计工具应用与企业创新绩效影响的实证检验。在前两章的基础上，将商业模式、管理会计工具综合应用与企业创新绩效纳入统一研究框架进行研究。首先依据权变理论，考察管理会计工具综合应用与商业模式环境的匹配程度，并提出在不同商业模式下，管理会计工具综合应用程度不同的研究假设；其次整体考察三者之间的关系：在不同的商业模式下，管理会计工具综合应用对创新绩效的促进作用不同，管理会计信息发挥的路径作用也有所差异。本章将借鉴 Amit and Zott（2007）对商业模式的度量方法，设计出商业模式量表，并区分企业所采用的不同商业模式类型，依据实证结果分析商业模式与管理会计工具综合应用之间的联系，为企业提高管理会计工具综合应用的环境适应性提供政策建议。

第 8 章：研究结论、政策建议与研究展望。本章在前文全面系统研究的基础上，主要对研究结论进行了总结，并提出相应的政策建议和今后的研究方向。本书的技术路线如图 1-1 所示：

第1章 绪 论

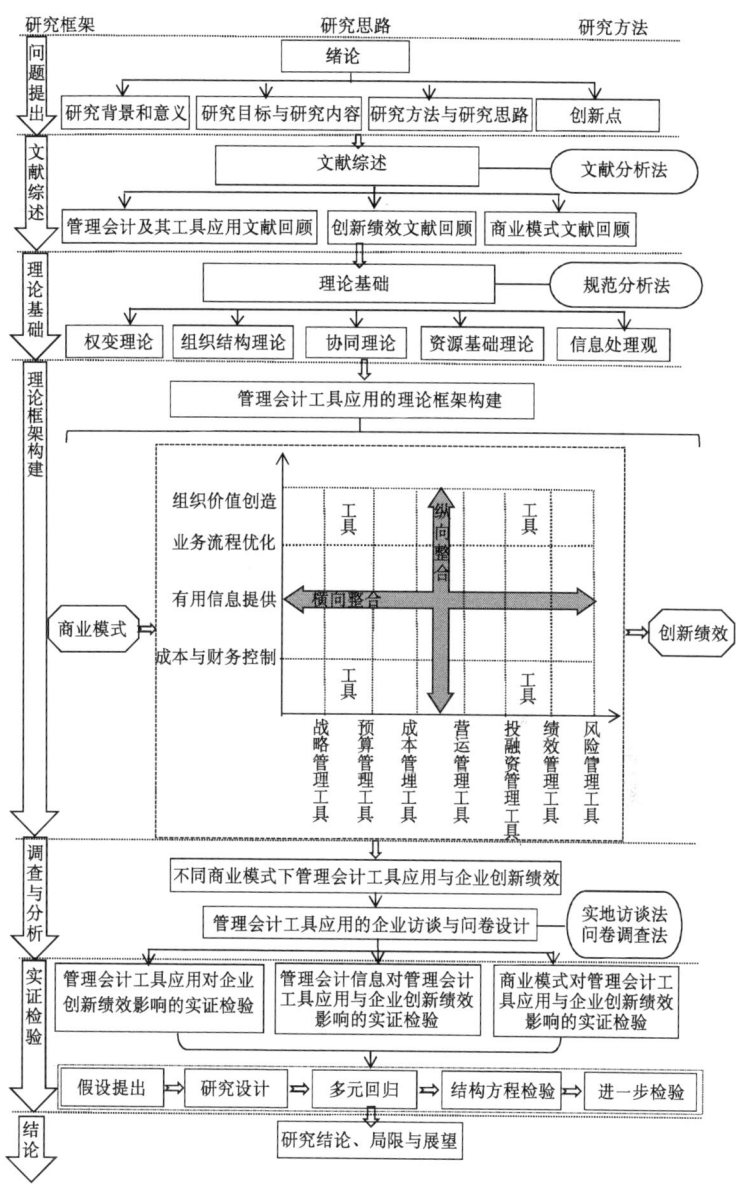

图 1-1 技路线术

1.3.2 研究方法

本书采用规范分析和实证研究相结合的研究方法。规范分析如文献分析法,有助于对研究问题的提出、分析以及整体理论框架的构建,为本书所要研究的问题奠定了坚实的理论基础;而实证研究如企业实地访谈与问卷调查法、多元回归分析法以及结构方程检验,可以为研究问题的全面性和系统性提供客观依据,为研究结论的科学性和准确性提供数据支持。

(1) 文献分析法

文献分析法是在对所收集到的文献资料汇总后,通过研读以了解研究对象的基本情况,帮助研究者初步了解目前研究的进展以及仍存在的问题,有利于对研究对象发展的动态把握,并引出本书的观点。本书首先按照研究的逻辑思路,对管理会计工具及其应用、创新绩效和商业模式相关的文献进行梳理,总结已有文献的观点并在此基础上引出本书拟研究问题。其次,依据权变理论、资源基础理论、组织结构理论和信息处理观等理论来进行理论的分析和假设的提出,分析管理会计工具的综合应用、商业模式和企业创新绩效之间的关系。进而对书中所涉及的管理会计工具综合应用、管理会计信息、创新绩效以及商业模式等变量进行度量,为下文实证检验打下坚实的理论基础。

(2) 访谈法

访谈调查法是为了获取对研究有用的信息和资料,通过在与被访问者谈话的过程中,通过对其一系列问题的提问与面对面沟通的方式与被访问者进行互动的方法。按访谈类型可分为结构型访谈与非结构型访谈，本书所采用的是半结构式访谈[①]。采用半结构式访谈的方法，可以在与企业被访谈者进行面对面沟通的过程中收集企业应用管理会计工具情况等相关信息。此外，在访谈的过程中，可以就一个问题与被访谈者进行面对面充分的交流，并详细展开问询，以获得更加丰富翔实的信息与研究所需的一手数据资料。

（3）问卷调查法

本书结合所要研究的问题，参考国内外相关理论与量表设计，在实地访谈的基础上进行问卷的设计，并通过相应途径对所设计的问卷进行发放与回收。如通过问卷星、email、微信等网络形式发放给全国各地的符合条件的被调查者，以及通过面对面等线下方式进行问卷的发放与回收。此外，为保证问卷数据的可靠性和有效性，使用 SPSS22.0 和 EXCEL2017 软件对问卷数据的数据进行了检验与分析。EXCEL2017 主要用于问卷汇总后的初步描述性统计；SPSS22.0 主要用于主成分分析以形成各层次上的管理会计工具维度以及相关的信度和效度检验。

（4）实证分析法

实证分析方法是通过对各变量之间关系的定量描述，以为研究问题的可靠性提供客观依据，为研究结论的科学性和准确性提供数据支持。首先，本书在分析管理会计工具综合应用对企业创新绩效的影响时，分别运用了描述性统计、相关性分析等方法初步探索考察二者之间的关系；其次，利用与元回归分析与结构方程模型（Structural Equation Model，SEM）进一步对管理会计的中介效应进

[①] 根据访谈过程中的访谈问题与反应的不同，可以将访谈方式分为结构式、非结构式和半结构式三种访谈方式（王重鸣，2001）。结构式访谈是指在访谈过程中所有调查员都必须严格地按照访谈问卷上问题进行发问，不得随意对访谈问题做出任何解释。非结构式访谈是给被访谈者一个题目，由调查者与被访谈者就这个题目自由交谈。半结构化访谈是通过研究问题某些方面的选取向被访谈者进行提问，虽然访谈比较机动，访谈结构也比较松散，但却有访谈的重点与焦点。

行检验。其中,对管理会计信息和创新绩效三个维度的划分采用的是验证性因子分析法。

1.4 研究贡献和创新点

本书借鉴现有研究文献,通过文献与理论分析法、半结构访谈和访谈内容分析法,界定出所要研究的管理会计工具种类和层次,并对此进行了初步的统计与分析。在此基础上,通过多元回归、结构方程模型等实证分析方法,分析了管理会计工具的综合应用对企业创新绩效不同维度的影响。在管理会计工具综合应用对企业创新绩效的影响中,引入管理会计信息这一中介变量,构建了间接效应模型并实证检验了管理会计信息中介的可靠性。最后将商业模式变量纳入理论框架中,权变地研究其对管理会计工具综合应用与创新绩效之间的关系。本书在对现有理论研究进行总结和归纳的基础上,认为可能实现的研究贡献和创新之处主要有以下四点:

①系统性构建了管理会计工具综合应用的理论研究框架。企业对管理会计的应用是一个持续深化的过程,既体现为应用层次的不断升级,又体现为工具之间的密切整合。因此,本书在借鉴 IFAC(1998)及相关文献的基础上,对管理会计工具应用层次的概念进行拓展并进一步提出管理会计工具综合应用的研究框架,从层次化应用的视角完善管理会计工具综合应用体系,对管理会计综合应用程度加以反映和度量。

②基于权变理论的视角拓展了管理会计工具应用相关研究。目前,关于管理会计应用影响因素的研究较少且分散,基于综合应用的视角来考察权变因素对管理会计工具应用的影响更是鲜有,研究结论对于企业管理会计工具应用的启示较为有限。因此,本书基于权变理论,将商业模式视为管理会计工具综合应用的一项重要权变

因素展开详细研究，分析并检验管理会计工具综合应用在不同环境下所达到的不同程度和效果。

③以创新绩效为落脚点探索了管理会计应用的经济后果。创新是一项高风险、高收益的业务，管理会计的信息支持功能可加强对创新业务的控制，通过降低其中的不确定性，提升企业的创新绩效。因此本书将管理会计工具综合应用与企业创新业务纳入同一研究框架内，分析管理会计工具综合应用对创新绩效的影响效果和作用路径，拓展了管理会计工具应用经济后果研究的视角。

④采用定量分析方法丰富了管理会计研究方法体系。本书首先基于问卷调查来进行数据收集与样本统计；其次，采用探索性因子分析和验证性因子分析方法来考察各测量变量的合理性；最后，运用多元回归分析与结构方程模型对所提出假设进行检验。其中，对于层次内各项管理会计工具的整合研究，本书将采用因子分析法提炼出不同层次管理会计工具对综合应用的贡献度，并以此为基础度量其整合应用程度。研究突破了管理会计工具对创新绩效的影响难以量化的局限，有助于管理会计工具应用经济后果的衡量与评价，保证了研究结果的科学性和准确性。

第 2 章

文献综述

本书主要从管理会计和工具的应用、管理会计信息、创新绩效和商业模式四部分内容进行了文献研究分析。首先梳理了管理会计的定义、功能以及管理会计信息系统的相关内容，同时梳理了管理会计工具的定义及应用情况；其次分析了创新绩效的内涵与影响因素，并在此基础上回顾了管理会计工具对企业创新绩效影响的文献研究；最后在商业模式定义的研究基础上，梳理了商业模式和管理会计工具应用之间系的文献，并对上述主题做了评述。

2.1 管理会计及其工具应用文献回顾

2.1.1 管理会计基本问题

（1）管理会计的内涵

19世纪工业革命的迅猛发展推动了许多企业在生产规模方面不断的扩大，企业的生产制造效率也大幅提高，也在不断发展中推动了管理会计的发展。"管理会计"是由奎因坦斯（H. w. Quaintance）于1922年首次提出的。由于企业经营管理者在做决策时，成本控制影响力越来越大，因此成本信息发挥了越来越大的作用。最初的成本会计只是简单的成本计算，后来演变成成本计算与成本控制相结合，再后来，成本会计逐渐与企业的财务会计剥离开来，演变成现在的管理会计，也就是企业从每年的对外界报告做出的成本计算，发展成以企业内部管理为主要导向的管理会计。在企业管理的过程中，管理会计发挥着越来越重要的作用，因为管理会计不仅与企业环境、管理者责任有关，也与企业组织内部的控制息息相关，企业价值增值等目标的实现更离不开管理会计。

  关于管理会计的定义和内涵，不同专业组织和研究者的研究视角不同，做出的定义侧重点也有所不同。1989 年，国际会计师联合会（IFAC）认为，组成企业管理的各个要素和部分中，管理会计也属于其中一个组成要素。在《管理会计概念公告（Management Accounting Concepts）》中，管理会计主要是能够通过搜集和整理信息，来帮助企业决策者制订管理战略和计划，进而运用这些信息和计划实施管理控制。1999 年，国际会计师联合会（IFAC）随后又对管理会计的内涵和概念进行了重新修订，认为管理会计是能够帮助组织整合运用资源并进行管理实践的过程。而公告中的组织资源主要包括四个方面，一是企业的财务资源，二是能够识别和确认的企业中的核心资源，三是企业拥有的独特的知识资本，四是能够统领和引导企业方向性的战略能力。同时，英国特许管理会计师协会（CIMA）、国际管理会计师协会（IMA）也与 IFAC 持有相同的观点，认为企业的管理会计能够帮助企业进行资源整合并进行管理控制，并以此也对管理会计的概念进行了重新修订。2012 年，美国管理会计师协会（IMA）在对管理会计的定义进行修订时，主要从管理会计师的角度进行定义，他们发布了《管理会计公告》，把管理会计看做是深度参与企业制订计划和战略决策并进行绩效测评的职业，重点是能够通过这些专业的绩效测评知识以及管理资源来为公司决策者提供决策信息和财务信息，以此提高企业绩效。英国特许管理会计师（CIMA）把管理会计看作帮助企业管理者综合分析各方信息、制订实施计划并最终能够促进组织效益增加的活动。2014年，我国财政部发布了《指导意见》："管理会计融合了企业的日常业务和财务活动，这种管理活动通过运用企业内外部各种信息，在企业运营的计划制订、战略决策的规划以及期间的控制评价等三个方面为企业管理者提供决策支持。"由上面分析可知，本书在分析研究过程中认为，管理会计的定义同时集结了信息支持系统和管理控制系统（财政部，2014），能够通过为企业决策和管理者提供具体信息，帮助企业管理者制订战略计划，并深度参与企业决策，帮助企业增强绩效管理（IMA，2008），最终实现为企业的股东和与客户相关的利益关联者创造价值（IFAC，1999）。

近年来，管理会计（MA）、管理会计系统（MAS）、管理控制系统（MCS）和组织控制（OC）在众多研究者的文献中通常会互换（Chenhall，2003）。但是，纵观众多国外文献，这些概念定义的基本含义是一致的，例如，管理会计（MA）具体包括类似预算或产品成本核算等实践活动；管理会计系统（MAS）则是通过运用管理会计的系统来实现企业绩效目标；管理控制（management control）是指企业的管理者为了落实组织战略，通过管理权限的行使，来参与并影响其他企业决策制订与具体实施的过程。管理控制系统（MCS）的构造和发展与管理会计密不可分，管理会计的发展促进了管理控制系统的演变，系统的发展构成又进一步丰富了管理会计的内涵，二者相互影响（Otley，2003）。而管理控制系统（MCS）在管理会计理论是一个意义更广泛的专业会计术语，在广义的理论中是包含管理会计系统的，除此之外，还包括"个人和团队控制"等。而组织控制（OC）则主要是指企业或者组织为了实现企业目标，进行的一系列的活动和设计等，这些关于协调和管理组织活动以实现企业目标的活动称为组织控制，在管理会计中主要是包括企业统计质量的控制、管理作业等过程中的控制。

（2）管理会计功能

管理会计的功能是随着其发展而不停变化的，它重点侧重于企业内部管理,这种组织管理活动主要影响因素就是权变。在管理会计管理模式的发展中,由最初的"控制型导向",逐渐拓宽范围,演变成如今的"价值创造型导向"模式(王斌和高晨,2004)。尽管管理模式逐渐统一,但管理会计的功能划分却一直存在争议。学术界有些学者认为管理会计最重要的功能和作用就是向企业的经营决策者提供给有助于他们做出决策提高绩效的信息,如 Horngren et al.(2000)、Lambert(2001),同时另外一些专家学者在对管理会计的研究中把管理会计比作企业的管理控制系统,如 Chenhall(2003)、Otley(2003)、Ferreira and Otley(2009),他们在国外期刊中发表过"管理会计等同于管理控制"的言论。本书主要对管理会计的双重功能进行文献梳理和回顾,通过研究该文献可以得知,关于管理会计功能的研究,众多学者都认为管理会计同时具备信息的支持功能和管理控制功能。

管理会计的目标决定了它在企业管理中发挥的功能,Merchant and Otley 在 2006 年的研究表明管理会计的目标主要是为企业决策者提供相关信息,便于其制订计划、考评依据,并给予这些信息进行修正组织,以此实现组织目标、解决企业和员工的问题(Zimmerman,2005)。所以,Mundy(2010)认为,管理会计的功能主要是支持和监控这两种互补又竞争的功能。企业决策者需要在二者间寻求平衡(Sprinkle,2003;Mundy,2010),而二者是否平衡则主要是看组织在遇到的问题时所提出解决办法和研究方案是否匹配(Speklé,2001),若二者匹配,那么管理会计的两个功能互补,进而让企业具备独有的组织能力和竞争优势(Henri,2006)。

Mundy(2010)不是第一个提出管理会计系统双重功能的学者,在此之前就有许多文献研究过这一功能。早在 1992 年,Kaplan 就认为管理会计是包括成本和控制两部分的依托生产信息的附属管理系统。2003 年,Sprinkle 认为该系统的功能主要有促进和影响决策两种,Zimmerman(2005)则认为,决策影响功能接近于监控功能理论。2009年Simon研究出管理控制（会计）系统的监控、指出信息和纠正企业行为的功能。北京工商大学会计学院课题组（2003）在课题研究结果中对管理会计理论的功能进行了详细研究和阐述，他们认为管理会计理论的功能主要有两种，支持功能和控制功能，其中前者是企业组织的基本前提，而控制功能是该理论的核心功能。王斌（2004）关于管理会计理论的功能也做了具体研究，在他的研究结论里，管理会计主要是能够进行成本核算，进而通过核算出的结果向管理者提供具体的管理信息，第二个功能则是对企业信息进行管理控制的功能。Massaro et al.（2011）在分析管理会计功能时，得出的结论是三种不同于其他研究者的功能：具体为学习功能、帮助解决问题的功能和监控功能。王斌和顾惠忠（2014）认为，管理会计系统主要是在企业组织和会计行为中发挥着提供信息支持和管理控制的功能。冯巧根（2014）在研究管理会计系统的两种功能时，运用理论数量关系中的纵横坐标，把该理论的信息支持功能看作横坐标，把对企业的管理控制功能看作纵坐标，其中信息支持功能又具有经济计算和传递会计信号的功能，纵坐标具有为企业生产、技术创造做向导的功能。

（3）管理会计信息系统

管理会计作为信息支持和管理控制的系统，其最本质的特征是信息管理。管理会计信息系统主要是采用了搜集信息、具体分析、咨询信息进而做出报告的方式（冯巧根，2014），向企业决策者提供激励和价值实现。管理会计信息支持系统主要是进行经济核算，同时向决策者传递企业经营状况有效信息，进而帮助企业决策者识别和判断企业经营活动是否合理运行，以便优化企业经营投资决策。2017年财政部出台的《管理会计应用指引第802号——管理会计信息系统》，其中指出该系统主要是使用计算机、网络等现代信息技术手段，收集、整理会计信息并作出分析、研究报告，进而为组织决策者提供全面准确最新的信息支持，而这种管理会计活动的基础是财务和业务信息。

管理会计信息系统主要由三个要素组成，一是企业目标，二是该系统的应用原则，三是该系统的具体工具方法。其中，管理会计系统能够帮助企业决策者制定符合他们企业自身实际的经济目标和战略目标，并依照此目标实现企业的利润和效益最大化，所以企业目标是管理会计信息系统中逻辑上的起点（孟焰和孙丽虹，2004）。财政部2016年印发的《管理会计基本指引》中，对会计目标的具体内涵、应用的原则和使用管理会计工具的具体定义进行了再次明确。同孟焰等（2004）的解释基本一致，文件指出管理会计工具的正确应用，可以为决策者提供有效信息进而帮助决策者做出企业规划和决策，并进行后期评价。

2.1.2　管理会计工具应用

（1）管理会计工具应用层次

管理会计工具是管理会计发挥功能作用的重要要素，它是随着企业所处环境的变化而发展变化的，管理会计工具的发展变化，也带动了该系统服务内涵的变化。环境的变化带动了管理会计工具的多样，进而使管理会计系统的服务内涵也更加的多样丰富（北京工商大学会计学院，2003）。财政部印发的《管理会计基本指引》（2016）中也对管理会计工具进行了具体阐述，指引中认为管理会计工具在使用管理会计时所采用的具体方法模型，主要包括划定战略地图、滚动预算管理和平衡计分卡等，这些常用模型统称为管理会计工具。CGMA（2017）对管理会计工具的定义也进行了具体阐述，他们认为能够帮助企业进行决策制定、增加企业效益、提高战略目标及提高企业价值的框架、模型等都被称为管理会计工具。

按照发展过程划分，管理会计应用分为四个层次 IFAC（1998）：一是进行企业运营成本的确定、企业财务指标和绩效等的控制。这一层次中最具代表性的管理会计工具就是进行前期预算控制、差异分析和标准成本法,还包括运用企业的各种财务指标进行的各种绩效评价方法等;二是应用管理会计来为企业决策者提供有利于制订计划和控制的多方信息,本层次具有代表性的管理会计工具主要是本量利分析、产品盈利性分析、责任会计、参与预算等,除此之外还包括使用企业的环境、文化等非财务指标进行的各种业绩评价方法等;三是运用管理会计来减少甚至消除企业在进行商业活动时引起的各种资源浪费。最具代表性的工具就是作业成本法、全面质量管理、适时制、产品生命周期成本法、目标成本法;四是运用管理会计工具,对企业内外部资源进行提取整合,使搜集整合的有用资源更好的服务于企业决策者,为企业创造价值、提高绩效,该层次最常见和具有代表性的管理会计工具主要是平衡计分卡、经济增加值、标杆管理、跨组织会计、小组织独立核算和激励薪酬等。从价值链角度划分,王满和童施博(2007)认为,管理会计主要有执行性管理会计、决策性管理会计和战略性管理会计三个阶段。胡春晖和徐国君(2013)认为,还包括使用技术和工具来对已经发生的企业行为和管理会计进行整合,并最终运用到未来的管理会计中去。总的来说,不同阶段的划分,反映的是管理会计由简到复的转变过程,在种类、功能和结构上体现了管理会计的动态变化。

本书按照IFCA(1998)的四个层次的划分逻辑,对管理会计的四个应用层次演变进行了细分,但这种划分并没有深究四个层次间的演变逻辑,具体特点和规律仍需要深入探讨。四个应用层次的具体划情况如下:

第一层次,1950年以前成本确定与财务控制,管理者主要通过确定生产某一产品的成本来提高组织制造生产效率,这种计量方法使企业非常重视产品成本,为了提高收益,他们把企业的成本标准、控制预算和差异化分析等方法运用到了生产过程中,借以提高企业生产效率、解决影响经济效果的问题(胡玉明,2004)。

第二层次，1960年中后期为计划和控制提供决策信息，集中体现在管理控制。Anthony把管理控制看作是区别于战略控制的过程，主要是通过获取资源并合理有效的使用来实现企业战略目标的过程。该层次主要是运用一些管理会计工具，对会计职责的适用范围进行了规范限制，认为在管理会计工具的应用中，应当首先把注意力和关注点放到企业的会计信息上面（Langfield-Smith, 1997; Otley, 1999）。基于该阶段的研究中，标准成本计算、预算管理等常用工具就出现，同时还包括盈亏临界点分析、差量分析法、变动预算、边际分析等管理会计工具，以上这些工具构成了管理会计工具体系。

第三层次，1980年中期后流程优化和资源节约，权变理论扩展了企业管理控制和规划的框架，该阶段的理论认为管理会计控制工具不可能一层不变，同一个理论不可能同时适用于相同企业的不同时期，也不会同时适用于同一时期的不同企业，具体如何选择适合现阶段的当前企业的工具，主要取决于企业所处的外界环境和内部条件。在这一层次最突出的理论就是全面质量管理，它是该层次的基本标志，与此同时也出现了一系列的理论方法体系，如流程分析、作业成本法及作业成本管理（Cooper, 2004）、战略成本管理（Shank, 1992）等。

第四层次，1990年中期后资源利用和价值创造，该阶段主要是扩展了管理会计工具的应用范围。该理论由原来只关注企业战略计划和管理控制以及对资源的减少浪费，逐渐加强了企业价值的战略性创造，扩展到了对管理者和员工价值、创新能力提升和员工绩效创造及动因的确认计量和管理上。这时，一些例如平衡计分卡（Kaplan and Norton, 1992）、经济增加值（EVA）等新兴管理跨级工具应运而生，并被大量引入公司管理过程中，使企业管理会计的内涵更加丰富。

（2）管理会计工具整合应用

管理会计工具是随着企业内部管理的需求变动而不停变动的，它是管理会计理念的具象化。在管理控制上它是一个个相对独立的闭环，但功能区域又存在着交叉互补。因此，也就出现了整合管理会计工具的思想（王斌，2004）。Otley（1999）认为，要想处理好企业目标、计划、业绩目标、绩效评价与控制评价五个问题，弥补某个管理会计工具的不足，可以通过整合全面预算、平衡计分卡和EVA等多个管理会计工具，进而形成完整的绩效管理框架。高晨和汤谷良（2007）认为，可以运用平衡计分卡和预算两个模式，他们对该问题的深入调研，丰富了我国企业管理控制理论，更好地将会计理论引入实践。Knápková et al.（2011）在对会计理论的运用中，综合研究了经济增加值（EVA）、平衡计分卡（BSC）和标杆管理（Bench marking）三种理论，通过分析他们在实践中的应用、评价和客户满意度，为企业管理者提供了理论依据。Dwivedi and Chakraborty（2016）认为，将作业成本法（ABC）和平衡计分卡（BSC）两种方法结合可以通过提供准确及时的财务状况和经营信息，进而提高经营者战略决策的有效性。钟芳（2019）采用了调查问卷方式，以供应链视角分析了整合管理会计工具和提高企业绩效之间的关系。

(3) 管理会计工具应用的调查分析

随着对管理会计工具的研究越来越深入，更多学者开始研究不同企业环境下的管理会计工具的选择和运用，重点研究如何运用该工具提高企业收益。为此学者们对它的应用情况进行了研究调查。

Firth（1996）选取了370家国企、432家中外合资的中方合作伙伴和456家中外合营企业作为研究样本，运用成本管理和成本控制的方法，对六种管理会计工具在这些企业中的使用进行了分析，得出国有企业中，运用管理会计的积极性是不同的，有外资注入大于无外资注入企业的积极性。冯巧根（1997）重点选取了浙江多加企业的管理会计工具的使用状况，认为在管理会计工具中，不同管理会计工具的适用范围是不同的，其中责任会计能够更广泛地应用于各个企业中。南京大学国际会计系的课题组做了调研，调研目的主要是通过实证调研分析研究不同管理会计工具在不同领域企业中的使用情况。他们选取了 105 家企业作为研究对象，分析了他们共运用了 81 项管理会计工具，最后得出有 11 项工具被六成企业运用，13 项工具被 40%~59% 的企业使用，不到二成的企业使用了剩余的 21 项管理会计工具。Dugdale（1994）以英国特许管理会计师协会（CIMA）140 名成员为研究对象，调查他们使用意愿，了解理论和会计工具的实践运用有很大差距。Chenhall and Langfield（1998）重点研究不同管理会计工具在企业中的重要性排名，具体研究方法是对澳洲 140 家大型制造业公司进行分析，重点调查他们在使用不同管理会计工具时对过去和未来 3 年造成的收益的不同。

王立彦和张莹（2000）对会计信息系统的运用目标进行研究，得出 1990 年末多数企业常见的主要有财务分析、本量利分析（CVP）和资本支出决策技术等管理会计工具，他们重点服务于财务会计而非管理会计。林文雄和吴安妮（1998）在分析我国运用管理会计的不同领域时，主要从五个方面进行分析的，具体包括成本会计、标准成本核算、资产预算、短期决策和管理会计，研究标本主要是我国 500 家企业。冯巧根（2002）重点研究了不同管理会计工具的运用对象，重点向 200 家企业发放了调查问卷，调查他们对传统工具如责任会计、标准成本法、绩效评价等工具的使用意愿，除了分析在使用这些传统工具时的体验感受，还重点研究了一些战略成本管理、作业成本法、经济增加值等新兴工具，结果显示更多的企业偏重于使用传统会计工具，使用频率高于新兴管理会计工具。两年后，Sulaiman et al. 也对传统和新兴管理会计工具的使用率和重要性程度进行了研究，研究范围为中国、印度、马来西亚和新加坡四个亚洲国家。沙秀娟和王满等（2017）选取了战略成本管理、标准成本法、作业成本法、目标成本法、本量利分析等

13个管理会计工具在企业使用和价值链中使用率和重要性进行了分析排序。

2.2 创新绩效文献回顾

2.2.1 创新绩效的内涵

创新绩效是管理和经济学两个领域重点关注的研究方向,它是一种对组织或个人的创新效率和创新效果的评价,由过程绩效和产出绩效两部分构成(高建等,2004)。Schumpater(1934)关于创新的研究观点是认为创新是企业决策者重新组合生产要素进而实现企业效益。学者们最开始的创新理论是运用新理念、新方法或重大知觉改变(Rogers and Shoemaker,1983),之后越来越多的学者从多个角度研究创新,对它的理解也逐渐深化和延伸到想法的采用和实践中,例如新产品或新技术的组织结构等(Damanpour,1991)。20世纪以后,人们关于创新的定义就是企业在某个特定环境和情形下做出的创造。总之,关于创新绩效的定义一直没有统一的被广大学者接受的定义。

总的来讲,创新绩效的定义主要从企业的产出导向和企业具体投入及最终产出的整体综合两个方面进行了阐述:从企业产出导向方面分析的话则认为企业在进行生产制造时,能够运用新颖技术和方法提高产出绩效即为企业的创新绩效(Tierney and Farmer,2002),从投入及产出综合的角度定义,则是指将该发明引入市场的整个过程中所获得的发明、技术及创新绩效(Hagedorn and Cloodt,2003)。

创新绩效评价的作用有:帮助企业决策者了解企业创新现状、做出合理创新决策、提高企业创新水平,减少企业因创新带来的风险。企业创新是个非常复杂漫长的过程，国内外并未形成统一的标准体系进行绩效评价，绩效测量的方法也有以下几种：从创新过程角度看，Janssen（2000）等学者依据创意的产生、推进、完成和实践等过程，对创新意愿、行为和结果三方面进行测量；从创新投入角度看，学者 Hagedoorn and Cloodt（2003）和 Kleinknecht et al.（2002）等认为，可以从 R&D 投入、创新支出总额、专利引用等方面来具体测量和研究企业的绩效，不仅如此，还能从企业发明拥有的专利和生产出来的新产品数量来衡量最终绩效；从创新产出角度看，李垣（2010）认为，可以运用新产品生产的增值、专利数量的增值、研发投入增值和投资回报率增值四个指标来测量企业绩效。依据测量维度的不同，可以分为：解学梅（2010）从专利数量、通过创新生产的产品数和销售占比三个指标来测量创业绩效；钱锡红（2010）借鉴 Bell（2005）、Ritter and Gemünden（2004）的研究，从推出创新产品、运用创新技术和市场对创新产品的使用反应等方面测量绩效。刘学元（2016）关于测量创新绩效的指标研究是六个方面，具体为新产品/新服务的推出使用、市场对创新产品的反应、创新产品技术含量、生产方式引用、创新产品的投入率、一流技术的运用等。

2.2.2 创新绩效的影响因素

企业创新行为是多方参与、多因素互相交织影响的行为，而非企业家独自完成。它拥有多元、复杂的特点，有着企业外部网络、交流联系等外部因素影响和公司内部氛围、组织结构和领导者特质等内部因素。1942 年 Schumpeter 的创新模型凸显了企业家个体创新能力和创新思维的推动作用，后来研究不断推进，利益相关者、客观因素也成为创新模型的要素，这些要素之间互相影响，助推创新思想的开发形成，在此模型下的创新活动创造了企业的创新绩效。然后这些关于创新绩效的研究只是冰山一角，创新主体与用户、供应商和企业内外部环境的复杂性使创新绩效不再是企业决策者独自创新的产物。

开放式创新是主要研究企业外部环境以及企业同外部环境互相影响而形成的创新,重点突出影响创新绩效的外部环境,如社会资本、获取信息和企业之间网络等。以开放式创新为背景的研究,主要认为外部环境等是影响企业取得创新绩效的重要因素。Chesbrough（2003）的开放式创新模型认为,有些研发投入较小的企业取得成功,受益于企业外部资源,他们认为,企业内部研发活动的优势正在降低,公司边界的模糊或弹性使内外资源交换更通畅。Powell et al.（1996）研究了类似生物科技公司,认为创新在这些合作密集的网络公司中更能创造出创新绩效。关于创新的产生环境认为他们都产生于网络学习的过程中,而非个人公司,但这一理论只适用于专业技术分散并且基础知识复杂的行业。李志刚在2007年重点研究了产业集群网络结构的影响,网络嵌入是本质,这种创新模式更注重集群网络中每个成员单位的经营状况,这些成员单位的密度、强度、稳定性和互惠性都能够促进企业创新绩效的产生。Ahuja（2000）在关于企业网络对创新的影响因素研究中认为,直接、间接联系能够促进企业创新,直接关系数量的多少会影响间接关系的促进效果,但结构洞却不利于企业创新效益的产生。Zeng et al.（2010）重点研究了公司的关系网对企业创新绩效的影响。与其他合作公司、中介科研机构的合作产生的创新绩效大于与政府部门的合作效益。张方华（2010）与Zeng et al.（2010）一样都研究了企业网络的问题,不同的是他从网络嵌入的角度来分析企业的创新效益,研究得出关系型嵌入、结构型嵌入以及获取知识都能帮助企业产生更多创新绩效。近些年来关于协同创新的研究越来越多,他们都将企业关系网络视为整体,不过他们更多的是侧重于协同创新网络的方式和内涵。其中,解学梅（2010）从企业之间、企业中介之间、企业和科研机构之间、企业和政府部门之间四个维度研究了创新网络的使用在那些中小型企业中是如何影响企业最终绩效提升的。2013 年，解学梅与左蕾蕾又从网络规模、同质性、协同强度和彼此开放性四个角度分析了协同创新网络，对企业创新绩效的影响，结论证明前三者是正作用于企业绩效的。此外，合作常规化、合作伙伴多样化（Beers，2011）、开放度（Vahter et al.，2014）、企业网络位置与网络嵌入（钱锡红，2010；吴兴宇，2020）与协同创新能力（解学梅，2014；徐建中，2015）、动态能力（杜俊义，2017）等都会对企业的创新绩效产生影响。

以上主要是研究企业网络和协同合作关系，还有在协同合作过程中企业行为和战略目标对创新的影响。Rosenkopf and Nerkar（2001）认为，跨企业边界搜索比非跨企业边界搜索对技术革新的影响更大，更能促进企业技术革新。Estrada et al.（2016）通过研究发现战略要想帮助企业实现创新绩效，必须保证企业内部信息共享系统和知识保护系统的完善，即公司特征、能力等要与企业战略配套，只有这样，才能使同竞争者的合作取得积极效果。

除了以上研究得出的影响企业创新的因素之外，还有一部分是从企业个体、组织和二者交互影响三个不同层面进行分析他们对创新影响因素的。如能力、学习、战略和企业家特质等。其中，个体层面主要包括员工创新能力、自我效能感和员工创新动机（Amabile，1998）。郑建君和金盛华（2010）基于我国国情研究了我国员工创新能力和创新动机及创新结果之间的关系：创新能力越高，创新意愿就越强，创新结果也会显著提高；创新自我效能感对自身创新能力有积极促进作用，能够激发创造力、解决创新问题（顾远东和彭纪生，2010）。Bledow et al.（2011）认为，团队中的成员互相求助有助于提高整个团队的创造力，他研究对象是某大型跨国公司 291 位工作者。Kiazad et al.（2014）从资源基础管角度，分析了员工违背心理契约的可能性大小关系着他们创新绩效的大小。

管理者与决策者是创新背后的根本指导力量,因为企业创新复杂性决定了它需要花费企业大量时间精力。管理决策者强烈的创新精神、独到的战略视角、足够的创新能力与管理能力对企业的创新具有至关重要的作用。Prajogo and Ahmed (2006) 研究得出企业创新激励对公司产品创新绩效的提高有很大作用,例如良好的人力资源管理、创新力和信息管理就能够激发产品创新进而提高企业生产绩效,而那些核心研发技术管理则能够起到良好的中介作用。陈劲等 (2007) 重点研究了技术学习对绩效提升的影响力。朱朝晖 (2008) 认为,影响企业创新绩效的学习因素主要可以从探索性和挖掘性两个维度分析,挖掘性学习在技术动荡程度低时成效更明显,技术严重动荡时,两种要素都能促进企业创新绩效的提升。Forés and Camisón (2016) 分析了组织创新能力的不同影响因素对渐进式和突破式创新的影响。企业的知识积累和组织规模大小能够影响渐进式创新,吸收知识的能力会影响突破式创新,组织规模对创新知识的积累影响比较复杂,有助于创造知识却对吸收能力不起作用。

2.2.3 管理会计工具应用与创新绩效

诸多研究者都对管理会计的角色应用及其对企业产生的经济后果进行了研究。Kaplan and Norton (2001) 提出,控制企业绩效和创新的框架主要是平衡计分卡,而他们的分析工具主要有预算、股东市值指标等。我国也有许多学者对管理会计工具的整合运用机制以及对企业绩效产生的影响进行了探讨研究,如王斌和高晨 (2004)、印猛和李燕萍 (2006)、高晨和汤谷良 (2007) 等,他们都对管理会计工具的应用进行了研究,同时他们关于绩效提升的研究,为我国企业运用会计工具进行企业管理提供了坚实的理论基础。同时刘运国和陈国菲 (2007)、池国华和邹威 (2015) 等也在理论研究和具体的工具实践方面做出了巨大贡献。杜荣瑞、肖泽忠和周齐武（2008）也在我国国有企业运用管理会计成效的调研中验证了企业绩效和运用管理会计的正相关关系。

会计的计算功能与企业的创新活动是分不开的。于增彪（2018）认为，管理会计可以通过提前收集会计信息帮助企业决策者做出决策进而提高企业管理效益、创造价值。Revellino and Mouritsen（2015）研究得出管理会计能够帮助企业记录并分析内外部已经存在并发生的信息，并通过分析整合这些信息作为引擎激发新思路新思维。而且也管理者的创新思维就是从这些会计信息中得到的，这些会计信息能够为决策者提供企业发展变革过程中可能遇到的新问题和有可能演变的新发展思路。而这种激发出来的创新思维又能反过来推进会计在组织管理和会计信息管理中的发展，因此使用管理会计并让他们充分发挥计算和创新功能，能够为企业带来管理效益，进而增加公司绩效，最终实现战略目标。基于以上研究，杨雄胜（2019）在自己的会计理论研究中，提出了企业的创新管理会计，该理论认为，企业在进行管理会计创新的过程中，可能会遇到关于信息支持和管理控制等方面的问题，而创新管理会计就能够很好地运用创新思维解决企业创新过程中的各种问题。

企业创新是高风险高收益的项目，但也充满不确定性，通过向组织提供有效信息来协调业务活动，通过影响企业业务流程来对企业各项事务进行支持（Bertrand and Mullainathan，2003）。王斌和顾惠忠于（2014）认为，通过分析企业经营中的影响因素来减少创新不确定性，可以帮助决策者运用有效信息促进创新发挥效益。管理会计可以通过收集处理信息来消除产品生产过程中的不确定性，减少实际执行任务时所需信息和现存信息之间产生的差距影响（Davila，2000）；同时，运用管理会计工具可以向决策者提供成本控制和决策信息（王斌，2004），实现资源合理优化配置，提高创新效能。

2.3 商业模式文献回顾

2.3.1 商业模式的概念界定

商业模式的概念最早由 Bellman（1957）提出，他的定义延伸到了价值体系和战略定位，运用到了资源管、战略经络、交易成本经济学等理念。但商业模式的定义迄今为止仍无法取得共识。

（Zott and Amit, 2011）认为，一个企业具体的运用模式以及在获取利润方面使用的盈利模式，二者进行有机结合的模式就是该企业的商业模式，同时商业模式中也包括了企业对于自己在整个行业中设定了战略定位。Timmers（1998）则认为，企业生产出的产品和服务以及构建的信息系统便是企业商业模式；Venkatraman（2008）认为，商业模式需要一个合适的平台，平台上必须由顾客间的互动、资本金的吸纳采购和知识发挥的杠杆作用。Osterwalder and Pigneur（2010）把商业模式比作吸引客户传递价值的关系资本；Hawkins（2002）在研究中认为，企业与客户之间的相处模式就为商业模式，具体来说就是企业生产产品销售给客户，或者通过向客户提供服务，这种生产产品和服务的过程就是商业模式，同时他还分析了在这整个提供产品和服务的过程中所产生的成本及最终从客户那里取得的收益，通过成本收入的计算，即可达到企业收益，也即企业赖以生存的动力和血液。Morris（2005）认为，企业中的战略方向、运营体系等通过关联变量进行整合，以此帮助企业获得市场中的核心竞争力，这种整合方式就是商业模式；Shafer et al.（2005）认为一个企业的核心竞争力便是生产和创造价值，这种转变的过程和战略的选取就是企业的商业模式。Magrett and Osterwalder（2002）认为，商业模式包括但不只是企业经营战略，还包括企业的发展远景。

　　Amit and Zott（2001）、Zott and Amit（2007，2008，2010）在一系列研究文章中提出了商业模式的核心意义是跨边界的交易体系和活动，以抓住"企业如何做生意"这个本质。Amit and Zott（2001）强调了活动之间的相互依赖性，解释了商业模式的本质，更适合界定商业模式创新的概念。公司的活动体系可以超越核心公司，跨越其边界，但将保持以核心公司为中心，使核心公司既能够借助盟友的资源来产生共同价值，也能够通过共享自己所产生的价值来帮助其他企业（Zott and Amit，2010）。Amit and Zott（2001，2007，2008，2009，2010）认为，企业的商业价值是由创新的理论和价值来源构成的，并向学者们阐述了公司与合作商之间的交易模式、交易内容和公司治理机制，主要是将合作伙伴和企业间的交易联系进行概念化。

　　国内关于商业模式的研究也很多。国翁君奕（2004）将商业模式定义为价值分析体系，体系要素主要有企业的价值导向、价值支撑和价值保持三种，同时他们将企业的平台经营环境进行了细分；程愚（2004，2012，2013）把企业活动视为"交易—价值"式活动；王胜洲（2012）运用价值链理论，构建了涵盖关系资源、公司运营和利益实现三种模式的整体结构和结构方程，重点是从外部资源、企业客户和企业价值链三个层面来分析；魏江、刘洋、应瑛（2012）研究视角主要是企业内部构造、外部交易行为和系统整合三个方面。罗珉（2015）认为，公司运营盈利的前提就是要拥有一套适合自己的商业模式；胡保亮（2015，2019）在研究中把商业模式当作绩效提升和获得核心竞争力的重要利器，他认为一个企业的商业模式是对传统产业和自身现有资源的分析整合，并且与企业获得价值、实现盈利息息相关。

2.3.2 商业模式的维度划分

商业模式的分类标准很多,主要有以下两类,分别由 Amit and Zott (2001) 及欧洲财务报告咨询组提出。第一种是在实证研究的基础上提出的四种模式,即效率型、新颖型、互补型、锁定型,其中前两种模式在提高公司绩效方面效果更加明显;第二种分类具体包括价值转换型、价差获利型、长期投资型和负债驱动型。这两种分类方式的提出对企业内部管理和会计活动产生了重大影响,为企业如何在动态变化的外部环境中不断完善治理机制以提高竞争力提供了依据。

国内其他学者在商业模式分类标准方面也有不同的研究结果。原磊(2007)认为,零售行业的商业模式主要是三种,分类标准则是寻求利益的出发点不同,具体是从顾客价值、从伙伴价值和从企业价值三种出发点。这三种出发点都是朝着为企业谋求利益的方向出发的,三者产生的总价值构成了零售企业商业模式产生的价值总和。吴晓波和姚明明(2014)的商业模式 6 分法(长尾、多边平台、免费、非绑定、二次创新式和系统化)为后续研究商业模式类型与商业模式创新奠定重要的理论基础。在对文献进行整理和分析之后,本书发现,研究者们对商业模式创新分类的划分和定性,与企业的经营模式、不同经济环境和情境有关。

在以上这些商业模式的分类中,采用最多且最有代表性的就是 Amit and Zott (2001) 所提出的四种商业模式类型的划分标,最能反映商业模式构成要素的本质。最开始的研究中,商业模式的分类主要有四种,一是交易和治理追求效率型;二是在运营、技术生产和制造上追求创新的新颖型;三是服务对象和竞争目标都很明确的锁定型,四是各种要素互相结合优势劣势互补型;之后在 2007 年有又将研究对象拓展到创业企业,并将商业模式创新分为效率型和新颖性两种,他们认为,商业模式就是企业在进行交易和治理过程中的内容、结构及影响治理结果的各个要素的综合。之后，他们又将商业模式创新的研究对象扩展到所有类型的企业，并且在2010年和2013年的文章中再次验证了效率型、新颖型两种模式创新的特点及区别。

效率型商业模式创业重点侧重于通过减少信息不对称性帮助企业减少包含直接成本和信息判断对比、交易风险等间接成本构成的交易成本（Amit and Zott, 2007），进而提高交易行为的实现，实现交易高效、可靠和可扩展。这种模式创新主要有以下两个优势：一是可以通过需求整合和交易规模化处理，提高交易效率，进而实现公司业务活动的系统重构和优化，最终促进交易行为的达成；二是可以促进企业信息服务和商品流动使用流程的清晰透明，帮助企业和其合作伙伴减少营销和沟通成本，同时减少了因信息不对称和交易过程中错误引起的交易处理成本。

新颖型商业模式的实质就是拓宽新的业务和技术，为新的交易对象提供全新服务，在交易方式、机制、营销和交易理念上实现创新（Schumpeter, 1934）。这种模式创新主要有以下两个优势：一是可以帮助企业吸引新的合作伙伴，达成稳定合作，并通过产品、技术和服务等方面的创新提高合作质量；二是通过提高产品质量、帮助顾客解决问题来提高客户满意度，素质企业品牌形象，进而提高顾客支付意愿，客户购买支付意愿的提高又反过来推动企业自身的创新。这两种商业模式创新并不是完全对立的，彼此间是密切联系并且可以相互转化的。新颖型和效率型创新的侧重点不同，一个体现突破式创新，另一个体现渐进式创新模式，但一旦新颖型创新模式在实施过程中遇到无法适应企业战略或者市场拓宽遇到障碍时，则需要进行改善，实现快速发展服务。而企业在实行效率型创新模式时，也会需要新颖模式帮助其不断改良，探索适合企业自身发展的新型商业模式。

2.3.3　商业模式与管理会计工具应用

众多学者们将商业模式视为一种战略定位（Slywotzky，1996），一种价值创造逻辑（Hamel，1998），一种复杂系统（Amit and Zott，2010）等。商业模式将内外部因素同时纳入企业成长和成功的解释框架（龚丽敏等，2011），反映着企业嵌入商业环境的方式（Zott and Amit，2010），是对企业运营模式和企业经营战略目标的统一（Morris et al.，2003）。商业模式通过调整产品、服务和信息流的基本架构（Timmers，1998），反映企业运营结构；通过对战略方向的总体考察，反映企业执行战略的过程（项国鹏等，2014）。管理会计框架下的商业模式已被细化为目标市场、价值定位、价值链、支付方式、成本收益模式、价值网络与关系、竞争战略七个方面的内容，（杨雄胜，2018）认为，在不同的企业中，采用不同商业模式会对企业在实现战略目标、提高创新和盈利能力方面，以及进行现金流转方面都有很大影响，同时商业模式的不同也会对企业拥有的资产短期和长期质量的影响各不相同。因此，对商业模式与企业适用性的动态分析，可以为企业现有商业与管理模式的有效性和具体改进方面提供决策参考。

此外，国内外一些学者从战略的视角系统考察了二者之间的关系。学者们在研究企业战略和商业模式关系时，通常从三个方面进行分析，一方面是认为，企业的商业经营模式是前期战略规划的具体形式的表现；另一方面则认为，企业的商业模式包含的各个要素中，最重要的要素之一就是企业的战略，同时学者们还认为，商业模式与战略之间的存在这互补关系。Yip（2004）把商业模式也看作企业的战略，只是在表现形式上不同于其他战略，其定位是属于静态战略；而战略又在许多方面进行了调整，是调整后的商业模式，也是一种变革，这种互相调整又相互匹配的关系才能有助于提高企业竞争力。Casadesus - Masanell and Ricart（2010）认为，商业模式就是已实施的战略,而战略就是如何选择体现公司价值主张、定义价值链结构并实现企业利润的商业模式。Morris et al.(2005)把商业模式看作由企业构架、经济领域和创业目标战略构成的整体。Magretta(2002)和 Teece(2010)提出了"商业模式+战略分析—竞争优势"观点,认为二者既存在差异又互相联系。Zott and Amit(2008)进一步考察了企业的两种产品市场战略(成本领先与差异化)与两种对应的商业模式(效率型与新颖型)的匹配关系和和互补性。

管理会计工具的应用情况受到诸多因素的影响,其中一些学者基于权变理论视角考察了战略对管理会计工具应用的影响。例如,Otley(1999)在已有的权变变量的基础上,又加入了企业战略和目标,因为战略目标会影响业绩评价指标的选择等。Chenhall(2003)和 Otley(2016)进一步验证了战略对管理控制系统设计的具体影响,证实企业的管理会计实践确实受到到战略因素的影响(Ittner and Larcker,2001;Chenhall,2003,2007)。此外财政部(2016)强调管理会计要通过与营运业务融合来实现企业战略目标,企业的目标与实现手段之间应具有匹配性(Hamel,2000)和动态适应性(Masanell and Ricart,2011),而不同商业模式所代表的不同战略目标和运营结构也会对企业管理会计的应用产生重要影响。因此,基于商业模式与战略之间的匹配关系以及管理会计的融合性与战略导向原则,管理会计工具使用的具体情况及其产生的经济后果都与企业自身的商业模式存在一定的匹配关系。

2.4 文献述评

2.4.1 管理会计及其工具应用文献述评

管理会计工具应用作为管理会计理念的具体体现,随着管理会计的发展,也在不断的深耕和完善。国内外学者对管理会计工具的理论和应用做了诸多研究,对实践应用和理论研究都有很强的指导启示作用。基于此,本书针对以往学者的研究,主要从管理会计基本问题、管理会计工具的应用及其相关内容进行了文献梳理。

①从管理会计应用的发展阶段和层次之间演变过程看,管理会计工具的分类、构成要素和使用功能是一个逐渐高级和复杂的过程。虽然时代变化会使管理会计工具更加丰富,应用层次不断更新,但在对管理会计工具进行研究的过程中发现,不同的工具方法具有不同功能定位,不同功能定位的工具都可以划分到某个具体层次中。因此,研究四个层次的应用特点及规律,能够帮助企业更好地认识和运用管理会计工具,有利于理论研究与实践应用。

②从管理会计工具整合应用的趋势看,其使用范围从开始的企业内部封闭环境,再到拓宽到外界开放空间,并从单一走向了复杂的综合应用趋势;管理会计工具整合应用所发挥的作用也从机械控制向有机控制转变,更加倾向于将不同功能的功能整合使用,力求打破单一工具的局限性。因此,对管理会计工具的整合应用的应用效果上进行进一步的理论探索和实践运用是十分必要的。

综上分析,从层次化的视角构建管理会计综合应用的理论体系极少有文献进行深入探讨,四个层次的管理会计应用特点和规律仍需要进一步研究,如何基于管理会计工具应用的四个层次探索构建管理会计工具综合应用的研究框架,度量当前企业管理会计应用的水平,将为管理会计综合应用研究的进一步分析和实证检验奠定理论基础。

2.4.2 创新绩效文献述评

创新是企业价值创造中一项重要的支持性活动,会影响企业其他业务流程,对企业各项业务起到支持作用。同时,创新也是一项高风险、高收益的业务,不确定性是创新的基本特征。基于上述研究文献的分析整理,发现创新仍是现行企业最关注的焦点,创新绩效也是管理学领域的热门研究方向。因此,本书主要从创新绩效的内涵、影响因素及管理会计工具的应用与创新绩效等方面进行了文献的梳理。

①创新是企业发展的不竭动力。当前对于企业创新绩效影响因素的文献较多,主要集中于对管理者态度和能力、企业战略、企业的风险承受程度等的影响。此外,学者们采用多种研究方法,结合创新活动的多元化、动态化和复杂性等特点,重点分析了企业绩效是如何受到企业创新和管理能力、学习和组织能力、政策环境变化及同外企业的竞争合作等因素的影响。但研究结论仍然显得较为零散且不成体系,仍需进一步从现象中抽取本质,将各权变要素与创新绩效之间的作用机制进一步深化。

②相关文献与理论表明,企业创新绩效评价有助于帮助企业针对创新现状制定合理的创新政策,进而提高企业创新能力、减少企业创新带来的各种风险。依据管理会计的信息处理观,管理会计的信息支持功能可加强对创新业务过程中各个流程的控制,减少影响创新效能的不确定因素,提升企业的创新绩效。但其中的具体作用机制如何?目前理论界缺少关于管理会计工具应用对企业创新绩效的直接和间接影响的研究。

因此,本书将管理会计应用与创新业务相融合,结合资源基础理论与信息处理观等理论,深入分析管理会计工具综合应用对企业创新绩效的影响效果和作用路径,以拓展创新绩效影响因素的研究视角,补充现有研究的理论与实践空白。

2.4.3 商业模式文献述评

随着经济全球化和互联网模式的迅速发展,商业模式在实践中越来越重要,企业也逐渐将获取竞争优势的着眼点从产品、服务等的竞争转向商业模式的竞争。基于此,本书主要从商业模式概念界定、维度划分、商业模式与管理会计应用三方面进行了文献的梳理。

①关于商业模式的内涵和定义方面,虽然研究众多,角度多样,但仍没有形成统一的定义。结合以上对文献研究的整理汇总,本书认为,商业模式是企业融入商业环境的方式,是对企业运营结构和企业战略目标的统一,它补充了传统产业分析和企业现有资源分析的不足,以帮助企业更好的实现价值、获取收益。

②关于商业模式的类型划分,同一种商业模式运用于不同的企业产生的绩效水平不同,同类型的企业运用不同商业模式产生的绩效水平也会有差异。根据前人研究发现,对于商业模式维度的划分大多采用了Amit and Zott(2007)的新颖性创新型和效率型创新型两种商业模式。主要原因在于,这种维度的划分理论基础坚实、认可度高,并且具有精准度测度量表,对后续研究者具有较大的启示意义。

③关于商业模式对管理会计与创新绩效之间影响的研究:国内外一些学者从战略的视角系统考察了二者之间的关系,但总体来说较为匮乏。商业模式除了把产品和要素市场考虑在内外,还关注了企业的价值创造和价值获取,补足了部分基于资源观视角的战略管理研究的不足。

基于此,本书依据权变理论将商业模式视为一项重要的权变因素,对管理会计工具综合应用与不同商业模式的适应性及经济后果进行研究,有利于丰富企业商业模式实践与权变理论的相关研究视角。

第3章
理论基础

在企业实践中,管理会计工具的选择会因企业面临的权变因素不同而不同,企业在选择和运用管理会计工具时,需要考虑生产经营所有流程的每个环节,合理使用管理会计工具,发挥他功能作用,能够提供企业竞争力,创造更多价值。此外,信息处理观是信息支持功能的理论基础,本书把管理会计信息支持的功能作为中介机制,本书的这些理论研究的具体框架也会最后文章在具体的案例实证分析中提供了坚实的理论基础。

3.1 权变理论

3.1.1 权变理论的发展

权变(Contingency)即随机应变,是指组织会根据外界环境和内部因素的发展变化而不断变化。权变理论(Contingency Theory)也称应变或情境理论,是由美国费德罗提出的。该理论认为,一个企业不可能一直使用某一个统一公认的且永远固定不变的方法,组织会随着外部环境的变化以及企业内部各种条件的发展而不断发展变化的。因此,企业在选择管理模式时,要随着内外部条件的发展变化和内外部情境的转变而调整,它的理论依据是系统观点。环境的发展变化是权变理论中的自变量,而组织的管理经营理念和企业生产制造的核心技术则作为理论的因变量,组织的发展变化会随着环境的变化这一自变量变化而变化,同样,控制系统和控制技术只有在符合企业组织环境的情况下才会获取最大收益。通常权变变量包括有环境、企业结构和战略目标、企业组织规模、个性差异和核心技术等(Chenhall, 2003;陈寒松和张文玺, 2010)。权变理论从1950年初开始萌芽,到20世纪70年代已经逐渐发展成了稳定成熟的管理学派。最早出现权变思想的管理类研究是Burns and Stalker(1961)年出版的《创新管理》。美国学者Chandler(1962)为了研究企业组织结构与他所处环境之间的关系,他在《战略与结构》一书中,选取并研究了70家大型公司,并对他们的组织结构进行了分析,研究得出这些企业的组织结构的影响因素是多方面的,而这些因素的变化会引起企业生存的内外部环境的变化,企业组织也会随之而变化调整。具体来说就是市场、金融环境和核心技术等会导致企业战略的变化,进而导致组织结构随之调整变化。不过关于权变理论最权威的研究成果还是Morse and Lorsch,二人是管理会计理论界最先研究出权变理论的学者,他们重点研究了影响企业活动的因素,具体阐述是在他们1974年出版的《组织及其成员:权变方法》中提到的,书中认为,影响企业组织活动和最终绩效的因素有很多,而且这些因素相互之间并非独立而是互相关联的,其中对企业活动影响力最大的就是企业所处的环境和企业自身的结构特点二者之间的依存关系。Luthans(1976)在之后自己撰写的《管理导论:一种权变学说》中也对管理理论的种类进行了研究,他在书中提到了很多不同种类的管理,并且认为,这些不同种类的管理理论都能纳入企业的权变理论的整体大框架之中。

20世纪70年代中期,管理会计的诸多理论中引入了权变理论。研究者们发现在企业搜使用的管理会计理论中,并不能找到一个适用于所有企业的管理会计系统,一个企业要想很好地运用管理会计系统理论来帮助自己控制管理、实现绩效，就必须努力寻找最适合自己环境的子系统，这个子系统可以是适合企业自身的具有某个独特特征的子系统（刘志山，1991）。Horngren（1972）重点研究了管理会计系统的设计与企业影响因素之间的关系，他认为，企业在设计适合自身企业特点的管理会计系统时，要想寻找到最适合自己发展的系统，就必须考虑到企业本身的组织结构，因为组织结构的设计与它是分不开的，二者是相互依存的关系。但是关于怎样次才能设计出系统和组织结构相适应的联系，学者在研究中并没有具体分析。Dermer（1977）把权变理论中的规划和组织结构的设计全部具体化。如 Waterhouse and Tiessen（1978）对分类设计了管理控制系统设计的重要性，并将企业外部环境、内部结构和核心技术、企业规模等变量纳入权变理论框架。20 世纪 80 年代，诸如环境、组织构架、技术等变量作为企业环境要素已基本达到共识。Otley（1980）认为，要想明确概述权变理论，必须涵盖不同情况下的会计制度中的不同问题，并依据权变理论将问题和要素进行匹配。

20 世纪 90 年代以后，学者们在研究影响权变理论的诸如环境、制度、结构和技术等具体因素时发现了它们之间是存在联系的（Langfield - Smith，1997）。如 Peng and Chen（2009）重点研究了体制环境变化这一权变理论因素对公司绩效大小的影响。Ostler and Csaszar（2017）运用公司研发的绩效模型，衡量了企业环境的复杂度。（Al - Omiri and Drury，2007；Schoute，2009）和成本制度的设计（Brignall，1997）等学者们运用了静态和分散两种方法分析了系统间不同因素香菇作用的状态（Fisher，1995）。还有一些研究者认为，企业管理者是被动参与管理会计系统最终实现企业战略目标（Chenhall，2003）。相比之下，利用资源依赖关系然而还有一些研究者在研究管理者和参与者自身利益实现的影响因素时，会忽略权力机会主义等问题，这些研究主要是运用了资源依赖关系（Abernethy and Chua，1996）。

3.1.2 权变理论对管理会计工具应用的影响

权变理论认为，企业内部结构往往会因企业所处环境的复杂程度而变得更复杂。如果一个企业的内部结构与他所处的外部环境保持一致，那么他在解决外部环境遇到的问题时就会更加有效地处理（卡普兰和阿特金森，2012）。所以越来越多的研究者意识到并不会有某一个固定最优的、适用于所有企业的管理会计系统（Otley，1999；潘飞，2010；冯巧根，2015）。Otley（2016）重点研究理论企业所处的外界环境、企业文化、组织战略等方面因素，同时也包括生产技术、企业组织结构等发展要素，这些都是管理会计系统的一些具体要素，而权变理论则认为，这些具体要素是与企业所处内外部环境相联系的，而且是互相匹配的。同时，这些要素之间匹配度越高，企业实现的绩效越好，反之绩效则越低（Chenhall，2003）。

Chenhall（2003）对企业所处的外界环境、核心技术、企业战略和文化、企业组织结构和规模等权变因素和管理控制系统的关系进行了整理综述，得出的结论主要是这些因素能够管理会计系统在调整时更加的灵活多样。外界环境的不确定性与控制系统的开放性是成正比的，运用技术也能使管理控制更加灵活，组织结构也能通过成熟、开放的联系机制，跟随环境变化而更加有机化。同时，基于权变理论，企业战略和规模也会对管理控制有很大影响。在企业管理控制的各个影响因素中，其中文化也是一个重要因素，一个企业拥有不同的文化属性，就会自然而然的影响该企业的经营风格和企业品牌，同时这一文化属性也能够代替或补充正式的控制系统。

Otley（2016）重点研究了企业组织文化对管理控制系统的影响。他认为，内部组织文化越强，企业对别的控制机制的需求就会越低。然而，即便如此，组织文化还是能够在许多方面补足正式会计控制系统所欠缺不足的。因为 Ouchi（1979）、Merchant and Vander Stede（2007）的控制框架里包含了企业内部组织文化模式和企业控制群体模式。Otley（2016）提出了管理会计系统的定义和影响环境及匹配性定义三方面的问题。其中如何定义匹配性是许多研究者多年来的难题。本书对匹配性的定义解释是控制系统各部分间的匹配不是绝对机械的，而是结构松散的，他们是通过企业整体目标的统领协调下，为了实现目标和利益最大化，而对组织各要素进行匹配的最优组合状态。这些影响机制控制的各个要素能组合成一个结构松散但互相不充分协调的控制包（package），各部分各司其职，最终帮助不同组织目标的实现（Mundy，2015；Otley，2016）。Otley 是在 1980 年的研究中最早提出"package"的，具体指那些影响管理控制整体的各个独立的组成部分。这些要素相互独立但又对整体系统有影响的原因有三点，一是他们不在同一个隔离空间运转，考虑其他需求时一定要把控制系统该组成部分的运转情景加以考虑；二是一旦增加与现存控制系统相关的新要素时，必须从整个控制包角度考虑；三是不能只从会计手段这些要素考虑，而应该考虑例如如何与文化控制这些要素之间的互补关系。

以上研究可以表明，权变组织管理是管理会计的天然属性（王斌和顾惠忠，2014）。管理会计工具是由企业内外部环境变化引起的，为了适应变化就不得不对管理会计系统提出更高的要求，也就因此出现了管理会计工具的层次化应用（王斌和高晨，2004），它是系统与各要素相匹配的具体要求。1990 年 Milgrom and Roberts 对管理会计系统及其工具的重要性进行了阐述研究。所以，管理会计工具和应用同样具有权变性（北京工商大学会计学院课题组，2003）。本书重点研究了管理会计应用的权变性。

组织战略会随组织结构的变动而动态调整，组织结构又会随外界环境的变化而变化，这就使企业管理者通过密切关注管理系统与权变要素的适应程度来适时调整。而管理会计工具是控制系统的重要抓手，所以它的运用要与外界环境和结构、战略相适应。当企业分权化加强，外界环境不确定性加大时，企业需要更多样更有层次的正式控制机制工具，同时要通过整合文化等非正式控制机制，提高他们与环境战略的匹配度。而这些各个要素是连接松散、不充分协调且各司其职的控制包，所以要根据各个要素的特点来整合他们各自的目标，而不能通过机械整合实现企业目标。

由于管理会计工具在不同环境下的权变性，许多学者就把如何在这些环境下使用合理工具作为研究重点（潘飞等，2010）。这些工具的选择会受到公司特征、企业文化和对业务员绩效能力考核要求等因素的影响而产生变化（McLellan and Moustafa，2008）；豪夫瑞册特（2015）在研究管理会计工具对组织影响的不同要素时，采用了访谈和发放调查问卷的方式对我国企业进行了分析；Chenhall（2015）则从会计系统设计的发展来解释组织在不同环境下的创新活动；北京工商大学课题组（2003）梳理了有关管理会计工具的历史文献，研究发现为了满足环境变化，管理会计工具在不断完善，以适应不同工具的更高需求。所以不同国度、不同企业都会对会计工具的选择使用是权变的，如日本在公司的成本和生产管理方面，更倾向于使用适时制（JIT）和全面质量管理等技术，而在业绩评价方面则不同于美国的最报酬率，它更关注销售利润率；然而还有一些公司在规划未来、制定企业发展战略时，则倾向于选择全面预算体系；同时，还有部分企业会选择使用 BSC 系统等其他系统，而不再愿意选择那些传统的预算系统。

许多学者在考虑了行业的不同类别、企业自身的产权性质和所处地理位置等因素之后，在权变理论的基础上对不同因素下的工具进行了分析。如，Chenhall and Langfield-Smith（1998）选取了澳洲 140 个制造商，分析了他们使用的 42 种管理会计工具。Sulaiman et al.（2004）又进一步研究了中国、印度、新加坡和马来西亚这四个亚洲国家关于不同管理会计工具的具体使用情况。Abdel-Kader and Luther（2006）在研究管理会计工具在不同因素影响下的使用情况时，重点以英国的食品公司为主，它主要分析了38种工具的运用情况。Rasit and Ismail（2017）在分析引起商业环境变化和带来挑战的因素时发现，企业所处的环境全球化的技术变革是增加挑战的主要原因，企业所处的环境变化和在全球化的技术变革是能够给企业增加挑战的最主要的原因，而这个企业只有通过使用最符合他们自身特点的更先进的技术，才能通过这些管理会计工具提高企业的竞争优势。研究可得一个企业所处环境竞争越激烈，采用的差异化和成本领先战略就越能提高企业的目标成本。通过分析不同权变因素，进而得出不同管理会计工具对企业创造价值的功能是不同的。

因此，企业管理者在进行组织工具的选择时，是要根据他所处的外界环境和内部自身条件的变化而变化的，这种基于权变理论采取适用于不同环境的管理会计工具，能够为企业带来更多的效益和价值，是企业一项难以复制的资源。

3.2 协同理论

3.2.1 协同理论内涵

在协同理论下，尽管不同系统在属性上存在着不可忽视的巨大差异，但从整个环境中来看，每一个系统都会与其他系统彼此影响且相互配合，这种现象在社会中是广泛存在的，例如各单位之间的彼此合作、各部门之间的关系协调、各企业之间彼此竞争的作用，还有存在于系统中的彼此干扰与制约等。协同理论指出，在特定条件下，如果某系统是由众多子系统构成的，并且各子系统会彼此作用、互相配合，那么该系统就会不断演变最终形成某种特定的系统性规律。此外,针对协同理论方法进行应用研究,可以促进那些已经获得的相关研究成果在其他学科领域得到类比推广,这既提供了一种探求未知领域的有效手段,又能够用于探求那些对系统变化产生影响的控制因素,从而有利于实现系统内部各子系统之间的协同作用。

协同理论强调,系统协同效应的发挥效果取决于其内部各子系统或组成部分的协同作用,其协同作用发挥的好,则系统的整体功能就相对较好。也就是说,当包括人、组织、环境等在内的管理系统内部各子系统及其相互之间能够配合协作,为实现共同的目标而团结一致运作,那么整体系统就能达到 1+1>2 的协同效果。反过来,如果一个管理系统内部是分崩离析、冲突不断的,那么整个管理系统的内耗将会增加,系统内部的各子系统也很难发挥出应有的作用,最终导致整个系统变为混乱无序的崩溃状态。

现代管理所处的环境是纷繁复杂、无法预测并且竞争十分激烈的,经济全球化趋势日渐加强,企业间竞争也日趋激烈;高新技术不断出现、快速更迭,产品生命周期也变得越来越短;以消费者为主导的时代已然到来,消费变得更加多样化与个性化。面对以上变化,企业迎来了生产方式上的全新挑战,变化的市场环境与不断改善的生活质量给企业提出了更高的生产与服务要求。企业要想在这样的环境背景下生存与发展,就必须能够协同好其自身内部的各子系统间关系,同时也应该整合全部可协同的力量以弥补自身缺陷,增强其竞争优势。企业的管理协同是一种科学的理论体系,具体指通过运用协同理论下的方式方法,研究企业管理的协同规律,并在此基础上加以管理。换句话说,在固定的企业组织内,企业管理的协同就是将协同的基本理论运用到其管理实践活动中所采用的一系列相关理论与方法的总括。企业管理的协同认为,企业管理者只注重发挥并利用企业内部资源优势是远远不够的,他们还需要时刻注意企业所在微观与宏观环境的变动,加强企业自身与外部环境变化的协调统一。举例来说,现代企业在其管理过程中应把研发、生产、销售和售后服务等环节纳入统一的协调框架中,基于价值链实行系统管理,从而追求企业管理效率的不断提高。

具体而言,企业管理的协同效应需具备以下特征:①同步性。企业管理的协同效应注重各要素在整个生产运营流程中的各环节上的同步性,既包括时间上的,也有空间上的,进而最优化所有资源的整合,提高资源配置的合理性。②优化性。根据管理协同的含义,管理协同是通过整合现有的全部管理要素来实现的,整合过程中需要采用各种各样的手段与方法,以增强各要素间相互作用的协调性,进而使要素的整体组合达到 $1+1>2$ 的协同优化效果。③目的性。从本质上来看,企业管理的协同效应就是促进各系统要素间的优势互补,但这里的优势互补并非是对简单的协同要素功能进行叠加,而是应通过相互的配合与协作来达到企业管理的最优效果。④支配性。协同效应是能够宏观调控的,因此组织应在一定程度上支配控制其生产与销售各个环节,否则很难将协同效应的重要作用发挥出来。

如今,科技飞速发展,企业也有越来越多的机会参与到国际经营活动中,这为企业提供了更多的发展机遇,但同时也提出了越来越多的挑战。对任何一个企业来说,其能够拥有的资源都不可能是无限的那么如何实现企业现有资源的充分利用,并获得最大的产出比,这已经成为现代企业管理理念中必须重点探索的问题之一。伴随经济全球化的日益发展,资源全球化也取得了一定程度上的发展,此时,单纯依赖传统的企业管理理念早已无法支持企业在国际范围内进行竞争。正是基于以上对相关文献的研究,本书在实践调查的基础上,对我国企业管理中的协同效应的实现情况进行了初步研究与分析。当前,企业管理的相关协同机制在我国尚未成为企业管理中的制度性规定。但是,在日趋激烈的国际化市场竞争背景下,协同效应必将成为现代企业管理实务与研究的重要方向。

3.2.2 协同理论对管理会计工具应用的影响

管理会计工具的应用层次充分体现了协同理论的思想。管理会计工具的四个应用层次本身也是一个系统，这些管理会计工具具有各自不同的功能，诸多的管理会计工具之间是具有一定的联系。不同的管理会计工具其特点不同，功能定位也不相同，有各自的优点和缺陷。如处于第一层次的管理会计工具，其功能主要集中在具体的日常的成本的管理和控制，但是，其成本管理的目标是短期决策，往往忽略了战略意义上的成本动因的管理。因此，管理者可能需要更具战略意义的、处于更高层次的成本管理的工具与其搭配使用，才能够弥补其缺陷。如着眼于产品的整个生命周期的产品生命周期成本法的应用、着眼于缩减整个管理流程成本管理的作业成本法的应用、着眼于竞争的目标成本法的应用、都有助于弥补第一层次的成本管理上的缺陷。因此，客观上，它们之间存在着互补性。各管理会计工具的搭配使用，目标都是更好地进行管理控制，为了管理效率和效益的提高。从整体上看，诸多管理会计工具属于不同的层次结构，有着自己的边界。把各种管理会计工具划归为不同层次，这客观上是由管理会计工具的不同功能和性质决定的，有助于管理者更好的认识和使用管理会计工具。

管理会计工具应用的协同作用特征主要体现在以下几个方面：

第一，在管理会计应用的四个层次中，管理会计工具是系统中的要素。虽然使用某一管理会计工具可能会促进管理决策和成本的降低，但由于管理控制问题是方方面面的，而某一管理会计工具，有其特殊的功能和定位。因此，单一工具的使用可能会顾此失彼，有失偏颇，会产生一些负面问题，如管理中存在的短视问题，委托代理问题。因此，管理的需要会自发地产生对更多管理会计工具的需求，从而管理会计系统形成一个由简单到复杂的系统。由各种管理会计工具组成的系统中，各管理会计工具协同使用，可能会扬长避短,整体上出现自组织涌现的一种趋势,即整合使用,会出现 1+1>2 的效果,从而避免由于孤立使用带来的负面影响。

第二,管理会计工具综合应用表现出一种层次的转化规律。从纵向的角度看,管理会计工具的应用分为四个应用层次,不同层次的管理会计工具,具有明显的差异性,第一层次的管理会计工具主要聚焦于成本的管理和控制;第二层次的管理会计工具主要着眼于为管理决策提供决策信息;第三个层次的管理会计工具主要解决商业流程中的浪费问题,着眼于具有战略意义上的成本的管理;第四个层次的管理会计工具主要解决前三个层次没有解决的问题,即管理会计工具的使用主要在于解决人的问题,如员工的激励问题,从而为价值创造提供真正的动力。另外,企业会根据自身情况转换或升级自己的管理会计工具的应用层次。

第三,管理会计工具综合应用中表现出各层次之间联系的结构功能规律。一方面,管理会计工具应用的四个层次是一个具有层次分明、各层次又相互联系的结构系统,也是一个具有一定功能的系统。系统内四个层次的管理会计工具分工定位明确,又互为补充。就功能而言,第一层次的管理会计工具侧重于成本的确定和控制;第二层次的管理会计工具侧重于为管理决策提供决策信息;第三层次的管理会计工具主要关注流程中的资源浪费;第四层次的管理会计工具更进一步,通过发挥人的主观能动性,为企业创造价值,从而改善企业绩效。另一方面,管理会计工具的四个层次属于一个有结构的系统,各结构层次的管理会计工具要互相搭配使用,才能极大地促进管理绩效的提高。管理者能够深刻认识并正确理解管理会计工具应用层次这个系统的内部结构特征,能够充分协调系统内部各子系统的不同管理会计工具的互补作用,对于提高管理绩效有很大益处。反之,如何管理者对管理会计工具应用层次这个系统的内部结构不甚了解,而只是凭感性认识,去一味地增加管理会计工具的使用,可能未必会带来管理绩效的提高。因为在这种情形下,诸多管理会计工具所提高的信息可能是混乱的。

第四,管理会计工具综合应用中体现的整体优化律。管理会计工具的四个应用层次是一个有机的、相互联系的、相互影响的系统整体,各层次的管理会计工具根据组织系统整体的战略目标各自发挥着属于自己功能定位的作用。各层次的管理会计工具的应用搭配的越协调,互补性越充分,则管理会计工具系统这个整体的功能就会越强,企业的管理绩效就会越高。

第五,管理会计工具结构化应用中的差异协同律。各层次管理会计工具的运用,起因于不同的背景和不同的功能定位,客观上具有差异性。但管理会计工具的使用是为了企业管理的绩效的改进,所以,在整体上有一个整体目标在指导着管理会计工具系统的运作。因此,各层次的管理会计工具的运用,又具有协同性。

3.3 组织结构理论

3.3.1 组织结构理论的发展动态

在企业沟通信息和做出决策的过程中,信息化技术和生产技术的发展使企业在减少组织层级方面越来越有优势,为了减少市场不确定性,提高决策信息沟通效率,企业组织层级逐渐呈扁平和分权化态势。在分权化的过程中,企业往往会通过与企业合资联盟或供应链等其他联系,他们往往会专供生产的特定环节,这种在高度分工的市场经济下的组织新形式叫网络组织(Jarillo,1988;高良谋,2015)。在网络组织通常能够可运用这种柔性动态的特点,促进企业在帮助顾客增加效益提高价值时,增加某种竞争优势。

现如今越来越多的企业都是柔性企业,他们都是倾向于柔性无边界的,例如人工智能时代的互联网公司,他们的组织结构和大数据企业的结构都是趋于无边界化。智联招聘 CEO 郭盛在 2017 中国年度最佳雇主颁奖盛典暨人力资源国际管理论坛上发表题为《数字驱动智造未来》的演讲中表示，人工智能的暴发，重构着商业、企业、组织和个人。现如今高科技的发展趋势使组织边界越来越模糊，趋于无边边界化，人工智能的发展使员工就业工作的时间和办公空间都变得更加灵活，这种弹性的增加使正式的组织构架都收到了冲击，最终形成了无边界、柔性但目标一致的灵活合作模式。

黄世忠（2017）把运用互联网平台整合各种资源作为企业制胜的王道，他认为，拥有资源不能决定必然制胜，但有效整合却能帮助企业整合资源经历了由纵向上中下游的整合到横向资源整合，再到生态网络资源的整合，最后一阶段是由阿里巴巴提出的，他们认为，现在的互联网时代就是一个生态网络整合的共同体，他把消费者需求作为出发点，在原材料、生产。代理和品牌优势互补等方面进行资源整合，最终形成利益有关的共同体。例如，在制造环节，如果制作厂商与供应商、研发商及后续的品牌代理商方面没有就成本控制达成协议的话，那么最源头的制作商就会很难盈利。传统财务管理的边界是独立企业，不同企业之间的纽带就只有资本；可是在当今这个数据为王的互联网和大数据新时代，企业间的边界逐渐不再明显，他们通常不会受到企业规模、主营业务的不同的限制，企业间边界逐渐模糊，也因此就产生了管理跨级理论中的无边界组织理论。在这样一个大背景下，需要研究的就是如何在没有资本纽带的前提下，通过业务这一单一练习实现利益一体化，通常该模式主要有四种形态：基于资本纽带的各单个企业或集团的财务管理，以及基于业务关系的供应链财务管理、价值链管理和生态网络财务管理（黄世忠，2017）。

3.3.2　组织结构理论对管理会计工具应用的影响

在对管理会计系统的研究中，通常会忽略到它的设计与组织结构设计的关系，如今越来越多的研究者发现了会计系统设计和组织结构设计的互相依赖的关系（Otley，2016）。一个企业的规模组织越大，他的分权趋势越明显，因此要调动管理者的管理宽度和基层管理者的参与积极性，就可以采用分散经营的方式。但是通常类似于这类分散经营往往会出现一些问题，例如在企业结构内部常常出现的委托代理问题，通常需要运用这种非市场机制，帮助决策者合理分配企业资源，制定战略实现目标效益（卡普兰和阿特金森，2012）。

组织分权的过程中，需要企业管理控制系统同步建设，不过通常这种奖绩效组织目标进行分权的形式，前提往往是企业要拥有自己独特的经营规则，只有这些经营和强制的规则才会帮助企业最终达到更好的分权组织（卡普兰和阿特金森，2012）。一个组织如果他的内部进行了经营分权，那么在之后的企业运营和具体实践中，就会出现一个很明显的表现，即构建"小利润中心的组织模式"（冯巧根，2014）。那些规模较小的企业运用该模式就意味着这些内部的小组织是要独立核算决策且存在竞争关系的，要想使这些小组织成功运作，就要使用更富整体观的管理控制系统，只有这个系统才能使这些小组织相互配合，共同发挥作用。而建立这种整体观的思想，就要求企业在运用工具时，必须同企业外界环境、内部组织和目标战略这些正式控制系统因素和文化等非正式控制系统相适应，同时这些管理会计工具互相整合使用才能使这些相互独立的小组织共同构建成高效的利润中心。

同时，许多组织现如今都在融入包含合资经营、与供应商联盟等内外部边界模糊的不同的主题网络，因此一个企业需要不断调整进而建立与企业自身经营主体相适应的管理控制系统（Chenhall，2003）。跨组织会计（Mouritsen et al.，2001）能够通过整合主要合作伙伴和价值链会计及账簿公开技术等来进行跨组织控制的会计工具。Cooper and Slagmulder（2004）重点解释了目标成本，在他的研究理论中,主要研究不同领域的企业在跨组织的情况下是如何进行成本管理和会计管理的,而目标成本方法就是跨组织会计中最核心的方法。Dekker(2003)选取了英国一些大型零售企业和他们的供应商研发企业,通过分析他们的作业成本法来提高企业竞争优势,认为跨组织价值链会计是通过降低价值链上下游成本来进行会计核算的方法。诸多研究中,不只包括对跨组织会计的组织控制,还包括一些非财务会计信息的测算计量,例如企业生产产品的产量、企业对拥有的产能具体运用程度以及在具体经营过程中对产品原材料等的利用率,对于这些非财务信息的核算都能运用于衡量跨组织的会计中。同时,在企业的跨组织会计方法中,除了这些正式控制机制,还包括一些非正式的控制机制,例如,都是企业跨组织会计中的方法。

这些跨组织会计的方法都是服务于让顾客交付产品价值、实现顾客价值最大化和企业价值最大化的企业整体战略目标的,这些方法都是通过使用合作伙伴、目标成本法、基于信赖的账簿公开技术和价值链会计等工具,来实现与供应链网络的整体匹配的,而且这些跨组织的会计工具和方法能够通过整合资源、互相搭配、各司其职,帮助企业实现控制工具的最大效益。通常,为了实现不同组织之间的良好协作和控制,通常会使用一些正式控制机制,而且这些机制必须与跨组织的企业间使用的会计工具互相协同配合。除了这些正式机制,还包括与产品供应商对企业主营产品的官方认证、惯例会议和竞赛程序等日常非正式控制机制,还有企业之间的相互信任、跨组织的团队之间协同合作以及他们之间共同管理设计等,只有这样才能帮助多组织企业实现组织间的良好控制。

3.4 资源基础理论

3.4.1 资源基础理论的内涵

资源基础理论（Resource-based Theory，RBV）把企业当作是由许多不同资源构成的整体，要想获得持续绝对的竞争力（Barney，1991），就需要拥有稀缺难复制的资源使企业变得异质性。同时，该理论更看重于企业内部资源，认为虽然外部市场结构也能影响企业竞争力，但内部资源这一独特资源则是竞争优势和提高企业绩效最重要的影响因素。

资源基础理论把企业独有或控制的特殊内部资源或异质性资源视为提高企业竞争力的关键，这些资源通常是稀缺的、难以复制的同时能够被组织有效利用的资源（Barney，1991）。在 Barney 看来，资源首先要在有价值时才能成为组织异质性的来源，这种价值表现在有助于组织构建和实施能提升自身效率和能力。而组织资源是否有价值也要放在组织自身战略和特定的市场环境下才可以被评判。其次，有价值的资源并不是组织获取优势的必要条件，因为与该组织竞争的其他组织也可能具备有价值的资源。组织要想获取竞争优势，必须比其他组织创造出更多边际价值，如果组织所拥有的资源不是稀缺的，则无法成为其异质性资源。因此有价值的资源必须是稀缺的才能使组织有可能获取优势。Barney 认为，如果拥有有价值且稀缺资源的组织数量少于使该领域变为完全竞争所需要的组织数量，该资源就可能为其所属组织带来优势。再次，拥有有价值且稀缺的资源对于组织来说可能只是具有了先发优势，组织若想持续获得领先优势，则其资源在满足以上两个特征之外必须难以被其他组织通过直接复制或替代的方法获得，这种难复制性主要来源于企业独有的历史条件、资源的难替代性或者所处环境的复杂性,以及资源和优势间的因果关系,只有具备这些条件的难以模仿性,才能成为持续竞争优势的来源。最后,除了以上三种特性之外,组织若想获得优势,必须能够充分的利用其所拥有的资源潜力。该理论认为,组织要基于自身的异质性资源与其他组织竞争。组织可以通过资源的稀缺性和不可替代性以及难以模仿等特征寻找识别竞争对手。并且利用自身资源与能力创造一个独特的情境,从而使竞争对手无法形成威胁。

20世纪90年代,Barney(1991)在《企业资源与持续竞争优势》假设了企业资源战略异质性和差异稳定的前提,创建了影响企业持续竞争力的企业资源模型。该书将资源概念进行了扩充,不仅包括企业资产、能力、属性和获取的知识信息等,也包括 VRIO 关键资源,也就是那些对企业发展具有长期帮助价值的、非常稀缺的,同时很难被效仿和取代的,即资源的价值性[1]、稀缺性[2]、难以模仿[3]和替代性[4]。

Peteraf(1993)在《竞争优势的基石:资源基础观》中提出了"资源战略绩效"分析框架,他重点基于资源提高竞争优势的产生条件,他们认为,企业拥有的不同资源之间的差异往往会决定

---

[1] 资源的有价值性是指当企业拥有这种资源时,企业能够更有效地制定或实施企业战略,是企业能够利用该资源以获取竞争优势的前提。

[2] 即使企业拥有有价值的资源,但如果这种资源非常充足,并且很容易被企业的其他竞争对手所获取,那么企业也不能通过这种有价值的资源获取持续的竞争优势。因此,能够使企业保持持久竞争优势的资源必须是稀缺的。

[3] 尽管企业拥有有价值并且稀缺的资源,但企业依然不能获取持续的竞争优势。其主要原因在于企业所拥有的这种资源能够很快的被竞争对手所模仿,从而使企业在短时间内失去原有的竞争优势。因此,为了获取持久的竞争优势,资源必须是难以模仿的。

[4] 尽管竞争对手可能没有本企业所拥有的资源,并且也难以通过模仿达到相似的结果,但是如果竞争对手拥有与本企业资源相似的其他资源,并能够利用该资源制定相同的商业战略,那么也会对企业的竞争优势造成很大的影响。因此,资源的可替代性越强,使企业保持继续竞争优势的能力就越小。

该企业在行业市场中的绩效的不同，也就是说企业的发展战略和最终绩效程度往往会与企业所拥有的各方面的资源存在这互相补充又互相影响的因果关系。而且这些重要资源的获取以及对他们的利用差异往往会在帮助企业提升价值、增强行业竞争力方面有着重要的影响（李冬伟，2010）。以上两位研究者对企业的资源基础理论进行了详细的阐述分析，他们的框架分析为以后的理论研究和实证分析提供了坚实基础，是未来管理会计中资源理论实证分析的出发点。Amit（1993）对于企业资源的定义做了研究，他认为，所有企业能够拥有或者被企业控制使用的要素都能称为企业的资源，这些资源主要包括企业独有的发明专利以及企业经营许可证等，这些资源都是企业所独有的知识产权或者人力、物资资产，并且都可以被企业用来交易利用，进而帮助企业获得利润。

随着资源基础理论的发展演变，对它的研究逐渐外延到动态和网络环境中的资源观。其中前者主要包括核心能力理论、知识观和企业管理过程相关的理论，后者则重点指关系观、网络资源观、扩展的资源观。Teece et al.（1997）在研究资源基础理论时，认为企业所拥有的最核心的能力和不断创新变化的能力就是企业能够在竞争市场中永葆竞争里的最大优势，这个组织是企业具备的最独特的能力集合体。Collis and Mongomery（1998）则认为，企业要想精准评估资源家之，就必须先对资源拥有量进行对比，然后结合企业内外部环境，判断他的资源优劣势。从企业需求、资源稀缺程度和资源独特专属性来看，资源的价值就体现在他们所处的企业同外在竞争环境之间的交互作用。Sirmon et al.（2007）认为，一个企业要想在整个市场中具备竞争优势，就要从企业对所拥有的各种资源的管理中获取优势。Barney（2016）在回顾了资源竞争优势理论的10年发展过程后，提出了供应链竞争优势理论、新古典微观经济学和演化经济学三种。本书重点讨论后两种资源管理理论，并研究了不同资源管理理论基础的内涵。

资源管理理论是战略管理核心理论之一，它在分析市场环境的基础上，认为企业这个拥有资源的组织获取竞争优势的方法主要是合理获取和整合配置拥有的资源。所以精准识别能增加企业竞争优势的资源是提高管理者制定提升企业绩效的战略最有用的方法。但是企业资源并非动态变化的（Priem and Butler, 2001），决定企业绩效提升的真正来源是管理者拥有的独特部署资源的能力（Teece et al., 1997）。而企业的管理会计工具需要把企业整合运用各种资源的能力同公司的各种发展目标和战略保持一致（Henri, 2006），同时也包含了设计的稀缺、难效仿的资源，所以选择和应用管理会计工具在增加竞争优势、提升创造价值和提高战略绩效方面尤为重要。

3.4.2 资源基础理论对创新绩效的影响

企业在进行创新创造价值实现绩效时，如何运用有限资源提高自身竞争力至关重要。因为并不是所有的企业都能获得VRIO资源来实施竞争战略，企业便捷和与其他渠道联系互动的策略都会影响这些资源的获得和后期维护。

关于怎样提高企业效益进而获得竞争优势，不同的研究者都有各自的理论代表，其中最典型的就是Michael E. Porter的竞争优势理论和以Rumelt and Grant等为代表的资源基础观。Poter（1985）率先研究了如何让企业获得竞争优势，虽然他是通过企业价值创造和资源关系得出的价值链分析理论，但该理论在解释同一行业内企业利润差异时却很欠缺，所以许多学者对该理论的研究结果存有质疑。Rumelt（1974）在分析企业资源基础理论时，分析了不同企业的中长期利润，以及业务不同的企业之间获取利润率的高低不同，并对二者进行了比较分析，最终得出不同公司之所以利润率不同，主要竞争优势并非外部环境市场和产业之间的关系，而是企业自身的市场理论之外的某种特定因素。Grant（1991）指出，企业内部环境和能力更容易被掌握,资源基础理论恰巧能够帮助企业审视内部环境并依此做出未来战略发展,是增加企业绩效、提高竞争优势的重要来源。

Sheth and Sisodia(2003)在研究中把不同企业提高效益、实现最终战略目标和创造价值的研究焦点从市场转向了客户,他们认为,在当今竞争如此激烈的市场中,以市场为导向的传统的企业运营模式已经不再是帮助企业提高竞争力的主导行为模式了,出现了许多新兴导向的行为活动,例如创新导向(Hurley and Hult,1998)和生产导向(Pelham,2000)都能为企业创造价值。其中那些具备创新优势和导向的企业通常是增加企业拥有的技术和非技术活动方面的独特创新优势来提高竞争力(Hurley and Hult,1998),而生产型则更倾向于是否能够提高企业生产效率(Kotler,2000)。Slater and Narver(1994)把企业创造最新价值、实现最终利润的重点从传统的市场逐渐转变为能否为客户创造价值。如果一个企业能够把他独有的资源、难以替代的技能等(Barney,1991)转变成为客户提升价值,那么它的竞争优势就是为客户导向的模式(Slater,1997)。

资源占有贯穿价值创造中主要资源规划(structuring)、资源绑定①(Bunding)与能力整合②(leveraging)等过程,包括获取(acquiring)、积累(Accunmulatin)和剥离(divesting)等。Arikan(2001)认为,企业拥有稀缺难复制的资源是企业提升价值绩效的必要条件,这是资源基础理论种资源影响企业战略最简洁明了的解释。当企业能够很好地在自身所处环境中选择、评估并合理配置资源,就能够帮助企业创造价值(Lippman and Rumelt,2003)。Sir-

---

① 资源绑定是指企业为了整合资源以形成能力而发生的一系列过程。
② 能力整合是指企业利用能力获取市场机会而发生的一系列过程,包括动员(mobilizing)、协调(coordinating)与配置(enriching)等过程。

mon et al. (2008) 也在他的验证研究中分析了资源存量和管理者如何进行资源绑定整合的作用。冯丽霞和肖一婷 (2008) 在研究企业资源理论时，主要是分析了企业拥有的内部资源，通过认定内部资源、分析市场差额创造所拥有的价值等过程，来重点研究该企业是如何运用资源基础理论来提高企业资源利用率、增加企业效益的。Mcwilliams and Siegel (2011) 重点分析了企业的社会责任，在他的理论中认为，一个企业要想拥有长期可持续的竞争力，就必须把自身优势和该企业的战略性社会责任绑定在一起，这种社会责任的战略机制结构是集合了企业社会责任和竞争优势的经济模型。

不确定性是创新的基本特征 (Bertrand, 2003)，管理会计的信息观使企业具有发现、整合、利用内外部机会的能力，通过有效的资源利用与整合来克服创新过程中的不确定性，提高创新绩效，从而实现资源整合能力对创新的促进作用 (Teece, 2007)。一方面，信息观可以帮助企业从多渠道分析客户需求、对竞争对手技术发展战略和供应商行动等来搜索信息和资源，进而帮助企业制定符合外部环境和内部条件的创新战略，促进企业创新活动的发展 (武梦超等, 2019)。他们搜集的信息资源可以帮助企业更好地识别市场中关于创新活动的新型技术，同时帮助企业更好预判未来发展变化趋势，提高公司创新成功率。另一方面，企业为了帮助企业更新的创新理念和最新认知，就要不断加强企业拥有的各类资源的柔性，并协调这些资源柔性行，而只有不断整合配置企业拥有的这些内部资源才能更好地协调柔性，进而推动创新效率，做出有利于企业发展的新的决策 (马连福等, 2019)。研究者在分析资源基础理论时，通常会研究企业拥有的资源差异对该公司长期发展的战略差异之间的关系，该理论以资源理论为核心，主要使用了"资源战略价值创造"的分析框架，最终的结论认为，一个企业使用不同资源和进行资源的不同整合都会影响远期战略差异，而这些战略差异又进一步影响价值创造的差异。

3.5 信息处理观

3.5.1 信息处理观内涵

信息处理观是由 Weber 在 20 世纪初首次提出的,他认为,一个企业的组织结构的本质就是这些信息之间构成的互相处理结构。而这种把组织当作一个集合体,来整合他所拥有的内外部资源和信息并加以处理的理论就是信息处理观,企业中的信息处理主要是指通过制定政策,把影响决策的因素和维持企业日常运营的信息进行整合,以实现信息的支持的功能,这种整合信息的过程就是信息处理。

赫伯特西蒙(1949)把组织看作一个以企业管理或决策问题为核心的复杂的管理信息处理系统,以他为代表的决策派理论重点强调的就是要构建有效的组织信息结构。该理论主张的观点是企业组织的信息处理效率能够影响决策者的决策行为,因为在决策理论中企业进行沟通是必须要通过对组织内外部信息整合后才进行的。在一个企业中,决策者和员工如何做出决策都会受到信息处理效率的影响。其中牵着的决策也会对员工个人决策产生影响,因为一般员工的个人决策也是企业信息处理效率高低的影响因素之一,除了这个影响因素,还包括信息沟通方式和信息保真度。

企业在对所拥有的各种信息处理系统时,具体组成部分与企业处理整合各种信息的效率是直接相关的,通常包含四个方面的内容:一是信息的发出者也即产生信息者,也可称为信息的主要来源;二是信息的具体内容本身;三是使用这些信息的具体渠道;四是使用和接收这些具体信息的用户,即信息接受者。这四部分中,信息发出者和接收者表现为个人决策阶段,他们主要是分析由自身可以决定是否处理加工这些具体信息,并通过整合运用这些信息来提高企业竞争力,这个过程中信息的发出和接受者是处理信息的关键环节;而如何将拥有的现有信息更好地为企业决策者提供服务,取决于信息使用者的能力,同时与他们拥有的信息具体内容的加工有关,这些信息真实度越高,他们获取信息的渠道越优质,信息发出者和接受者在做出个人决策时就会越有利于企业长期发展;而获取信息的这个渠道则指组织或者企业在吸收整合和处理他所获得的信息资源时所采取的沟通方式。

3.5.2 信息处理观对信息支持功能的影响

管理会计的信息是管理会计控制系统产生的,通过对企业战略、控制、绩效评价和企业决策进行信息支持,进而帮助企业生产经营,实现绩效。美国管理会计实务委员会认为,企业决策者在做出战略决策时,管理会计系统会对企业规划、评估和控制等因素进行搜集整理,同时将这些信息进行整合维护、并与企业外部团队沟通,进而达到维护企业资产安全的目标。而这些管理会计相关信息主要是通过会计人员加工的与管理者决策相关的特定信息,还包括一些影响企业生产经营的内外部综合信息等。

企业处理管理会计信息能够帮助决策者提供信息支持,管理会计可以通过汇总分析各种信息来弥补处理信息发挥作用过程中产生的不确定性差距(Tushman and Nadler,1978;Davila,2000)。因为企业在生产产品时具有不确定性,只有通过组织整合这些有用信息,才能帮助决策者做出决策,实现活动的计划协调。例如,Gupta and Wilemon(1990)认为,通过对项目经理发放调查问卷发现近六成的项目都引生产技术的不确定性而停滞了,因此需要收集大量信息来避免研发产品遇到的技术问题(Davila,2000)。

同样,有许多研究者讨论了控制机制固有的处理信息功能(Tushman and Nadler,1978;Ouchi,1979;Egelhoff,1991),这类控制机制主要包括内部信息和知识的传分享，机制的协调和团队与员工个人间的关系，进而减少了决策不确定性（Makhija and Ganesh，1997）。Zimmerman（1997）把向组织计划决策提供有用信息作为会计制度中信息的作用之一；Horngren et al.（2000）研究得出管理会计系统中整合提供的信息能够帮助员工增加个人决策意愿，进而实现员工目标。Sprinkle（2003）认为，管理会计信息支持功能主要是利用这些管理会计中的信息来解决问题。Cardinaels and Veen-Dirks（2010）在分析管理会计信息支持功能时，主要运用了平衡计分卡工具，他们通过分析那些财务和非财务信息，来研究这些信息在对企业组织信息和提高效益方面发挥的影响。管理会计能够加强企业在研发、生产等作业流程的管理合作与信息共享，运用先进信息系统来共享和传递信息的过程，能够运用这一信息支持功能提高信息使用的效率，减少因为信息不对称带来的效率低下，正确运用信息处理观可以更好的增加企业效益、提高自身管理能力（王斌和顾惠忠，2014）。

Massaro et al.（2011）认为，信息支持功能主要包括管理会计系统的学习功能和解决问题的功能。其中，学习功能（Learning）主要用来支持创新并帮助团队解决和改进研发过程中遇到的问题；解决问题（Problem Solving）的功能是指通过管理会计系统来减少研发复杂性、解决决策中的问题。迟晓英和宣国良（2000）在波特价值链理论中，信息就是支持企业增值的各种元素，通常企业决策者和管理者在履行社会责任、提高企业价值时，是充分发挥了信息的支持功能，来处理企业拥有的会计资源和信息的，他们通过整合信息并依据它们进行合理决策、最终提高对企业信息和资源的控制能力的过程。Sprinkle（2003）把企业拥有的信息进行整合，并且在做出原始判断计划和最终战略决策时，都是依据他所掌握的具体信息的，这一过程就叫作信息的支持功能。

综上所述，企业使用管理会计信息的过程就是通过前期收集整理企业内外部环境中的各种资源信息,通过处理整合这些信息资源来为企业长期竞争力和战略绩效等目标的提升提供支持,这个过程就是企业的信息处理观。而会计管理理论中的管理会计工具就是这些管理会计理论的具体化和实践化,一个企业对不同管理会计工具的选择和运用,决定了该企业使用管理信息系统达到的增加企业效益的影响不同(Frezatti et al.,2011)。

3.6 本章小结

本章节先对权变理论的定义、发展状况进行了阐述和整理,并具体分析了它对企业管理会计工具的应用影响。然后,在协同理论的基础上,再次强调了基于层次化的管理会计工具在企业中应用的重要意义,奠定了本书的理论基础。接下来以组织结构论为依据,引出本所要研究的重点——管理会计工具的综合应用。此外,回顾了资源基础观的研究现状,并基于资源基础观对企业创新情况进行了理论梳理。最后,基于信息处理观理论的视角具体分析了信息支持功能和对绩效影响的研究现状。本章通过对商业模式、管理会计工具、管理会计信息和企业创新绩效以及与之相关的理论进行了分析,通过这些理论的分析能够更好帮助下文对研究问题的分析,并且能够为文章之后的实证分析研究打下了坚实的理论基础。

管理会计工具应用的企业访谈与问卷设计

本章首先在理论分析基础上,采用半结构式访谈与相关资料收集等方法,将企业的访谈内容整理成访谈文本资料,依据扎根理论进行编码分析,以获得研究所需的数据,界定出各层次的管理会计及工具种类;其次,设计出管理会计工具综合应用情况的调查问卷,整理回收问卷的数据以进行统计分析;最后,对回收的问卷进行信度和效度分析,以证明问卷回收结果的合理性与数据可靠性。本章通过实地访谈与问卷调查初步探究了管理会计工具在企业中的应用情况,为后文的实证研究奠定基础。

4.1 概念界定

4.1.1 管理会计工具应用层次的划分

管理会计的应用不是一成不变的,而是随着权变因素的变化而变化(王斌,2014;诸波,2017)。1998 年,国际会计师联合会(International Federation of Accountants,IFAC)基于企业环境与战略目标等时代特征,以不同管理控制思想为依据,按管理会计发展阶段将管理会计应用划分为以下四个层次(Abdel-Kader and Luther,2008）：成本确定与财务控制、为计划和控制提供决策信息、消除商业流程中的资源浪费、通过有效的资源利用进行价值创造。四个层次表明管理会计应用由低到高的演变过程（Abdel-Kader and Luther, 2008），每个层次代表着不同的应用水平。四个层次的划分不仅体现了管理会计应用层次由低到高的历史演进过程，也反映了当前不同企业的管理会计应用水平。其中，不同层次的管理会计工具的适用性及效果也与外部环境、市场及组织形态等要素相关（王斌，2004；Otley，2016），应用层次的划分体现了管理会计工具的环境适应性原则（王满等，2019；财政部，2016；谢志华和敖小波，2018）。

管理会计工具作为管理会计系统的基本构成要素，工具之间的关系特征主要体现在两个方面：一是不同的管理会计工具可以根据功能划归为不同层次；二是不同层次、不同功能定位的管理会计工具，以及同一层次管理会计工具之间可以整合使用。基于此，管理会计工具综合应用研究应包含两个方面的内容：一是管理会计工具的纵向整合，即层次提高代表的兼容性的加强（Abdel-Kader and Luther, 2008），以及处于不同层次的管理会计工具的整合应用；二是层次内管理会计工具的横向整合，即公司所处的那一层次中管理会计工具的层次内整合应用情况。

4.1.2 管理会计工具种类的界定

管理会计工具应用作为管理会计理念的具体体现（Rigby and Lannes，2009），指单位在应用管理会计过程中所采用的一系列技术和方法的统称（财政部，2016），包括战略地图、零基预算、作业成本法、本量利分析、平衡计分卡、现金流（EVA）等。随着时代的发展与管理思想的演进，管理会计工具也在不断地逐渐深耕和完善（王仲兵，2010），每个年代所应用的具有代表性的工具也各不相同。20世纪70年代，企业应用的具有代表性的管理会计工具主要有标准成本法（冯巧根，2015）、本量利分析（高晨和汤谷良，2007；胡玉明，2011）、财务指标法等。20 世纪 80 年代，战略成本管理、作业成本法等管理会计工具成为主流，以帮助企业进行流程优化内部管理。90 年代，全面预算管理、经济增加值、平衡计分卡等管理会计工具逐渐风靡而起来帮助企业应对复杂多变的外部环境，更加强调资源的有效配置与利用，以进行战略性的企业价值创造（胡玉明等，2008；王斌和顾惠忠，2014）。

随着管理会计工具的不断发展，管理会计工具在企业中的应用也越来越广泛，应用种类越来越多。在管理会计工具的调查研究中，各位学者对管理会计工具所界定的种类和方法存在差异。例如，Abdel – Kader and Luther（2006）在对英国食品行业管理会计应用的相关调查中，研究分析了 38 种管理会计工具并对其重要性进行排序。杜荣瑞等（2008）通过问卷调查选取了本量利分析、作业成本法、目标成本法等 12 种管理会计工具进行研究，得出了研究管理会计工具应用与企业业绩之间的关系。Chenhall and Langfield（1998）重点研究不同管理会计工具在企业中的重要性排名，具体研究方法是对澳洲 140 家大型制造业公司进行分析，重点调查他们在使用不同管理会计工具时对过去和未来 3 年造成的收益的不同。王立彦和张莹（2000）对会计信息系统的运用目标进行研究，得出 20 世纪 90 年代末多数企业常见的主要有财务分析、本量利分析（CVP）和资本支出决策技术等管理会计工具，他们重点服务于财务会计而非管理会计。冯巧根（2002）重点研究了不同管理会计工具的运用对象，调查企业对传统工具如责任会计、标准成本法、绩效评价等工具的使用意愿，在此基础上重点研究了一些战略成本管理、作业成本法、经济增加值等新兴工具，结果显示更多的企业偏重于使用传统会计工具，使用率高于新兴管理会计工具。沙秀娟和王满等（2017）选取了战略成本管理、标准成本法、作业成本法、目标成本法、本量利分析等 13 个管理会计工具在企业使用和价值链中使用率和重要性进行了分析排序。

在对管理会计工具进行调查和研究之前，本书首先要根据研究需要和层次的规律特点确定所要研究的管理会计工具的种类。为确定管理会计工具的种类以及工具在各企业的综合应用情况，本书主要参考《管理会计基本指引》中对管理会计工具按领域对34种管理会计工具的界定以及王斌和顾惠忠（2014）按发展阶段对管理会计工具发展的分析，并根据本书需要和 Abdel‐Kader and Luther（2008）相关研究对管理会计工具应用层次的量表进行调整，最终确定了18种管理会计工具进行研究。采用 Likert 七级量表来衡量管理会计工具在各企业的应用程度，反映各层次管理会计工具的整合运用情况。

4.2 实地访谈

本章参考周齐武等（2009）的做法，采用理论书籍和实务研究文献相结合的方式来进行工具的选择。为确定管理会计工具的种类以及工具在各企业的综合应用情况，本书主要参考《管理会计基本指引》中对管理会计工具按领域对34种管理会计工具的界定以及王斌和顾惠忠（2014）按发展阶段对管理会计工具发展的分析，并根据本书需要和 Abdel‐Kader and Luther（2008）中管理会计工具应用层次的具体量表进行调整，最终确定了18种管理会计工具进行研究。此外，通过实地访谈对管理会计工具在企业应用的基本情况进行了调研，以避免管理会计工具的理论分析界定与实际情况的不符。

4.2.1 访谈提纲设计

（1）访谈提纲的内容

为确定本书所研究的管理会计工具种类，本书采用半结构化访谈的方法考察了管理会计工具在企业中运用的实际情况。在访谈过程中，调研小组向被访谈者按照访谈大纲向被访谈者提出与管理会计工具应用相关的一系列问题，被访谈者针对问题对企业中管理会计工具的应用的关键性事件和要点进行举例说明。随后，对访谈本书资料的内容进行详细深入分析以及信度效度的检验，以保证访谈内容的有效性和理论分析的科学性，在此基础上结合访谈结果界定出本书所要研究的管理会计工具种类。沿着上述研究思路进行设计的大纲主要包括以下两方面的内容：

第一部分主要围绕"企业背景和被调查者基本情况"而展开。包括企业名称、所有权性质、企业的主营业务、企业近年来的发展概况（如经营理念、经营战略与目标、研发成果、行业地位、竞争与合作情况）、被访人职务和被访人在本企业工作年限等。

第二部分主要围绕"管理会计工具在企业的应用情况"而展开的。首先通过访谈了解企业的具体业务流程情况，以及被访谈者对管理会计工具的了解程度。在此基础上，考察企业在各个流程中管理会计工具的具体应用情况的。例如，贵公司主要的业务流程是什么样的？在上述各个流程中，公司应用了哪些管理会计工具？具体是如何应用的？最后，考察通过理论分析所形成的四个层次共27种管理会计工具在企业各个流程的具体应用情况。在访谈过程中，可根据具体情况适当追问。如贵公司主要关注哪些指标？如何对报告中各项指标所提供的信息进行分析等。

（2）访谈提纲的形成过程

调研小组在初步拟定访谈大纲的基础上对其进行了反复多次修改，最终形成了本章的企业中管理会计工具应用情况的访谈大纲。首先，依据相关的文献与理论基础，对文献进行分析和归纳，初步设计出管理会计工具应用情况的访谈提纲。其次，邀请管理会计领域的专家对调研提纲内容进行讨论，并结合专家的意见对访谈提纲进行一次修改。再次，为了保证访谈提纲的合理性，将修改后的访谈提纲通过 email 等形式分发给三名不同企业的高管，与企业的高层管理者针对访谈提纲问题进行深入交流和探讨，以使访谈提纲能够基本反映企业的真实情况和急需解决的问题，根据沟通讨论的结果对管理会计工具应用情况访谈提纲中的不合理题项再次进行修改。最后，完成访谈提纲的设计，并选取企业的相关人员进行实地访谈。

4.2.2 访谈过程

本书在相关文献梳理和官方资料收集的基础上，于 2020 年 6 月上旬开始进行访谈，相继访谈 5 家企业。在整个企业实际访谈过程中，鉴于访谈的实际工作量较大，为此成立了企业访谈研讨小组，以保证访谈的质量和访谈结果的有效性。研讨小组中由专人负责与被访者的事先沟通工作以保证访谈任务的顺利进行，包括以电话沟通、邮件发送等方式预约访谈时间，明确访谈目的和内容，告知访谈方式，提供访谈提纲。事前沟通后，调研小组在双方约定的时间到企业所在地进行调研。在访谈过程中，为保证访谈内容的完整性，采用笔记和全程录音两种方式对访谈内容进行记录。

在对被访谈者进行访谈之前，研讨小组通过对管理会计工具相关文献的梳理初步掌握了企业应用管理会计工具的基本情况和所存在的问题，根据现有文献和研究成果，结合本书的需要设计出管理会计工具应用情况的访谈提纲。依据该访谈提纲，并结合企业具体情况对企业进行访谈，尝试与被调查者就企业中管理会计工具应用的关键事件进行深入了解沟通，以全面动态地了解管理会计工具在企业的应用情况，预计平均访谈时间为两个半小时左右。

在访谈过程中，为了更详细地了解企业运用管理会计工具的实际情况，使访谈资料的内容更加翔实，研讨小组对访谈提纲中的问题进行了逐一追问，同时在允许范围内向被访谈企业高管索取了一些不涉及其商业机密与本书相关文件资料。在访谈结束前，研讨小组成员对访谈中一些重要内容向被访谈者进行了确认和补充。

访谈结束后,研讨小组成员在调研结束回到学校后,第一时间对访谈笔记进行整理和核对,以保证在 24 小时内完成,形成 5 家企业的访谈资料。在对访谈资料进行初步的整理和汇总的过程中,对录音内容反复收听以进行笔记内容的校对,对于一些被访谈者语义不明、表述模糊或者内容前后回答不一致的地方,及时向被访谈者仔细求证,以保证访谈信息的有效性。最后,将整理后形成的访谈资料发给被访谈者进行核对,通过电话或者微信的方式对访谈资料的内容进行确认和补充。

4.2.3 被访谈对象的描述性统计

本书选取了比较符合研究需求的以下 5 家企业进行实地访谈,这些企业的管理会计工具应用情况较好且与本书的管理控制控制方法、理念相吻合。本书选取的访谈对象主要为企业中高层管理者,且大多为企业高管,原因是他们更加了解管理会计工具应用情况的。由于本次访谈可能涉及企业的商业机密,因此本书对这 5 家企业进行匿名和相应处理,仅序号进行了排序,被访谈企业和被访谈者的基本资料如表 4-1 所示。

表 4-1 被访谈企业和被访谈者的基本资料

企业编号	企业性质	员工人数	行业分布	访谈人数	被访者职位	工作年限
A 公司	日本独资	2700	制造	3	人力部部长,财务部部长,预算体系兼中长期计划负责人	20、13、10
B 公司	中外合资	2000	制造	5	财务总监、财务经理(2)、运营部门经理(2)	17、15、15、10、7
C 公司	民营企业	800	制造	3	财务总监、财务经理、分管管理会计主管	20、13、11
D 公司	国有企业	7000	非制造	4	总会计师、财务经理(2)、预算主管	30、20、20、12

续表

企业编号	企业性质	员工人数	行业分布	访谈人数	被访者职位	工作年限
E公司	国有企业	10000	制造	3	总会计师、财务副总、财务部门会计主管	36、6、6

表4-1被访谈企业和被访谈者的基本资料中显示了以下两方面的内容：

一是被访谈企业的样本的特征。从企业性质上看，被访谈企业的性质较为多样，既有国有企业又有民营企业，还包括中外合资（作）企业和外商独资企业，能够在一定程度上代表我国现有企业的总体分布；从企业规模上看，参照国统字〔2011〕75号按文员工人数对企业规模的划分，5家企业均属于是中型以上规模的企业；从行业分布情况来看，所述行业较为广泛；既包括制造业也包括非制造业，能基本代表我国现有企业的行业分布。综上所述，本书所选取的被访谈企业具有一定的代表性。

二是被访谈者的基本情况特征。从被访谈者的工作年限来看，被访谈的企业中高层管理者的工作年限较长，除3人工作年限不足10年外，其余被调查者工作年限均在10年以上，其中最长工作年限为36年，说明对公司的相关情况已比较了解和熟悉。从被访谈者职位来看，被访者的职位均为企业的中高级财务管理人员，大多为企业高管，对企业的财务状况有的了解较为充分，为本次调查的可靠性提供了保障；此外，每个企业的被访谈人数均在3~5人，基本能满足本研讨小组所要了解的内容，从而保证了所访谈信息内容的全面性。

4.2.4 访谈内容分析

（1）管理会计工具要目类别的建立

在对被访谈资料的内容进行分析前，对管理会计工具访谈要目类别的建立是必不可少的。即在以往大量文献研究的基础上,从理论层面对调研中所涉及的管理会计工具的种类进行梳理和归纳,形成研究所需的要素类目。

本章参考周齐武等(2009)的做法,采用理论书籍和实务研究文献相结合的方式来进行工具的选择。为确定管理会计工具的种类以及工具在各企业的综合应用情况,本章参考《管理会计基本指引》(2016)中对管理会计工具的界定以及王斌和顾惠忠(2014)对管理会计工具发展的分析,并根据本书需要和Abdel-Kader and Luther(2008)中管理会计工具应用层次的具体量表进行调整,最终确定了27种管理会计工具进行研究。

归纳法①和演绎法②是构建访谈要素类目是较为主要的两种方法(Mayring, 2000)。本章采用演绎法的思想,在已有文献及研究成果的基础上结合本书的研究目标,对管理会计工具的访谈要目类别进行构建。通过前面的理论分析,可以将27种管理会计按不同的特点功能定位划分到四个层次中,即构成了管理会计工具在企业的访谈要目类别。管理会计工具访谈四个层次的要目类别如表4-2所示。

表4-2　　　管理会计工具四个层次的访谈要目类别

应用层次	变量符号	管理会计工具
成本与财务控制	MACA1-4	回收期/回报率法、标准成本法、杜邦分析法、财务指标法
决策信息提供	MACA2-7	本量利分析、贴现现金流法、责任会计、边际分析、定量库存控制、敏感性分析、弹性预算

① 在归纳法中,对数据进行逐步分析可以形成类目。
② 在演绎法中,访谈要素类目的开发主要是利用现有的理论或者先前的研究成果,并以此对数据进行分析,随着分析的深入,新的访谈要素类目被不断开发,初始访谈要素类目得到进一步修正和提炼。

续表

应用层次	变量符号	管理会计工具
业务流程优化	MACA3-9	作业成本法、零基预算、作业预算、全面质量管理、目标成本法、价值链分析、生命周期法、持续改进、JIT
组织价值创造	MACA4-7	平衡计分卡、经济增加值、关键业绩指标法、激励薪酬、标杆管理、小组织独立核算、全面预算管理

(2) 管理会计工具的编码表

本章在表4-2的基础上,根据管理会计工具的访谈要目类别,对所形成的企业访谈资料进行编码,并对资料中涉及的管理会计工具应用相关的词频进行统计。管理会计工具应用类目编码表如表4-3所示。

表4-3 管理会计工具应用类目编码样表

项目或变量	编码或取值
编码原则	以访谈资料中每个意义单元为分析单位,采取时间先后的原则进行编码
企业序号	企业一=A,企业二=B;企业三=C;企业四=D;企业五=E
回收期/回报率法	应用=1;未应用=0
标准成本法	应用=1;未应用=0
杜邦分析法	应用=1;未应用=0
财务指标法	应用=1;未应用=0
本量利分析	应用=1;未应用=0
贴现现金流法	应用=1;未应用=0
责任会计	应用=1;未应用=0
边际分析	应用=1;未应用=0
定量库存控制	应用=1;未应用=0
敏感性分析	应用=1;未应用=0

续表

项目或变量	编码或取值
弹性预算	应用 = 1；未应用 = 0
作业成本法	应用 = 1；未应用 = 0
零基预算	应用 = 1；未应用 = 0
作业预算	应用 = 1；未应用 = 0
全面质量管理	应用 = 1；未应用 = 0
目标成本法	应用 = 1；未应用 = 0
价值链分析	应用 = 1；未应用 = 0
生命周期法	应用 = 1；未应用 = 0
持续改进	应用 = 1；未应用 = 0
JIT（精益制造）	应用 = 1；未应用 = 0
平衡计分卡	应用 = 1；未应用 = 0
经济增加值	应用 = 1；未应用 = 0
关键业绩指标法	应用 = 1；未应用 = 0
激励薪酬	应用 = 1；未应用 = 0
标杆管理	应用 = 1；未应用 = 0
小组织独立核算	应用 = 1；未应用 = 0
全面预算管理	应用 = 1；未应用 = 0

在运用内容分析法进行实际编码的过程中，为了保证编码的独立性以及编码结果的科学性和准确性，一般至少需要两人以上对被访谈企业的文本资料进行编码（Kolbe and Burnett，1991）。同时，为了进一步提高访谈调研数据的有效性，本次调研小组还特邀了三位对管理会计相关内容有所了解的专业人员，分别对每份访谈企业的文本资料进行独立编码。

三位编码人员中，其中有两名是本校财务管理专业的博士研究生，且研究方向均为管理会计专业领域，另外一名则是对企业中管理会计工具应用情况比较了解的企业财务主管。在进行正式编码之前,对三位编码人员进行了为期两个小时的集中培训及预编码,以进一步保证研究数据和研究结果的有效性。在三位编码员基本上能够对资料中涉及的同一事件进行一致编码操作之后,再分别对5家企业的访谈材料进行独立编码。

编码员在对五篇访谈文本资料分别进行独立编码时,主要依据管理会计工具访谈要素类目表(见表4-2)以及管理会计工具类目编码样表(见表4-3)。具体操作规则如下:在一篇访谈文本资料中,如果涉及27种管理会计工具类目中的一项,则在此所属单元格中输入"1";反之,如果在企业访谈文本资料中没有提及,则输入"0"。每个分析单元有三位编码者进行编码,当其中的两位或两位以上的编码员认为,不能归属任何一个要素类别时,即本书认为,这个分析单元不能归属任何一个管理会计工具的要素类别,以此形成最终编码文件。

在编码过程中,最终形成了240个分析单元,其中有54个分析单元不能归属任何一个要素类别,即无效需删除。因此,根据要求将这54个分析单元剔除之后,邀请编码员们针对剩下来的186个分析单元重新进行正式的编码处理。编码完成后,再次对管理会计工具编码数据的信度和效度进行检验,在确保编码结果的较高信度和效度的基础上,对访谈结果进行分析。

4.2.5 访谈的信度和效度分析

(1)信度分析

信度(Reliability)是指测验工具所得结果的一致性或稳定性,量表的信度越大,其测量的标准误差就越小(吴明隆,2010)。对访谈资料的信度分析主要有类目信度和交互判别信度两种方法。

分析者对管理会计工具类目的构建以及对各层次类目的准确界定是采用类目信度准确性的重要前提,是保证分析结果一致性的必要条件。本书所界定的管理会计工具访谈要素类目是建立在理论分析和文献回归的基础上，主要参考周齐武等（2009）的做法，采用理论书籍和实务研究文献相结合的方式来进行工具的选择。在此基础上，为确定管理会计工具在各企业的应用情况，参考《管理会计基本指引》（2016）中对管理会计工具的界定以及王斌和顾惠忠（2014）对管理会计工具发展的分析，并根据本书需要和Abdel-Kader and Luther（2008）中管理会计工具应用层次的具体量表进行调整，最终确定了27种管理会计工具进行研究。理论与实践相结合，具有较好的类目信度。

交互判别信度，是指不同分析者在对同一材料进行分析时，在分析结果上所达成一致的程度。为了提高相互判别信度，调研小组邀请了三位编码员对访谈资料进行编码处理，包括财务管理专业的两名博士研究生，以及具有丰富工作经验的从事管理会计工作的财务负责人，依据惯例，组成了三人编码小组对资料进行编码。在进行正式编码之前，对三位编码人员进行了相应的集中培训及预编码过程，以保证研究数据和研究结果的有效性。同时，依据Kolbe and Burnett（1991）对交互判别信度的计算，可以认为，交互判别信度可以通过计算编码者的一致性程度得出；具体计算公式如下：

$$CA = (T1 \cap T2 \cap T3)/T1UT2UT3 \qquad (4-1)$$

其中，$T1$、$T2$、$T3$分别代表三位不同编码者各自的编码个数。那么，$T1 \cap T2 \cap T3$ 则表示三位编码者在编码过程中将某一分析单元编码归类相同个数的交集，而 $T1UT2UT3$ 表示三位编码者各自编码个数的并集。按此方法计算的本书的管理会计工具要素编码的一致性程度如表4-4所示。

表4-4　　　　管理会计工具要素编码者一致性程度

管理会计工具	变量符号	编码的一致性程度（%）
回收期/回报率法	MACA1-1	80.00
标准成本法	MACA1-2	85.71

续表

管理会计工具	变量符号	编码的一致性程度（%）
杜邦分析法	MACA1-3	80.00
财务指标法	MACA1-4	85.71
本量利分析	MACA2-1	100.00
贴现现金流法	MACA2-2	87.50
责任会计	MACA2-3	87.50
边际分析	MACA2-4	100.00
定量库存控制	MACA2-5	80.00
敏感性分析	MACA2-6	100.00
弹性预算	MACA2-7	100.00
作业成本法	MACA3-1	80.00
零基预算	MACA3-2	100.00
作业预算	MACA3-3	100.00
全面质量管理	MACA3-4	85.71
目标成本法	MACA3-5	83.33
价值链分析	MACA3-6	90.00
生命周期法	MACA3-7	85.71
持续改进	MACA3-8	80.00
JIT（精益制造）	MACA3-9	83.33
平衡计分卡	MACA4-1	90.00
经济增加值	MACA4-2	88.89
关键业绩指标法	MACA4-3	92.31
激励薪酬	MACA4-4	85.71
标杆管理	MACA4-5	80.00
小组织独立核算	MACA4-6	100.00
全面预算管理	MACA4-7	93.33

由表 4-4 可见，三位编码者对 27 种管理会计工具的编码一致性程度均在 80% 以上，且有部分编码者的一致性程度达到 100%。

依据 Ormerod（2000）中对内容分析中的编码一致性程度的划分标准，可以认为，结果大于 0.80 为可接受水平，大于 0.90 为较好水平。因此，本书中三位编码者的一致性程度均在可接受范围内，各种管理会计工具的信度和可靠性在可接受范围内。

（2）效度分析

效度即有效性，是指通过测量工具或手段对所需测量事物进行测量结果的准确程度（吴明隆，2010）。通常情况下，效度是在信度的基础上形成的，即信度是效度的必要条件，但在一定程度上二者之间存在着一定的矛盾关系。当访谈要素类目的种类较为单一时，访谈资料分析者在进行编码分析时内容更加简化，也更容易获得较高的信度，但此时的效度可能有所欠缺。在内容分析法的使用中，往往会以降低效度为代价来提高信度水平。因此，在研究设计中，需要适当权衡信度与效度之间的关系，找到平衡点，使二者兼具。

对访谈资料内容的效度检验中，较为常用的方法是检验其内容效度的水平，主要包括概念与指标界定的合理性，以及经验推演的逻辑性与有效性。本书对内容效度的分析主要是基于以下几个方面。首先，本书在编制管理会计工具种类范畴类目表前，广泛参考了以往相关研究成果与文献，据此可以在很大程度上保证本书理论基础的扎实性。其次，在正式编码前，依据访谈结果对管理会计工具种类范畴类目进行反复调整和确认以形成最终的类目编码表，并且对编码员进行了集中培训和预编码，进一步提高了本书的内容效度。最后，在编码过程中，将无法达成一致的编码单元提出，基本上保证了编码结果的一致与编码过程的严谨性。因此，可以认为本书的内容分析效度较高，符合研究的要求。

4.2.6　访谈结果分析

本章依据三位编码人员对管理会计工具类目的编码情况，将管

第4章 管理会计工具应用的企业访谈与问卷设计

理会计工具在企业访谈资料中被提及的频次进行汇总，汇总整理后的管理会计工具的频次及其占总频次的百分比如表4-5所示。

表4-5 各种管理会计工具的频次及其占总频次的百分比

管理会计工具	变量符号	频次	占总频次的百分比（%）
回收期/回报率法	MACA1-1	5	2.69
标准成本法	MACA1-2	7	3.76
杜邦分析法	MACA1-3	5	2.69
财务指标法	MACA1-4	7	3.76
本量利分析	MACA2-1	7	3.76
贴现现金流法	MACA2-2	8	4.30
责任会计	MACA2-3	8	4.30
边际分析	MACA2-4	7	3.76
定量库存控制	MACA2-5	5	2.69
敏感性分析	MACA2-6	4	2.15
弹性预算	MACA2-7	3	1.61
作业成本法	MACA3-1	5	2.69
零基预算	MACA3-2	4	2.15
作业预算	MACA3-3	3	1.61
全面质量管理	MACA3-4	7	3.76
目标成本法	MACA3-5	6	3.23
价值链分析	MACA3-6	10	5.38
生命周期法	MACA3-7	7	3.76
持续改进	MACA3-8	5	2.69
JIT（精益制造）	MACA3-9	6	3.23
平衡计分卡	MACA4-1	10	3.23
经济增加值	MACA4-2	9	4.84
关键业绩指标法	MACA4-3	13	6.99
激励薪酬	MACA4-4	7	3.76

83

续表

管理会计工具	变量符号	频次	占总频次的百分比（%）
标杆管理	MACA4－5	10	3.23
小组织独立核算	MACA4－6	3	1.61
全面预算管理	MACA4－7	15	8.06

由表4－5可见，管理会计工具类目中，全面预算管理这种工具在访谈文本资料中出现的频次最高，共计15次，约占各种管理会计工具总出现频次的8.06%；其次是关键指标法，关键指标法出现在访谈文本资料中的频次为13次，约占各种管理会计工具总出现频次的6.99%；标杆管理、平衡计分卡、价值链分析的频数为10次，约占各种管理会计工具总出现频次的3.23%；经济增加值（EVA）出现在访谈文本资料中的频次为9次，占各种管理会计工具总出现频次的4.84%；贴现现金流法与责任会计出现在访谈文本资料中的频次各为8次，约占总频数的4.30%；出现频次为7次的管理会计工具为标准成本法、财务指标分析、本量利分析、边际分析、全面质量管理、生命周期法以及薪酬激励，约占访谈总频数的3.76%；接下来是目标成本法与JIT（精益制造），频数为6次，占总频数的3.23%左右，以及回收期/回报率法、杜邦分析法、定量库存控制、作业成本法与持续改进，频次为5次各占总数的2.15%；敏感性分析、零基预算在访谈文本资料中的频次为4次，约占各种管理会计工具总出现频次的5.13%；弹性预算、作业预算以及小组独立核算的频次最低为3次，约占各种管理会计工具总出现频次的1.61%；依据本章的实地访谈结果，各种管理会计工具在企业应用都十分广泛，因此，本书将访谈过程中所涉及的27种管理会计工具作为问卷调查和实证研究的对象。

第 4 章　管理会计工具应用的企业访谈与问卷设计

4.3　问卷的设计与处理

4.3.1　问卷的设计

（1）问卷的基本内容

本书对于问卷的设计是在一定的理论基础上进行的，包括问卷量表的设计、题项的构成和安排等。本书通过问卷的设计、发放与回收来获取问卷调查中各个题项的结果数据，以进行各变量的度量和变量间因果关系的检验，即检验不同商业模式下管理会计工具的综合应用与企业创新绩效之间的关系。基于前文的文献梳理与理论推理过程，以及对企业实际情况的访谈与调研，已初步掌握了各变量间的因果关系与内在机理。因此，基于前文的基本理论框架与逻辑思路，对本书的调查问卷内容进行的设计，在一定程度上保证了问卷的设计可行性与科学性。

本章的调查问卷的内容主要分为两个部分。第一部是公司面临的环境和基本情况，包括所调查企业的目前的主营业务、所在地区、产权性质、行业①、规模②以及被调查者的基本情况，如所在的职位、学历以及在所调查企业的工作年限等。第二部分为企业中管理会计工具综合应用、企业创新情况以及商业模式的应用调查，各管理会计工具的核心理念已在问卷中给出。将各题项以 Likert 七级量表量表的形式进行度量，测量题项从 1~7 划分为七个等级。其中 1 代表不符合或没有应用；7 代表非常符合或广泛应用非常。

---

①　样本行业按照国统字〔2011〕75 号文划分为工业、建筑业、批发业、零售业、交通运输业等 15 个行业门类以及社会工作行业大类。

②　样本规模按照国统字〔2011〕75 号文综合考察行业、员工人数和营业收入后整理归类为大型企业、中型企业和小型企业。

被调查者可根据企业的实际情况,对问卷中的问题进行回答和判断,给出各种管理会计工具在企业的应用程度等情况。

在被调查者实际填写问卷的过程中,可能由于主观意识的存在造成问卷数据结果的偏差,为了避免此类问题的出现,本书首先在问卷的设计上做了以下考虑,借鉴李正卫(2003)和许冠南(2008)等的方法,来提高问卷的客观性和有效性。首先,调查问卷涉及的题项内容均在被调查者可理解和掌握的范围内,对于较难理解和学术的用语已转换为较为通俗的阐述,以避免问卷填答者的理解偏差所带来的调查结果误差。其次,在问卷的正式设计之前,对企业中高管进行了实地访谈和调研,并根据访谈结果结合相关专家、研究团队和企业高管的意见对问卷并进行多次修改,最终形成本此调查问卷,很大程度上提高了问卷的可靠性。最后,在问卷开头郑重承诺,该问卷调查为匿名调查,问卷调查结果仅做学术研究,不存在任何商业用途,不会泄露贵公司的任何机密。且问卷中所有题项的回答无对错之分,根据实际情况填写即可,在一定程度上保证了问卷结果的真实性。

(2)问卷设计过程

本书所需的关于管理会计工具在企业应用情况等数据大多是企业内部数据,无法向其他经济数据可以在公开的网站以及数据资料中直接观测和获取。因此,本书采用问卷的调查的方法,获取本书中所需的数据进行统计分析。本书对问卷的设计过程主要参考Churchill(1979)等学者的研究,以保证问卷的有效性和合理性,具体的问卷设计步骤如下。

第一步,梳理国内外相关文献。首先,对国内外关于管理会计工具应用、创新绩效以及商业模式的文献进行梳理,对涉及的相关理论进行总结归纳。对以往管理会计工具、创新绩效等相关领域的研究文献的梳理可以为本书的研究提供一定借鉴,拓宽本书所研究问题的广度和深度。其次,对有关国内外相关文献的查阅,可以全面了解相关变量的具体测量方法，以从众多的文献量表中提取较好准确可靠的衡量指标。因此，本书借助知名学者的研究思想，选取较为权威文献中的变量测量方法，设计形成了最初的问卷题项。

第二步，征求学术专家意见。在初步设计完成调查问卷的基础上，通过与相关专家以线上线下相结合的方式进行讨论，针对问卷的内容和表述不确定之处向专家征求意见，根据专家和学术团队成员的意见和建议对问卷题项、顺序与措辞等方面的问题进行修改，以减少因表述不清和措辞不当而产生歧义的可能性。

第三步，实地访谈。为保证所涉及的问卷更加贴近企业内部情况，以反映企业的实际状况，在征求专家学者的意见的基础上还进行了管理会计工具的应用情况的企业实地访谈。理论梳理与实地调研相结合，通过半结构式实地访谈，与几家企业中高层管理者进行了深入交流，依据访谈结果，对问卷问题的合理性、题项的准确性以及所反映问题的真实性进行反复确认与修改。考虑到所研究的问题涉及企业的方方面面，既包括财务部门又包括业务部门，因此，本书选取的被访谈人员也较为多样且人数均在3人以上，以确保在企业高管无法回复研讨小组所调研问题时，其他相关领域的负责人可以帮研讨小组解答，使研究人员对所研究问题有更加全面地理解和把握。

第四步，初步测试调查问卷。在调查问卷基本确定之后，将形成的问卷随机发放给本校的30位MBA学生进行预测试，并进行了信度和效度检验，小范围初步测试问卷的合理性。根据反馈情况和检验的结果，对问卷的再次进行修正和完善以形成最终的调查问卷。

4.3.2 数据收集及统计

（1）数据的收集

本书关注的整体样本为我国企业的管理人员和财务人员。因此,问卷的发放主要面向在校 MBA 学员、已工作财务专业学生、企业中财务人员与管理人员,其中大多数是各类企业内部从事管理或从事财务工作的人员。发放形式以纸质问卷、电子文档、网络在线问卷(问卷星)等线上线下相结合的方式为主。因此,可以认为问卷调查的样本基本符合随机性和整体性的要求。

调查问卷从设计到最终发放历时 9 个月的时间,其中问卷发放历时 3 个月。具体时间如下:2020 年 3—6 月为调研提纲的拟定、量表的设计与开发、关键点的论证和修改阶段,2020 年 7—8 月为问卷的小规模测试阶段,2020 年 9—12 月为将问卷的正式发放与数据的收集阶段,发放对象为具有 3 年以上工作经验的财务人员或企业中层以上管理者。之后,对回收的问卷进行逐一整理分析。经统计整得出,问卷发放总量为 600 份,收回问卷总量 431 份,其中无效问卷 99 份,剔除无效问卷后的有效问卷总计 332 份。问卷发放和回收的基本情况如表 4-6 所示。

表 4-6　　　　　　　　问卷发放和回收情况统计

调查方式	问卷发放(份)	问卷回收(份)	有效问卷(份)	有效回收率
问卷星	315	203	164	52.06%
咨询公司(培训现场)	126	106	74	58.73%
Email	89	67	54	60.67%
微信(朋友)	70	55	40	57.14%
合计	600	431	332	55.33%

由表 4-6 可以看出,本书主要采用以下三种方式对问卷进行发放:一是将调查问卷制作成网络链接(如问卷星等)的形式,对本校的在职 MBA、MPACC 同学进行发放,发放总数为 315 份,收回 203 份,其中有效问卷为 164 份,有效回收率为 52.06%;二是通过与大连某咨询公司合作,到培训现场以纸质的方式对问卷进行发放,总数为 126 份,收回 106 份,其中有效问卷为 74 份,有

效回收率为58.73%；三是将问卷的网络链接以邮件和微信的形式向符合要求的从事财务会计工作的朋友发放，两种方式的有效回收率分别为60.67%、57.14%。

(2) 样本分布情况

样本分布情况如表4-7所示。从样本企业的总体分布情况来看，问卷调查的结果可在一定程度上代表中国企业的整体情况。具体情况如下：

从企业规模来看，大部分样本公司员工数达到100人以上，企业规模从小规模企业至中等规模和大型企业均有涉及，且公司年限大多在5年以上。从企业性质来看，民营企业占有效样本量的52%，国有企业占26%，中外合资、外商独资及其他企业的样本量分别占有效样本的7%、6%和9%。从样本区域分布来看，样本企业的分布在浙江、江苏、安徽、云南、山东、山西、广东等省的企业，行业类别以制造业为主，也涉及其他类型的企业。被调查者中，高层管理者（非财务）样本占有效样本量的5%；中层管理者（非财务）占有效样本量的42%；财务负责人占有效样本量的24%，包括公司财务总监、总会计师与财务经理；基层管理者占有效样本量的13%；一般财务人占有效样本量的16%。

为了避免问卷调查数据来源相同导致的人为变量间的共变关系，本书将问卷所有题项作为整体做主成分因子分析提取特征值大于1的公因子，得到第一未旋转因子占23.71%的载荷量，因此同源偏差问题通过检验。另外，本书对问卷发放后的20个早期回复者和20个晚回复者的各变量的均值进行独立样本T检验，以检验是否存在未回复偏差，检验结果显示P值均大于0.1，表明这些样本在各变量的均值并不存在显著性差异，因此样本选择偏差问题通过检验。此外，根据Van der Stede et al.（2005）的研究，认为样本量最好不低于200份，而本书共回收有效问卷332份，达到了200份的最小样本规模量。因此，可以认为问卷的有效性较高。

表 4-7　　　　　　　　样本分布情况统计

分类	样本特征	样本数（N）	百分比（%）
企业性质	国有企业	86	26
	民营企业	172	52
	中外合资（作）企业	23	7
	外商独资企业	21	6
	其他	30	9
行业类别	制造业	216	65
	房地产	36	11
	信息技术	30	9
	批发零售	23	7
	其他	27	8
企业规模	大型企业	50	15
	中型企业	140	42
	小型企业	142	43
公司成立年限	5年以内	27	8
	6~10年	66	20
	11~20年	129	39
	21~50年	70	21
	50年以上	40	12
区域分布	东部地区	146	44
	中部地区	106	32
	西部地区	80	24
被访者职位	高层管理者	17	5
	财务负责人	80	24
	中层管理者	139	42
	基层管理者	43	13
	一般财务人员	53	16

4.4 问卷数据的相关检验

4.4.1 信度与效度分析

信度（Reliability），是指测验工具所得结果的一致性或稳定性，量表的信度越大，其测量的标准误差就越小（吴明隆，2010）。在信度的检验中，一般以 L. J. Cronbach 所创的 alpha 系数的值作为信度检验的标准，Cronbach's alpha 系数值的大小代表着问卷题项的可靠性的高低，通常 Cronbach's alpha 系数值在 0~1。对于信度的具体判定标准主要依据 Nunnally（1978）以及吴明隆（2010）研究中的划分标准。Nunnally（1978）认为，Cronbach's alpha 值的量表临界值为 0.70；吴明隆（2010）也对 Cronbach's alpha 值进行了相应的划分：a 系数值在 0.60~0.65 为不可接受区间，a 系数值在 0.66~0.70 为最小接受区间；a 系数值在 0.70~0.80 为可接受且较好范围，a 系数值在 0.80~0.90 为可接受且非常好范围区间。本书采用以上两位学者对信度标准的划分，将 0.70 作为最低的信度临界点。

效度即问卷的有效性，是指利用测量工具或手段能够准确测量所需测量事物的程度（吴明隆，2010）。在效度的检验分析中，通常使用的方法是构建效度，而效度的构建又可以分为单一构面效度、聚合效度与区分效度三种。单一构面性是指各个题项可以由唯一潜变量表示的程度，即每个潜变量所包含的所有题项的合理性；聚合效度指量表中所包含的测量题项与对同一性质其他测量题项之间相互关联的程度，即各因子从属于更高阶的因子的程度。区别效度即量表中所含所测题项的一致性程度与其他不同特征的测量题项之间的不相关联程度。

在对信度效度进行分析之前，首先要对管理会计工具应用层次与应用程度进行度量，本书主要参照 IFCA（1998）对四个层次的划分标准，基于当前我国管理会计工具应用水平的现状对管理会计综合应用（基于应用层次的横向整合与纵向整合）的相关概念进行拓展。具体度量方法如下：

将管理会计的应用层次视为当前我国不同企业的应用水平，企业所应用的管理会计工具种类不同，其所处层次不同。具体的度量方法为：按照问卷中给出的 27 种管理会计工具在各个应用层次的得分情况对企业使用的每一层次的管理会计工具的应用的程度进行测量，如果企业的某一层次的管理会计工具的使用得分的平均数超过得分点中位数 4（包含 4），则判定为该企业的管理会计工具的应用水平处于这一层次，如果有两个或两个以上层次的平均得分都大于 4，则以较高层次作为该企业管理会计工具应用的最终层次，用 $MACA\_L2$ 来表示。

对于管理会计工具纵向整合程度的度量，本书将其视为四个应用层次整体应用程度的体现。因此，可用企业在各个层次上的管理会计工具使用情况来表示，通过四个层次管理会计工具应用程度的得分均值来衡量不同企业管理会计工具应用的整体程度。具体度量方法为：首先根据被调查者对四个层次管理会计工具应用的实际得分情况计算出每一个层次的管理会计工具得分的平均值，然后将四个层次的得分均值再进行加总平均，得到企业应用得分均值，以此来代表管理会计工具应用的整体程度 $MACA\_L1$。

对于管理会计工具横向整合程度的度量，可以采用主成分因子分析法对各层次管理会计工具应用提取的公因子进行降维，利用得到工具的贡献度来度量横向整合水平，并用 $MACA\_I$ 来表示，以及各层次上的管理会计工具簇的整合应用程度（主要在结构方程模型中体现）。管理会计工具综合应用的量表设计如表 4-8 所示。其中 $MACA1$、$MACA2$、$MACA3$、$MACA4$ 分别代表管理会计应用的四个层次。

表 4 – 8　　27 种管理会计工具应用的量表设计

测量维度	变量符号	测量题项
成本与财务控制	MACA1 – 4	回收期/回报率法、标准成本法、杜邦分析法、财务指标法
决策信息提供	MACA2 – 7	本量利分析、贴现现金流法、责任会计、边际分析、定量库存控制、敏感性分析、弹性预算
业务流程优化	MACA3 – 9	作业成本法、零基预算、作业预算、全面质量管理、目标成本法、价值链分析、生命周期法、持续改进、JIT
组织价值创造	MACA4 – 7	平衡计分卡、经济增加值、关键业绩指标法、激励薪酬、标杆管理、小组独立核算、全面预算管理

为了研究的规范性和严谨性，本书首先使用 AMOS22.0 软件对 27 种管理会计工具进行验证性因子分析，以保证这些管理会计工具作为测量模型的有效性。问卷中的 27 个工具首先被设定为某一个潜变量（某一管理会计工具应用层次）的指标变量，这样分析结果比探索性因子分析更加准确（文东华等，2009；O'Leary - Kelly and Vokurka，1998），27 种管理会计工具应用信度及效度检验统计分析如表 4 – 9 所示。通过一阶验证性因子分析和二阶验证性因子分析得出结果，在一阶验证性因子分析中，各题项的因子载荷，大部分都在 0.5 以上，其中，"财务指标法""边际分析法""弹性预算""敏感性因素分析""适时制""作业预算""持续改进""小组独立核算"和"激励性"的因子载荷低于或刚达到 0.5，尽管这些方法属于管理会计方法，但是，为了达到研究的科学性和数据的基本要求予以删除，最终保留了 18 种管理会计工具方法。修改后的管理会计工具应用信度及效度检验统计分析结果如表 4 – 10 所示，模型的各项拟合指标数据如表 4 – 9 至表 4 – 11 所示，管理会计工具一阶及二阶验证性因子分析如图 4 – 1、图 4 – 2 所示。

表4-9 27种管理会计工具应用信度及效度检验统计分析

变量		题项	因子载荷	Cronbach's alpha	AVE	KMO	总体的 Cronbach's alpha
管理会计工具应用层次（MACA）	成本与财务控制	标准成本法	0.69	0.771	0.498	0.672	0.941
		基于回收期/回报率评估项目投资	0.79				
		杜邦分析法	0.75				
		财务指标法进行业绩评价	0.54				
	有用信息提供	本量利分析	0.88	0.883	0.514	0.811	
		运用定量方法进行库存控制	0.86				
		运用贴现金流法评价项目投资	0.88				
		责任会计	0.75				
		边际分析法	0.56				
		弹性预算	0.42				
		敏感性因素分析	0.51				
	业务流程优化	作业成本法（ABC）	0.80	0.890	0.491	0.901	
		产品生命周期法	0.73				
		全面质量管理	0.80				
		零基预算	0.75				
		目标成本法	0.86				
		价值链分析	0.86				
		适时制	0.43				
		持续改进	0.41				
		作业预算	0.46				

续表

变量		题项	因子载荷	Cronbach's alpha	AVE	KMO	总体的 Cronbach's alpha
管理会计工具应用层次（MACA）	组织价值创造	平衡计分卡	0.70	0.844	0.417	0.830	0.941
		经济增加值（EVA）	0.69				
		关键业绩指标法（KPI）	0.67				
		全面预算管理	0.79				
		标杆管理	0.64				
		小组织独立核算制度	0.46				
		激励性薪酬	0.51				

表4-10 修改后的管理会计工具应用信度及效度检验统计分析

变量		题项	因子载荷	Cronbach's alpha	AVE	KMO	总体的 Cronbach's alpha
管理会计工具应用层次	成本与财务控制	标准成本法	0.69	0.781	0.554	0.672	0.951
		基于回收期/回报率评估项目投资	0.79				
		杜邦分析法	0.75				
	有用信息提供	本量利分析	0.88	0.907	0.713	0.819	
		运用定量方法进行库存控制	0.86				
		运用贴现现金流法评价项目投资	0.88				
		责任会计	0.75				
	业务流程优化	作业成本法（ABC）	0.80	0.912	0.643	0.907	
		产品生命周期法	0.73				
		全面质量管理	0.80				
		零基预算	0.75				
		目标成本法	0.86				
		价值链分析	0.86				

续表

变量		题项	因子载荷	Cronbach's alpha	AVE	KMO	总体的 Cronbach's alpha
管理会计工具应用层次	组织价值创造	平衡计分卡	0.70	0.827	0.500	0.815	0.951
		经济增加值（EVA）	0.69				
		关键业绩指标法（KPI）	0.67				
		全面预算管理	0.79				
		标杆管理	0.64				

表4-11 修改后的管理会计工具应用验证性因子分析拟合指标

模型	卡方自由度比值	GFI	CFI	RESEA	AGFI
一阶因子模型	2.744	0.878	0.939	0.077	0.838
二阶因子模型	2.864	0.873	0.934	0.079	0.834

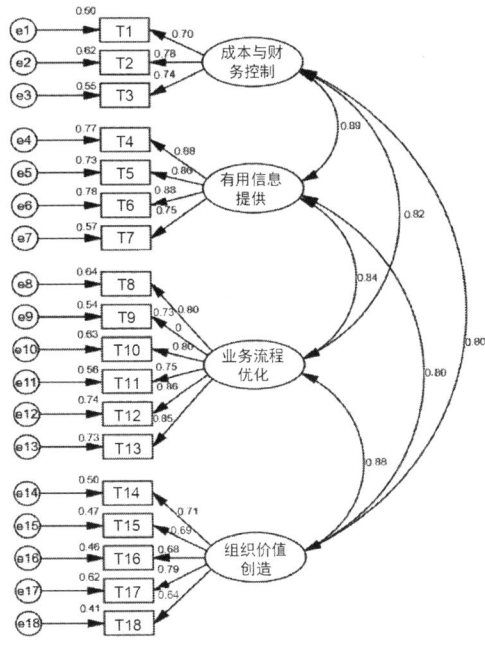

图4-1 管理会计工具一阶验证性因子分析

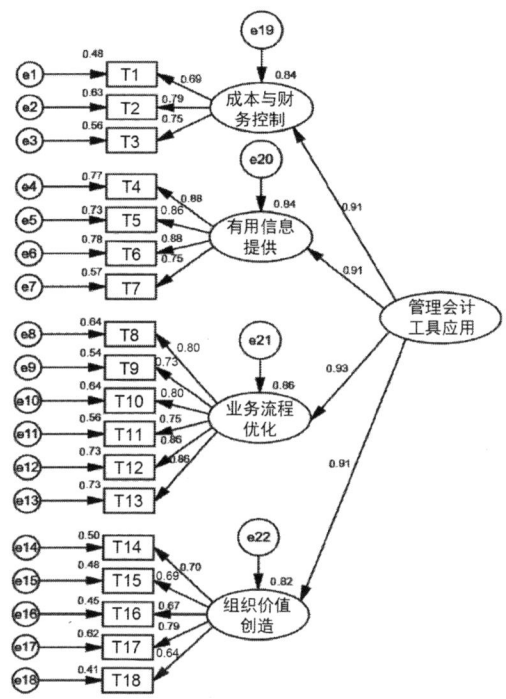

图 4-2 管理会计工具二阶验证性因子分析

为了考察问卷数据的可靠性和问卷各题项的内部一致性，本书首先运用 SPSS21.0 对各变量每个维度题项的 Cronbach's alpha 及总体 Cronbach's alpha 值进行计算。其次，使用 SPSS21.0 与 AMOS22.0 进行探索性因子分析与验证性因子分析，从单一构面效度、聚合效度与区分效度三方面来检验问卷效度。

由表 4-10 可见，修改后的 18 种管理会计工具应用四个层次的 Cronbach's alpha 值均大于 0.700，且总体的 Cronbach's alpha 值大于 0.900，说明问卷变量的信度较高。同时，各题项的修正的项目总相关系数（CITC）值均大于 0.500，表明各个题项之间具有较高的内部一致性。巴特利特（Bartlett）球体检验中，四个层次的

KMO 值均大于 0.600，且 P 达到显著性水平，说明问卷具有较高的单一构面效度，即每个层次所包含的管理会计工具具有一定的合理性。

如图 4-1、图 4-2 所示，在管理会计工具一阶与二阶验证性因子分析模型中，各项数据指标基本达到标准界限。一阶验证性因子分析结果显示，各题项的因子载荷都在 0.6 以上；二阶验证性因子分析结果显示，四个不同层次的潜变量对更高层次的潜变量（管理会计工具应用水平）的因子载荷均在 0.6 以上，且 T 值大于 2，说明问卷具有较好的聚合效度，一阶因子与二阶因子之间的相关性较强。即各一阶因子从属于一个更高阶的因子"管理会计工具应用水平"。

另外，从模型适配度指标来看，从表 4-11 可见，管理会计工具应用一阶和二阶验证性因子分析的拟合优度指标中，卡方自由度比值均在 3.0 以下、RMSEA 值均在 0.08 以下、CFI 值大于 0.900，除 CFI 和 AGFI 略低于界限值，其余指标均达到拟合要求。而 CFI 和 AGFI 也均在拟合优度的可接受值范围内，表明管理会计工具应用测量模型与数据的拟合基本符合要求。最后，依据 Fornell and Larcker（1981）的相关研究与公式计算方法，通过标准化因子载荷的数值和标准化残差计算得出的 AVE 值，并认为 AVE 值大于 0.5 为可接受范围。其中，AVE 指标越高，表示构念的信度和区分效度越高，问卷设计的有效性也越高。本书的结果显示，四个层次的 AVE 指标分别为 0.554、0.713、0.643 和 0.500，均在合理范围之内。因此，可以认为基于以往研究所设计的管理会计工具应用的调查问卷的可靠性和有效性较高，可以作为研究使用。

4.4.2 单因素方差检验

本书的调查问卷数据来源主要有三种，分别是将调查问卷制作成网络链接（如问卷星等）的形式发放给本校的在职 MBA、

MPACC 同学；通过与大连某咨询公司合作到培训现场以纸质的方式对问卷进行发放；将问卷的网络链接以邮件和微信的形式向符合要求的从事财务会计工作的朋友发放。由于通过三种调查方式进行回收的有效问卷样本总量和有效回收率水平相差较大，因此对三种调查方式的数据进行回复偏差检验是十分必要的。根据检验的基本原则，独立样本 T 检验适用于使用两种调查方式进行问卷研究的企业，而单因素方差分析（ANOVA）则适用使用两种以上调查方式进行问卷研究的企业。因此，依据本此调研方式的种类以及研究需要，对获取的样本数据进行了单因素方差分析（ANOVA）以避免不同调研方式得到数据存在的偏差。检验结果如表 4 - 12 所示。

表 4 - 12　　不同数据来源渠道的基本特征单因素方差检验

	方差齐性	ANOVA	
	P 值	F	P 值
产权性质	0.065	1.855	0.159
企业年限	0.305	2.587	0.078

对不同来源渠道数据的基本特征单因素方差检验时，首先应观察方差齐性的 P 值，当 P 值大于 0.05 则方差为齐性，即不同调查方式所得到的数据不存在差异；当 P 小于 0.05，说明不同调查方式的数据之间存在显著差异。其次观察 ANOVA 单因素的结果验证，当 ANOVA 的 P 值大于 0.05 时，说明不同调查方式的数据不存在差异；当 ANOVA 的 P 值小于 0.05，说明不同调查方式的数据之间存在显著差异。从表 4 - 12 的方差齐性检验结果中，可以看出企业性质与企业年限的显著性 P 值分别为 0.065、0.305，均大于 0.05，说明方差为齐性，三种调查方式的调查结果没有显著性差异。单因素方差分析（ANOVA），企业性质的显著性 P 值也均大于 0.05，进一步说明三组数据不存在显著差异，数据可作研究应用。

4.5 调查结果的描述性统计与分析

本书对调查问卷的回收结果进行了描述性统计,展示了管理会计工具在四个层次上应用程度的问卷数量和各种管理会计工具的应用均值,如表4-13所示。

表4-13　　问卷调查结果描述性统计(N=332)

	应用程度系数							均值
	1	2	3	4	5	6	7	
Panel A 成本与财务控制								
标准成本法	27	22	36	89	49	46	30	4.23
基于回收期/回报率评估项目投资	26	14	35	89	51	52	32	4.37
杜邦分析法	31	23	42	88	55	43	17	4.04
Panel B 有用信息提供								
本量利分析	24	16	35	74	50	70	30	4.47
运用定量方法进行库存控制	26	15	35	91	58	44	30	4.31
运用贴现现金流法评价项目投资	24	17	42	77	58	49	32	4.35
责任会计	24	15	39	89	60	39	35	4.34
Panel C 业务流程优化								
作业成本法(ABC)	33	22	39	103	50	35	17	3.96
产品生命周期法	46	24	44	85	56	30	14	3.76
全面质量管理	18	20	35	104	55	47	20	4.27
零基预算	26	24	40	96	57	34	22	4.08
目标成本法	30	20	45	91	60	37	16	4.02
价值链分析	21	13	41	93	61	49	21	4.31

续表

	应用程度系数							均值
	1	2	3	4	5	6	7	
Panel D 组织价值创造								
平衡计分卡	18	20	34	95	50	45	37	4.41
经济增加值（EVA）	15	21	33	84	61	57	28	4.46
关键业绩指标法（KPI）	52	27	42	92	48	26	12	3.61
全面预算管理	35	22	49	95	41	40	17	3.91
标杆管理	61	24	41	67	44	45	17	3.71

在第一层次中，主要以成本与财务控制相关工具为主，包括回收期/回报率法、标准成本法、杜邦分析法三种管理会计工具，三种管理会计工具应用程度得分的均值分别为 4.23、4.37 和 4.04，均大于 4，处于中等水平。说明企业对第一层次的三种工具（回收期/回报率法、标准成本法、杜邦分析法）应用程度较高，企业中较为注重成本与财务控制。

在第二层次中，主要以决策信息提供相关的管理会计工具为主，包括本量利分析、贴现现金流法、责任会计、定量库存控制等四种管理会计工具，四种管理会计工具应用程度得分的均值分别为 4.47、4.31、4.35 和 4.34，四种管理会计工具应用程度的得分均值也在 4.00 以上。其中，本量利分析法在四种工具中得分最高，说明企业较为注重对企业成本、价格以及获利能力的预测，以要达到企业目标、获取更好的经营成果。

在第三层次中，主要包括业务流程优化有关的管理会计工具。作业成本法、零基预算、全面质量管理、目标成本法、价值链分析、生命周期法等六种管理会计工具的均值分别为 3.96、3.76、4.27、4.08、4.02 和 4.31。除了作业成本法、产品生命周期法略低于平均值 4 以外，其他工具的应用程度均达到 4 以上。说明企业对第三层次中的六种管理会计工具应用程度较高且较为广泛，但相比于其他四种工具，多数企业对作业成本法等工具的应用程度还有所欠缺。

在第四层次的组织价值创造中，主要以平衡计分卡、经济增加值、关键业绩指标法、标杆管理、全面预算管理五种管理会计工具为主。五种管理会计工具的均值分别为 4.41、4.46、3.61、3.91 和 3.71。其中，均值在 4.00 以上的管理会计工具有平衡计分卡、经济增加值两种，其余三种工具的应用得分均值小于 4，说明在管理会计工具的实际应用过程中，企业较为注重平衡计分卡、经济增加值等工具方法的应用，或以二者为中心的多种管理会计工具之间的整合应用。

由表 4-13 可以看出，在不同的管理会计应用层次中，管理会计工具应用程度不同，侧重的管理方面亦有所不同，同时又存在着一些共性。例如，通过对四个层次管理会计工具的应用程度对比发现，大多数企业对较低层次（第一层次、第二层次）的工具应用较为广泛，对较高层次（第三层次、第四层次）的工具应用程度略低。说明管理会计工具应用在企业中自上而下的兼容水平还不够，更高层次的工具仍有待于进一步的整合应用。

4.6　本章小结

管理会计实践活动表面上看是管理会计工具的应用问题，但其实质是应用管理会计工具收集信息以供管理层对企业资源进行有效配置的问题。本章首先在访谈内容分析的基础上，对 27 种管理会计工具在企业的应用情况进行了调查，并采用理论分析和内容分析相结合的方法对管理会计工具应用情况的调查问卷进行了设计、发放与回收。其次，依据调查问卷所收集整理的数据，对被调查企业和人员的基本情况进行了描述性统计。最后，为了保证调查问卷回

第4章 管理会计工具应用的企业访谈与问卷设计

收数据的可靠性与结果的合理性，对回收的问卷进行了一系列测试，包括单因素方差检验、信度分析和效度分析等，并对问卷的调查结果进行初步的统计和分析。本章通过对企业的实地访谈与问卷调查，初步探究了管理会计工具在企业的实际应用情况，为后文的实证研究奠定基础。

第5章
管理会计工具应用对企业创新绩效影响的实证检验

管理会计工具应用对企业创新绩效的影响可分为直接影响与间接影响两方面。因此，本书分两章对这两方面的影响进行实证分析检验，本章主要对管理会计工具综合应用的直接影响效果进行检验。首先，在理论分析的基础上明确了管理会计工具应用与企业创新绩效之间的关系，并提出了管理会计工具应用对企业创新绩效及其三个维度直接影响的研究假设。其次，通过问卷调查方法来进行数据的收集与样本初步的统计，在此基础上进行变量的度量以及实证回归模型的构建。此外，为了确保基于前期企业访谈所设计回收的问卷数据具有科学性与有效性，本书对样本数据进行了信度与效度检验、单因素方差分析等检验。

5.1 理论分析与研究假设

5.1.1 管理会计工具应用对企业创新绩效的影响

管理会计工具应用是管理会计理念的具体体现（Rigby and Lannes，2009），其在不同企业的应用程度不同。管理会计工具的广泛应用与不断完善对于企业战略变革、核心竞争力的调高起到了重要的驱动作用（Chenhall and Euske，2007；Adler and Chen，2011；Grabner，2013）。现有文献大多基于企业内部环境研究管理会计工具的应用情况（姜洪涛等，2018；沙秀娟，2019），如基于企业的价值链、以平衡计分卡为核心等（沙秀娟等，2017）。目前我国管理会计应用情况参差不齐，随着管理会计工具应用程度的提高，各种工具之间也越具有整合运用的可能性。

管理会计工具的分类方法也较多。目前的管理会计工具分类方法，主要有按照层次进行划分（Abdel-Kader and Luther，2008），按照应用领域进行划分（财政部，2016），以及按照职能进行划分（温素彬，2017）。本书主要参照 IFAC 于 1998 年按历史发展阶段将管理会计工具应用分为成本确定与财务控制、为计划和控制提供决策信息、消除商业流程中的浪费以及有效利用资源进行价值创造四个层次（Abdel-Kader and Luther，2008）的划分标准，基于当今企业管理会计工具应用环境的变化对管理会计应用层次的概念进行了重新界定，试图构建管理会计工具综合应用的系统框架。

基于以上分析，管理会计工具的应用特征可归纳为如下加点：诸多的管理会计工具按功能和性质的不同可以定位到 IFAC（1998）所提出的不同类别或层次。层次的提升代表兼容性的增强，各层次之间的管理会计工具也可以整合应用以实现企业目标；另外也表现在公司所处管理会计应用水平层次内的工具整合应用情况。一个企业的管理会计工具的综合应用情况受到诸多方面因素的影响，不同企业的管理会计工具纵向整合与横向整合情况具有一定的差异性。

从纵向上看，管理会计工具应用的四个层次之间并非独立，较高层次应包含之前层次的相关要素，层次的提升代表兼容性的加强（Abdel-Kader and Luther，2008）。同时，随着管理会计工具应用层次的提高与层次间兼容性的增强，高层级可向下兼容更多种类的管理会计工具，各种工具之间也将越来越趋于的整合。因此，纵向整合既表现在应用层次的提升，也体现为四个层次的管理会计工具整体应用程度的提高,可依据这两方面来衡量纵向整合。

从横向上看,横向整合是指各个公司所处管理会计应用水平层次内管理会计工具的整合应用情况,层次内工具整合有利于发挥协同效应(Ittner and Larcker, 2001；胡玉明, 2001),可用各层次内管理会计工具的贡献度来衡量横向整合程度。同一层次内的管理会计工具虽然整体功能定位大致相同,但它们的具体功能也会有所差异。因此,虽然处于不同层次的管理会计工具之间整合应用可能更具典型性,但同一层次内的管理会计工具之间仍需要整合应用,以提供更加丰富的决策有用信息。

管理会计工具应用经济后果的研究是当今管理会计理论界和实务界普遍关注的问题。各层次间与层次内管理会计工具的良好匹配,可以为企业提供日常经营决策所需的有用性信息并服务于战略决策,降低环境不确定性对企业的风险,发现投资机会,进而提高企业效益。诸多学者研究表明,管理会计在企业内部的应用可以促进企业的价值创造(王斌和顾惠忠, 2014；诸波, 2017)。于增彪(2018)认为,管理会计作为信息提供的主体被用来进行计划和决策,能够为企业创造价值,提高管理效益。杜荣瑞(2008)也通过对国有企业的管理会计使用情况进行调查与分析,得到与上述结论相一致的结果,表明管理会计的应用可以显著提高企业的绩效水平。

相关研究表明,管理会计不仅局限于描述现实中企业的具体活动,也可在企业中起到一定的激励与促进作用,即发挥一定的引擎作用。具体来说,管理会计的评价激励等功能通过促进新知识和新思维在企业中的流动,引导人们不断探索新问题和新机会以激发创新,而创新能力的提升反过来又会促进会计实践的发展,二者相互影响,相辅相成(Revellino and Mouritsen, 2015)。管理控制系统是一个由各管理控制工具组成的、协调运行的工具包(Otley, 2016),而管理会计工具作为管理控制的手段,其整合应用是管理控制系统各部分协调运行的重要前提。不同层次以及同一层次内的管理会计工具整合应用，将会更好地为企业日常经营决策和长远战略决策提供有用信息，有助于企业发现不确定环境中的投资机会并规避风险，促进企业提高管理效率和效益。

一方面，创新是通过多种渠道进行市场机会开发的一种模式（West and Gallaghe，2006），是企业通过内外部创新资源的广泛识别与搜寻，并将所获取的内外部资源（信息、知识能力等）进行有效配置与利用的过程。从资源配置的角度来看，各层次不同领域与功能定位的管理会计工具，能够分别提供预测决策、过程控制以及激励和评价的相关信息，有助于企业的管理进行决策与经营管理，并通过所提供的信息对组织、员工等各个流程上的利益相关者进行有效控制，从而实现人力、物力等资源的最优配置与利用，促进企业创新（杨雄胜，2019）。

另一方面，创新作为推动宏观经济向前发展的内在动力与微观企业获得持久竞争力的重要手段（Porter，1985），本身具有不确定性，包括事前的预测决策、过程控制、事后的评价与反馈等。因此，企业创新的整个过程需要相应的管理会计信息系统的匹配与支持，而管理会计工具作为管理会计信息系统的重要组成部分，能够为管理者提供管理控制与决策相关的信息（王斌，2004），以降低创新过程中的不确定性，进而有助于实现信息对创新绩效的促进作用。其中，相比于管理会计工具的横向整合应用，管理会计工具纵向整合对创新绩效的影响可能更加显著。基于以上分析，本书提出如下假设：

H5-1：管理会计工具的综合应用可以提高企业的创新绩效。

H5-1a：管理会计工具的纵向整合可以提高企业的创新绩效。

H5-1b：管理会计工具的横向整合可以提高企业的创新绩效。

5.1.2 管理会计工具应用对创新绩效不同维度的影响

管理会计作为组织内部管理的重要手段，通过管理会计工具应用所提供的规划、决策、控制、评价等决策有用信息，深度参与单位活动并进而推动企业战略的实施。管理会计工具是管理会计理念的重要体现，也是实现管理会计目标的重要手段（财政部，2016）。随着企业的发展水平与管理需求的不断提高，管理会计工具在我国企业的应用也越来越广泛，管理会计工具可以通过有效利用资源进行价值创造。

基于资源基础理论，理会计工具在各个流程中的应用可被视为一项稀缺并有价值的资源，具有难以复制的特点，企业可通过对不同管理会计工具的应用提高企业的创造价值能力。有学者认为，管理会计所提供的信息不仅包括财务信息，还包括非财务信息，二者之间并非孤立。（于增彪，2016）。进而，Kaynak（2003）、文东华等（2009）和杜荣瑞等（2008）基于企业价值创造多元化的视角，从财务和非财务（内部经营与顾客）两方面对企业的价值创造进行划分，为本书的研究提供了一定的思路和借鉴。综上所述，可以认为企业中非财务方面经济后果可能对财务方面经济后果产生一定的影响，即财务方面的经济后果指标相比于非财务指标较为滞后（文东华等，2014）。因此，通过对价值创造不同维度的划分可检验管理会计工具应用对各维度价值创造的影响差异。

管理会计工具的应用可以通过更高效、更精准地为企业利益相关者提供各类决策有用信息（谢志华，2018），使其在企业生产经营活动中决策效用得以充分发挥，进而提高内部经营效率和创新能力。管理会计工具的应用一方面有助于提高企业的流程集成化水平，以控制创新的整个过程，提高企业创新能力。如在研发环节，目标成本法的应用可以通过对研发目标成本进行科学规划来降低企业的研发成本（张建斌和鲍新中，2010）；在采购环节，预算管理可以为项目投标和费用追踪提供依据,进而有效控制企业的采购费用(Jack,2013);在生产环节,作业成本法与预算管理可以对剩余生产能力进行控制与管理,有效规划生产流程提高市场竞争力,降低企业内部的生产成本(邱妘,2004);在销售环节与物流环节,对预算成本管理的预算管理体系构建可以来控制我国企业销售与物流的成本(傅佳林和袁水林,2010)。另外,管理会计工具的综合应用可以使企业通过改进与创新生产出更多满足企业顾客要求的产品,提高顾客满意度,扩大市场份额。如在客户环节,标杆管理的应用也可以标准化客户服务管理、提高客户满意度,扩大市场份额(Hensher,2015),提高企业创新后的市场反应。

其中,新产品推出和新技术使用可视为非财务方面的企业创新绩效,市场反应可视为财务方面的创新绩效。企业可以利用管理会计工具所提供的决策有用信息,通过在各个流程环节的控制来进行资源的有效配置,提高产品质量、新产品的推出频率和新技术的使用程度,从而提高客户满意度,扩大市场份额,最终影响企业整体的创新绩效水平。基于以上分析,提出如下三个方面假设:

H5-2a:管理会计工具的综合应用可以提高企业新产品的推出频率。

H5-2b:管理会计工具的综合应用可以提高企业新技术的使用程度。

H5-2c:管理会计工具的综合应用可以提高市场反应。

5.2 研究设计

5.2.1 样本选择与数据获取

本书所需的关于管理会计工具在企业应用情况等数据大多是企

业内部数据，无法向其他经济数据可以在公开的网站以及数据资料中直接观测和获取。因此，本书采用问卷的调查的方法，获取本书中所需的数据进行统计分析。根据以往管理会计的相关经验研究，通过问卷调查来获取研究数据已被被广泛接收并采用。问卷设计过程的恰当性与规范性是保证所获取数据高质量的关键，而在实际应用中主要关注于如何在问卷实施的过程中保证问卷的合理性与所获取数据的科学性（Van der Stede et al.，2005）。

Van der Stede et al.（2005）提出了问卷的五要素分析模型，对本书的问卷设计与实施具有一定的指导意义。本书主要分为以下五个方面来进行问卷内容的设计：①问卷的目的和设计；②定义总体和抽样；③问卷的问题和其他研究方法的事宜；④数据录入的精确；⑤披露与报告。具体的问卷设计步骤如下。

第一，问卷的目的和设计。本书问卷的目的在于通过问卷的设计、发放与回收来获取问卷调查中各个题项的结果数据，以进行各变量的度量和变量间因果关系的检验，即检验不同商业模式下管理会计工具的综合应用与企业创新绩效之间的关系。鉴于前文中各变量之间的因果关系的推导是建立在一定的文献与理论基础之上，因此可以认为，结合相关理论与实践的需要所设计的问卷具有可行性。基于前文的基本理论框架与逻辑思路以及国内外相关文献的查阅，本书借助知名学者的研究思想，选取较为权威文献中的变量测量方法，以保证基于问卷所得数据的可靠性和有效性。并根据学术团队意见的反馈、企业实地访谈与问卷小范围预测试的初步结果统计，再次修正和完善问卷细节，以保证了调研问题的全面性，并形成最终的调查问卷。

第二，总体定义和抽样。如果整体中的一个子集具有样本总体样本的某些特征属性，那么其可以代表总体进行相关数据的检验与结果分析（Sapsford，1999）。此外，问卷调查的样本应尽可能地采取随机抽样的方法。本书关注的整体样本为我国企业的中高层管理人员与财务人员。因此，问卷的发放也主要面这两类。其中，问卷发放总数为 600 份，收回问卷 431 份，剔除 99 份无效问卷后，最终可作为研究的有效问卷总计 332 份。

第三，问卷发放途径和样本分布。本次问卷的发放对象主要包括在校 MBA 学员、已工作财务专业学生以及企业中财务人员与管理人员，主要涉及各类企业中具有三年以上工作经验的财务人员与中高层管理者。因此，可以认为问卷调查的样本基本符合随机性抽样要求。发放形式以纸质问卷与网络问卷相结合、线上与线下相结合的方式为主。

第四，关于数据录入。本问卷采用了线上线下相结合的方法进行问卷的发放与数据的回收，主要以纸质、电子文档和网络在线（问卷星）的形式对已完成问卷进行数据的整理和统计，问卷填写人在网络平台所填写答案的数据可直接通过后台导出，以降低手工录入的误差。对于纸质和 email 电子文档形式的问卷，在手动整理和录入之前也反复进行核对，以确保数据录入的准确性。

第五，数据的披露、分析和报告。在问卷数据的录入完成后，应对样本分布与变量数据的基本情况进行初步整理和统计，并对变量的度量结果进行简要分析，如因子分析等，以为后文的实证研究奠定基础。

5.2.2 变量度量

本章在前面理论分析与假设提出的基础上，主要通过实证检验研究管理会计工具的综合应用对创新绩效的影响，而管理会计工具应用与创新绩效等变量的准确度量，对于后文实证分析结果的准确性起到十分重要的作用。由于管理会计研究的相关数据无法像其他数据一样可以直接获取，因此，本书运用相关基础理论和研究方法对本章所涉及的构念进行量化，主要通过测量量表的形式对构念进行度量以保证研究的科学性。在量表设计过程中，均采用国内外现有文献中较为成熟量表,再结合各变量的概念界定与本书的目的进行调整,形成最终测量的量表。

本书按照已建立的管理会计综合应用的理论框架来选取变量指标及相关题项来设计问卷,所构建的变量指标大多参照前人开发的较为成熟的量表。其中,除管理会计工具综合应用程度的度量外,其他变量均借鉴比较成熟的量表。管理会计工具综合应用的度量是在研读基础理论文献基础上所进行的量表开发。

(1) 管理会计工具综合应用

IFAC(1998)基于企业环境与战略目标等时代特征,以不同管理控制思想为依据,将管理会计工具的应用水平按发展阶段划分为四个层次:成本确定与财务控制;为计划和控制提供决策信息;消除商业流程中的浪费以及有效利用资源进行价值创造。每个层次包含不同的管理会计工具,不同层次的管理会计工具的适用性及效果也与外部环境、市场及组织形态等要素相关(王斌,2004;Otley,2016),应用层次的划分体现了管理会计工具的环境适应性原则(王满等,2019;财政部,2016;谢志华和敖小波,2018)。四个层次表明管理会计应用由低到高的演变过程(Abdel – Kader and Luther,2008),每个层次代表着不同阶段的应用水平。基于此,管理会计工具综合应用包括纵向整合($MACA\_L$)与横向整合($MACA\_I$)两个方面。纵向整合既表现在应用层次的提升带来的兼容性的增强,也体现为四个层次的管理会计工具应用整体程度的提高,因此可依据这两方面来衡量纵向整合。横向整合是指各企业所处某一层次内的管理会计工具整合应用。

在此基础上,为确定管理会计工具在各企业的应用情况,本书参考《管理会计基本指引》以及王斌和顾惠忠(2014)中对管理会计工具种类的界定与管理会计工具发展阶段的划分,并结合本书需要对 Abdel – Kader and Luther(2008)中管理会计工具应用层次的工具种类进行调整,最终确定了 27 种管理会计工具进行研究。

采用 Likert 七级量表来衡量管理会计工具在各企业的应用程度，反映各层次管理会计工具的整合运用情况。

对于管理会计工具应用程度的度量，本书将其视为四个应用层次整合应用程度的体现，可用企业在各个层次上的管理会计工具使用情况来表示，通过四个层次管理会计工具应用程度的得分均值来衡量不同企业管理会计工具应用的整体程度。具体度量方法为：首先根据被调查者对问卷中所涉及的四个层次管理会计工具应用的打分情况，对每个层次中的管理会计工具应用的得分进行加总平均，然后将得到的四个层次的得分再进行加总平均，得到企业整体的应用得分均值，以此来代表管理会计工具应用的整体程度 $MACA\_L1$。

对于管理会计工具应用层次的度量，本书主要参照 IFCA（1998）对四个层次的划分标准，基于当前我国管理会计工具应用水平的现状对管理会计应用层次的概念进行拓展。将管理会计的应用层次视为当前我国不同企业的应用水平，企业所应用的管理会计工具种类不同，其所处层次不同。具体的度量方法为：按照问卷中给出的管理会计工具在各个应用层次的得分情况对企业使用的每一层次的管理会计工具的应用的程度进行测量，如果企业的某一层次的管理会计工具的使用得分的平均数超过得分点中位数 4（包含 4），则判定为该企业的管理会计工具的应用水平处于这一层次，如果有两个或两个以上层次的平均得分都大于 4，则以较高层次作为该企业管理会计工具应用的最终层次，用 $MACA\_L2$ 来表示。

对于横向的层次内整合度量，可以采用主成分因子分析法对各层次管理会计工具应用提取的公因子进行降维，利用得到工具的贡献度来度量横向整合水平，并用 $MACA\_I$ 来表示；此外，也可以通过各层次上的管理会计工具簇的整合应用程度来进行度量，具体体现在结构方程模型中。最终形成的 18 种管理会计工具种类以及信度效度检验结果如表 5-1、表 5-2 所示，详细检验步骤如第 4 章所示，此处不再赘述。

表5-1 修改后的管理会计工具应用信度及效度检验统计分析

变量		题项	因子载荷	Cronbach's alpha	AVE	KMO	总体的 Cronbach's alpha
管理会计工具应用层次	成本与财务控制	标准成本法	0.69	0.781	0.554	0.672	0.951
		基于回收期/回报率评估项目投资	0.79				
		杜邦分析法	0.75				
	有用信息提供	本量利分析	0.88	0.907	0.713	0.819	
		运用定量方法进行库存控制	0.86				
		运用贴现现金流法评价项目投资	0.88				
		责任会计	0.75				
	业务流程优化	作业成本法（ABC）	0.80	0.912	0.643	0.907	
		产品生命周期法	0.73				
		全面质量管理	0.80				
		零基预算	0.75				
		目标成本法	0.86				
		价值链分析	0.86				
	组织价值创造	平衡计分卡	0.70	0.827	0.500	0.815	
		经济增加值（EVA）	0.69				
		关键业绩指标法（KPI）	0.67				
		全面预算管理	0.79				
		标杆管理	0.64				

表5-2 修改后的管理会计工具应用验证性因子分析拟合指标

模型	卡方自由度比值	GFI	CFI	RESEA	AGFI
一阶因子模型	2.744	0.878	0.939	0.077	0.838
二阶因子模型	2.864	0.873	0.934	0.079	0.834

(2) 创新绩效

企业创新绩效相关的度量方式较多，大体上可分为通过客观的专利数量测量与主观测量两种方式。根据以往对企业创新绩效的测量研究经验，大部分实证研究通常使用专利申请数对创新绩效进行衡量，但这种度量方式也存在者一定缺陷（Griliches，1990）。因此，结合本书的内容与目标，并未使用专利数量对企业创新绩效进行度量的主要原因如下。首先专利数量虽然能在一定程度上代表产品的技术含量，但一般来说申请专利的条件比较严格。企业实际的生产过程中，有很多技术的改进和应用由于专利申请的条件约束和周期等因素并未申请专利，或由于企业自身战略、政策目等原因导致的申请专利积极性的差异，均会对企业创新绩效测量指标的准确性产生一定影响。因此本书鉴于专利数获取的不确定性以及问卷调查的难以获取性，主要参考钱锡红（2010）的研究，并借鉴 Bell（2005）、Ritter and Gemünden（2004）等权威文献的研究，在此基础上依据本书研究需要，使用李克特七级量表共九个题项对创新绩效量表进行设计。

本书对企业创新绩效的度量主要参考 Ritter and Gemünden（2004）和 Bell（2005）以及钱锡红（2010）的研究，从新产品推出频率、市场反应以及新技术的使用三个方面来衡量企业创新绩效，并比较管理会计工具的不同应用程度对企业创新绩效的影响以及管理会计信息在其中发挥的路径作用。其中，新产品的推出频率为本公司与同行业其他公司相比新产品推出的数量、新产品研发的速度以及新产品研发的成功率三方面；新技术的使用包括本公司与同行业其他公司相比在行业中率先应用新技术的情况、产品包含先进技术与工艺以及新技术的不可模仿性；市场反应维度包括产品改进与创新后市场占有率、营业收入增长率以及顾客的满意度三方面。企业创新绩效的量表设计如表 5-3 所示。

表 5-3　　　　　　　　企业创新绩效的量表设计

测量维度	题项符号	测量题项
新产品推出	IP1	与同行业其他公司相比，贵公司新产品推出的数量多
	IP2	与同行业其他公司相比，贵公司新产品研发的速度快
	IP3	与同行业其他公司相比，贵公司新产品研发的成功率高
新技术使用	IP4	与同行业其他公司相比，贵公司在行业中率先应用新技术
	IP5	与同行业其他公司相比，贵公司产品包含先进技术与工艺
	IP6	与同行业其他公司相比，贵公司新技术难以被竞争对手模仿
市场反应	IP7	与同行业其他公司相比，贵公司产品改进与创新后市场占有率高
	IP8	与同行业其他公司相比，贵公司产品改进与创新后营业收入增长率高
	IP9	与同行业其他公司相比，贵公司产品改进与创新后顾客对其满意度高

使用 SPSS21.0 软件与 AMOS22.0 相结合的方法，抽取主成分相同的三个因子进行探索性因子分析与验证性因子分析，以检验量表的信度和效度。创新绩效信度及效度检验统计分析结果及验证性因子分析拟合指标由表 5-4、表 5-5 可见，创新绩效一阶及二阶验证性因子分析情况如图 5-1、图 5-2 所示。

由表 5-4 可见，创新绩效三个维度的 Cronbach's alpha 值与修正项目总相关系数（CITC）值均分别大于 0.700 与 0.500，且总体的 Cronbach's alpha 为大于 0.900，说明问卷变量的可信度与内部一致性较高。同时，巴特利特（Bartlett）球体检验结果中，创新绩效三个维度的 KMO 值分别为 0.764、0.720 和 0.736，均超过 0.600 且 P 值显著；说明问卷具有较好的单一构面效度（吴明隆，2010）。

由表 5-5 以及图 5-1 与图 5-2 可见，在一阶与二阶因子模型中各项指标的数据基本符合拟合标准。具体来看，一阶与二阶验证性因子分析中，各题项的因子载荷均分别大于 0.7 与 0.8，且 T 值显著，说明问卷的聚合效度较好，可以认为新产品推出、新技术

表 5-4　　　创新绩效信度及效度检验统计分析

变量		题项	因子载荷	Cronbach's alpha	AVE	KMO	总体 Cronbach's alpha
创新绩效 (IP)	新产品开发 (IP_p)	与同行业其他公司相比,贵公司新产品推出的数量多 (IP1)	0.90	0.927	0.810	0.764	0.947
		与同行业其他公司相比,贵公司新产品研发的速度快 (IP2)	0.88				
		与同行业其他公司相比,贵公司新产品研发的成功率高 (IP3)	0.92				
	新技术使用 (IP_t)	与同行业其他公司相比,贵公司在行业中率先应用新技术 (IP4)	0.94	0.906	0.773	0.720	
		与同行业其他公司相比,贵公司产品包含先进技术与工艺 (IP5)	0.91				
		与同行业其他公司相比,贵公司新技术难以被竞争对手模仿 (IP6)	0.78				
	市场反应 (IP_m)	与同行业其他公司相比,贵公司产品改进与创新后市场占有率高 (IP7)	0.87	0.886	0.729	0.736	
		与同行业其他公司相比,贵公司产品改进与创新后营业收入增长率高 (IP8)	0.81				
		与同行业其他公司相比,贵公司产品改进与创新后顾客对其满意度高 (IP9)	0.88				

表 5-5　　　创新绩效验证性因子分析拟合指标

模型	卡方自由度比值	GFI	CFI	RESEA	AGFI
一阶因子模型	1.656	0.972	0.970	0.053	0.948
二阶因子模型	1.656	0.972	0.970	0.053	0.948

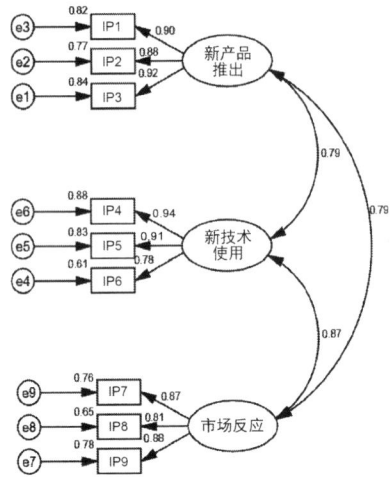

图 5-1 创新绩效一阶验证性因子分析

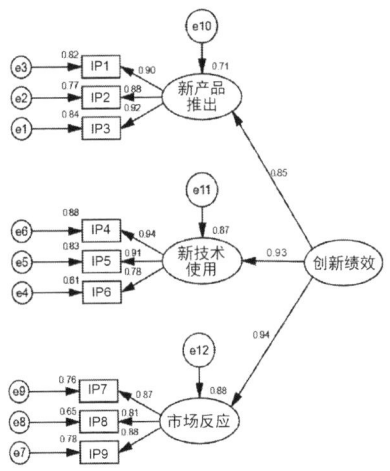

图 5-2 创新绩效二阶验证性因子分析

使用与市场反应三个低维度因子从属于一个高阶因子——创新绩效。适配度指标为：Chi-square/df = 1.656、GFI = 0.972、CFI = 0.970、RMSEA = 0.053、RMSEA = 0.948，均达到标准水平，最后，三个维度的 AVE 指标分别为 0.810、0.773 和 0.729，均在合理范围之内，表明企业创新绩效测量模型与数据的拟合基本符合要求。以上分析说明使用企业创新绩效的测量量表具有一定的可靠性。

5.2.3 模型设定

本书基于所研究问题的性质与特点，基于管理会计工具应用层次的视角，结合 O'Connor and Chow et al.（2004）、Abdel – Kader and Luther（2008）等对管理会计工具层次界定与应用效果的相关研究，提出研究假设并构建模型进行回归与分析。采用 SPSS21.0 和 AMOS22.0 软件相结合的方法，实证检验管理会计工具综合应用与企业创新绩效的关系。各变量见表 5 – 6。

表 5 – 6 变量定义表

变量类型	变量名称		变量符号	说明
被解释变量	创新绩效		IP	(Ritter and Gemünden, 2004); (Bell, 2005); (钱锡红, 2010)
解释变量	管理会计工具综合应用程度	纵向整合程度	MACA_L	MACA1 – MACA4 代表管理会计工具应用的四个层次（Abdel – Kader and Luther, 2008）; 企业应用管理会计工具的整体程度用 MACA_L1 来表示; 企业所处管理会计工具应用的层次用 MACA_L2 来表示
		横向整合程度	MACA_I	采用主成分因子分析法对各层次管理会计工具应用提取的公因子进行降维，利用得到工具的贡献度来进行度量；以及各层次上的管理会计工具簇的整合应用程度表示

续表

变量类型	变量名称	变量符号	说明
控制变量	公司治理	GOV	(Rong Ruey Duh et al., 2009；孙嘉阳, 2015)
	规模	Size	以公司员工人数的自然对数来表示
	企业年限	Age	以公司成立至今所处时间区间的中位数表示
	企业性质	SOE	国有企业1，否则取0
	企业所属区域	Loc	属于东部地区取1，否则取0
	行业类型	Industry	属于高新技术行业取1，否则取0

管理会计工具综合应用对企业创新绩效及其三个维度的影响：

$$IP = \alpha_0 + \alpha_1 MACA + \alpha_i Controls + \varepsilon \quad (5-1)$$

$$IP\_p = \alpha_0 + \alpha_1 MACA + \alpha_i Controls + \varepsilon \quad (5-2)$$

$$IP\_t = \alpha_0 + \alpha_1 MACA + \alpha_i Controls + \varepsilon \quad (5-3)$$

$$IP\_m = \alpha_0 + \alpha_1 MACA + \alpha_i Controls + \varepsilon \quad (5-4)$$

$MACA1$、$MACA2$、$MACA3$、$MACA4$ 是管理会计四个层次的使用指数，$MACA1 - MACA4$ 代表管理会计工具应用的四个层次（Abdel - Kader and Luther，2008）；本书主要参考了 IFAC（1998）所提出的阶段划分。对于各层次阶段内所包含的管理会计种类和方法的确定，本书主要参考《管理会计基本指引》以及王斌和顾惠忠（2014）中对管理会计工具种类的界定与管理会计工具发展阶段的划分，并结合本书需要对 Abdel - Kader and Luther（2008）中管理会计工具应用层次的工具种类进行调整，最终确定了 27 种管理会计工具进行研究。

具体来看，$MACA$（Management Accounting Comprehensive Application）代表管理会计工具综合应用程度，具体反映包括纵向整合的 $MACA\_L$（Level）和横向整合的 $MACA\_I$（Integration）两个变量指标；其中，企业应用管理会计工具的整体程度用 $MACA\_L1$ 来表示；企业所处管理会计工具应用层次用 $MACA\_L2$ 来表示；IP 代

第5章 管理会计工具应用对企业创新绩效影响的实证检验

表企业创新绩效，IP_p、IP_t、IP_m 分别表示企业创新绩效的三个不同维度；Controls 代表公司治理（GOV）、企业规模（Size）、年限（Age）、性质（SOE）、所属区域（Loc）、行业类型（Industry）等控制变量。

模型（5-1）至模型（5-4）分别检验了管理会计工具综合应用对企业创新绩效及其三个维度的影响，其中 $α_1$ 表明管理会计工具综合应用两个维度变量对企业创新绩效三个不同维度的影响效果。如果 $α_1$ 系数数呈显著正相关关系，则说明管理会计工具的综合应用将促进企业的创新绩效水平。四个模型中，如果公司治理（GOV）、企业规模（Size）、年限（Age）、性质（SOE）、所属区域（Loc）、行业类型（Industry）等控制变量对企业创新绩效的系数显著，表明企业面临的权变因素也会影响企业的创新绩效水平。

5.3 实证结果分析

5.3.1 描述性统计

（1）问卷调查结果描述性统计

本书对调查问卷的回收结果进行了描述性统计，展示了管理会计工具在四个层次上应用程度的问卷数量和各种管理会计工具的应用均值，如表5-7所示。

表5-7　问卷调查结果描述性统计（N=332）

	应用程度系数							均值
	1	2	3	4	5	6	7	
Panel A 成本与财务控制								
标准成本法	27	22	36	89	49	46	30	4.23
基于回收期/回报率评估项目投资	26	14	35	89	51	52	32	4.37

续表

	应用程度系数							均值
	1	2	3	4	5	6	7	
杜邦分析法	31	23	42	88	55	43	17	4.04
Panel B 有用信息提供								
本量利分析	24	16	35	74	50	70	30	4.47
运用定量方法进行库存控制	26	15	35	91	58	44	30	4.31
运用贴现金流法评价项目投资	24	17	42	77	58	49	32	4.35
责任会计	24	15	39	89	60	39	35	4.34
Panel C 业务流程优化								
作业成本法（ABC）	33	22	39	103	50	35	17	3.96
产品生命周期法	46	24	44	85	56	30	14	3.76
全面质量管理	18	20	35	104	55	47	20	4.27
零基预算	26	24	40	96	57	34	22	4.08
目标成本法	30	20	45	91	60	37	16	4.02
价值链分析	21	13	41	93	61	49	21	4.31
Panel D 组织价值创造								
平衡计分卡	18	20	34	95	50	45	37	4.41
经济增加值（EVA）	15	21	33	84	61	57	28	4.46
关键业绩指标法（KPI）	52	27	42	92	48	26	12	3.61
全面预算管理	35	22	49	95	41	40	17	3.91
标杆管理	61	24	41	67	44	45	17	3.71

从表5-7的各种管理会计工具在各个层次的得分均值可以看出，管理会计工具在企业不同层次上的应用程度不同。

在第一层次中，主要以成本与财务控制相关工具为主，包括回收期/回报率法、标准成本法、杜邦分析法三种管理会计工具，三种管理会计工具应用程度得分的均值分别为4.23、4.37和4.04，均大于4，处于中等水平。说明企业对第一层次的三种工具（回收期/回报率法、标准成本法、杜邦分析法）应用程度较高，企业中较为注重成本与财务控制。

在第二层次中,主要以决策信息提供相关的管理会计工具为主,包括本量利分析、贴现现金流法、责任会计、定量库存控制四种管理会计工具,四种管理会计工具应用程度得分的均值分别为4.47、4.31、4.35和4.34,四种管理会计工具应用程度的得分均值也在4.00以上。其中,本量利分析法在四种工具中得分最高,说明企业较为注重对企业成本、价格以及获利能力的预测,以要达到企业目标、获取更好的经营成果。

在第三层次中,主要包括业务流程优化有关的管理会计工具。作业成本法、零基预算、全面质量管理、目标成本法、价值链分析、生命周期法六种管理会计工具的均值分别为3.96、3.76、4.27、4.08、4.02和4.31。除了作业成本法、产品生命周期法略低于平均值4以外,其他工具的应用程度均达到4以上。说明企业对第三层次中的六种管理会计工具应用程度较高且较为广泛,但相比于其他四种工具,多数企业对作业成本法等工具的应用程度还有所欠缺。

在第四层次的组织价值创造中,主要以平衡计分卡、经济增加值、关键业绩指标法、标杆管理、全面预算管理五种管理会计工具为主。五种管理会计工具的均值分别为4.41、4.46、3.61、3.91和3.71。其中,均值在4.00以上的管理会计工具有平衡计分卡、经济增加值两种,其余三种工具的应用得分均值小于4,说明在管理会计工具的实际应用过程中,企业较为注重平衡计分卡、经济增加值等工具方法的应用,或以二者为中心的多种管理会计工具之间的整合应用。

由表5-7可以看出,在不同的管理会计应用层次中,管理会计工具应用程度不同,侧重的管理方面亦有所不同,同时又存在着一些共性。例如,通过对四个层次管理会计工具的应用程度对比发现,大多数企业对较低层次(第一层次、第二层次)的工具应用较为广泛,对较高层次(第三层次、第四层次)的工具应用程度略低。说明管理会计工具应用在企业中自上而下的兼容水平还不够,更高层次的工具仍有待于进一步的整合应用。

(2)主要变量的描述性统计

主要变量的描述性统计结果如表5-8所示。由表5-8可以看出,样本中各变量的取值范围大多处于中等水平且变化幅度较小,结果在一定范围内浮动,各变量的基本情况与经验认知相符。其中,管理会计工具整体应用程度($MACA\_L1$)均值和标准差分别为4.167、1.222,说明从整体上来看,被调查样本企业的管理会计工具应用程度基本处于中等水平,且管理会计工具在各企业的应用程度差异较大;管理会计工具应用层次均值为2.655,表明大多数企业的管理会计工具应用层次处于第二、第三层次,企业更倾向于运用这两个层次的管理会计工具来进行财务成本的控制与有用信息的提供;横向整合程度的均值为0.701,表明企业具体所处层次中各个工具的贡献程度,且在各层次中较为平均,波动较小;创新绩效(IP)整体处于中等水平,均值为3.957;控制变量中,公司治理(GOV)、规模($Size$)、性质(SOE)、所属区域(Loc)、行业类型(Ind)均处于均值左右并呈一定程度的波动,标准差除企业年限的数值较大以外,其他变量的数值的变化程度符合标准以及以往的经验认知。

表5-8 主要变量描述性统计($N=332$)

变量	极小值	极大值	均值	标准差	偏度	峰度
MACA_L1	1	7	4.167	1.222	-0.361	-0.265
MACA_L2	1	4	2.655	1.067	-0.244	-1.174
MACA_I	0.620	0.800	0.701	0.633	0.543	-0.933
IP	1.110	6.670	3.957	1.256	-0.113	-0.563
GOV	1.286	6.571	4.611	1.175	-0.423	-0.167

续表

变量	极小值	极大值	均值	标准差	偏度	峰度
Size	1.610	14.510	6.578	2.355	0.425	0.195
Ind	0	1	0.144	0.352	2.040	2.178
Loc	0	1	0.458	0.499	0.169	-1.985
SOE	0	1	0.311	0.464	0.821	-1.336
Age	3	50.000	18.724	11.653	0.882	-0.212

5.3.2 相关性分析

本书采用 Pearson 分析方法进行变量间相关性的检验，并对各变量间可能存在的多重共线性的问题进行初步判定，以为后文的多元回归分析与结构方程模型分析方法做一定的铺垫，样本中各变量间的相关性水平如表 5-9 所示。

从统计分析的结果可以看出，管理会计工具综合应用（$MACA$）及其三个维度指标（$MACA\_L1$、$MACA\_L2$、$MACA\_I$）与企业创新绩效（IP）在 1% 的水平上显著正相关，与预期相符，初步说明管理会计工具综合应用与企业创新绩效之间之间有密切联系。其他变量中的公司治理（GOV）、规模（$Size$）、年限（Age）、性质（SOE）、所属区域（Loc）、行业类型（In$dustry$）均与管理会计工具综合应用（$MACA\_L1$、$MACA\_L2$、$MACA\_I$）以及企业创新绩效（IP）在一定程度上相关，根据相关性分析的结果可以初步证明企业规模、年限等变量能够影响管理会计工具综合应用与企业创新绩效水平，即依据以往文献研究进行变量的选取具有一定的合理性。另外，各变量间的相关程度均没有超过 0.5，可以初步判定模型不存在多重共线性问题，但具体结论仍需进一步检验确认。

表 5-9　变量相关性分析 (N=332)

变量	MACA_L1	MACA_L2	MACA_I	IP	GOV	Size	Ind	Loc	SOE	Age
MACA_L1	1.000									
MACA_L2		1.000								
MACA_I			1.000							
IP	0.358***	0.228***	0.208***	1.000						
GOV	0.483***	0.026	0.043	0.270***	1.000					
Size	0.124**	0.082*	0.045	-0.620	0.025	1.000				
Ind	0.170***	0.091*	0.062*	0.207***	0.060	0.020	1.000			
Loc	0.370***	0.008	0.002	0.165***	0.233***	-0.010	0.076	1.000		
SOE	0.178***	0.048	0.025	0.078	0.071	0.272***	0.006	0.064	1.000	
Age	0.323***	0.109**	0.160**	0.130**	0.213***	0.285***	0.068	0.057	0.239***	1.000

注：*、**、*** 分别表示在 10%、5%、1% 水平上相关。

5.3.3 多元回归分析

本节采用多元回归分析方法研究管理会计工具综合应用（MACA）对企业创新绩效水平（IP）的影响，表5-10是利用上述模型（5-1）对本节的假设进行检验的结果。第（1）列的回归结果显示，公司治理（GOV）、规模（Size）、年限（Age）、所属区域（Loc）、行业类型（Industry）等因素对企业创新绩效（IP）的回归系数为正，其中，公司治理（GOV）、行业类型（Industry）在1%的水平上对企业创新绩效（IP）具有显著影响。规模（Size）、年限（Age）、所属区域（Loc）这几个因素对企业创新绩效（IP）的影响在5%的水平上显著正相关。这个研究结论与前文假设预期结果具有一致性，这表明，企业的创新绩效水平确实受到规模（Size）、年限（Age）等一些权变因素的影响。第（2）列至第（4）列回归结果是管理会计工具综合应用纵向整合与横向整合两个维度对创新绩效水平的影响。回归结果显示，管理会计工具整体应用程度（MACA_L1）、管理会计工具应用层次（MACA_L2）、管理会计工具横向整合水平（MACA_I）对企业创新绩效水平均有正向影响，且在1%水平上显著，其他控制变量回归结果均在合理范围内。验证了前文H5-1以及H5-1a、H5-1b两个分假设，进一步说明企业创新绩效水平确实受到管理会计工具综合应用的影响。不管是管理会计工具的纵向整合程度，还是同一层次内管理会计工具的横向整合程度，都会在一定程度上促进企业创新能力，提高企业的创新绩效水平。

表5-10 管理会计工具综合应用与创新绩效的多元回归分析

解释变量	被解释变量：IP			
	(1)	(2)	(3)	(4)
MACA_L1		0.261 ***		
		3.878		

续表

解释变量	被解释变量：IP			
	（1）	（2）	（3）	（4）
MACA_L2			0.206***	
			3.833	
MACA_I				0.183***
				3.364
GOV	0.234***	0.123***	0.218***	0.217***
	3.816	2.007	3.899	3.850
Size	-0.112**	-0.122**	-0.123**	0.113**
	-1.925	-2.144	-2.158	-1.966
Ind	0.183***	0.154***	0.166***	0.174***
	3.348	2.843	3.088	3.227
Loc	0.091	0.023	0.092*	0.093*
	1.616	0.399	1.670	1.686
SOE	0.066	0.046	0.063	0.069
	1.147	0.810	1.127	1.211
Age	0.082	0.032	0.065	0.053
	1.393	0.541	1.119	0.910
（常量）	2.543***	2.211***	1.995***	1.124***
	8.025	6.888	5.850	3.835
N	332	332	332	332
F	7.586	8.963	8.906	8.349
调整 R^2	0.117	0.158	0.157	0.147
VIF 最大值	1.177	1.598	1.184	1.203

注：*、**、*** 分别表示在 10%、5%、1% 的水平上显著。

为了进一步分析管理会计工具的综合应用对企业创新绩效三个不同维度的影响，使用多元回归方法对模型（5-2）至模型（5-4）

第5章 管理会计工具应用对企业创新绩效影响的实证检验

进行回归,多元回归结果见表 5-11。以创新绩效三个维度的指数（即 IP_p、IP_t、IP_m）为被解释变量,以管理会计工具综合应用（纵向整合与横向整合）与公司治理等权变要素为解释变量分别进行回归。从整体回归结果中可以看出,企业创新绩效三个维度的指标水平随着管理会计工具综合应用程度的提高而显著提高,回归系数均在1%水平上显著正相关,各控制变量回归结果均在合理范围。表明管理会计工具的综合应用可以提高企业新产品的推出频率、企业新技术的使用程度以及提高市场反应,这也验证了 H5-2a、H5-2b 和 H5-2c 的合理性。

　　功能定位具有差异性和互补性的管理会计工具,能够从不同侧面提供企业管理信息,包括短期的和长期的、财务的和非财务的、历史的和未来的、内部的和外部的,从而帮助管理者在拥有更全面信息的基础上进行成本控制、管理决策和绩效评价等。具体来说,处于同一层次内的管理会计工具,虽然定位大致相同,但在具体应用环境下仍有所差异,因此工具间的整合应用可以发挥一定的协同效应;相比于同一层次的管理会计工具,处于不同层次的管理会计工具的属性与功能定位不同,因此更加需要整合应用以发挥互补优势,以降低各环节的不确定性、优化资源配置与利用效率,提高企业创新能力与创新水平。例如,第二层次的管理会计工具,主要聚焦于相关信息的提供以帮助企业进行决策。对这些工具的充分了解和准确应用,能够使企业在投资决策和日常经营管理中把握明确的方向,提高管理决策效率,降低风险。第三层次的管理会计工具,主要关注于如何减少流程环节中的资源浪费,这对于企业从战略层面明确降低成本的关键,提高企业的核心竞争力与管理效益,以应对自外部的环境的变化具有重要意义。第四层次的管理会计工具的功能定位是通过有效资源利用进行价值创造,主要意义在于发掘现有资源的潜力以实现价值创造,这对于企业整体的管理控制,企业运营风险的降低,以及企业创新绩效水平提高具有积极影响。

表 5-11　管理会计工具应用与创新绩效三个维度的多元回归分析

解释变量	被解释变量									
	IP_p			IP_t			IP_m		
	(1)	(2)	(3)	(4)	(5)	(6)	(7)	(8)	(9)
MACA_L1	0.268***			0.274***			0.160**		
	3.903			4.066			2.331		
MACA_L2		0.180***			0.222***			0.158***	
		3.265			4.117			2.890	
MACA_I			0.151***			0.203***			0.1424**
			2.711			3.743			2.574
GOV	0.090	0.188***	0.186***	0.056	0.156***	0.154***	0.206***	0.265***	0.264***
	1.437	3.265	3.225	0.912	2.789	2.745	3.305	4.662	4.627
Size	-0.125**	-0.124**	0.115*	-0.096*	-0.097**	0.086	-0.115**	-0.117**	-0.109*
	-2.143	-2.114	-1.949	-1.681	-1.703	-1.500	-1.979	-2.027	-1.885
Ind	0.118**	0.133**	0.140**	0.193***	0.205***	0.214***	0.104*	0.109**	0.115**
	2.136	2.409	2.537	3.565	3.822	3.966	1.886	1.996	2.103
Loc	0.021	0.091*	0.092	0.015	0.087	0.123**	0.028	0.128**	0.071
	0.355	1.618	1.629	0.264	1.591	2.252	0.478	2.274	1.278

续表

解释变量	被解释变量									
	IP_p			IP_t			IP_m			
	(1)	(2)	(3)	(4)	(5)	(6)	(7)	(8)	(9)
SOE	0.038	0.056	0.061	0.047	0.065	0.071	0.040	0.051	0.055
	0.657	0.975	1.045	0.824	1.157	1.250	0.701	0.891	0.957
Age	0.002	0.038	0.029	0.056	0.090	0.108*	0.030	0.102*	0.039
	0.028	0.639	0.488	0.952	1.561	1.865	0.499	1.708	0.650
(常量)	2.117***	1.957***	1.026	2.217***	1.936***	1.654***	2.298***	2.088***	1.659**
	5.625	4.8626	1.132	5.911	4.866	6.502	7.230	6.220	2.162
N	332	332	332	332	332	332	332	332	332
F	6.993	6.268	5.743	8.777	8.845	8.364	6.886	7.363	7.081
调整 R^2	0.123	0.110	0.100	0.154	0.156	0.147	0.121	0.130	0.125
VIF 最大值	1.598	1.184	1.203	1.598	1.184	1.147	1.323	1.119	1.203

注：*、**、*** 分别表示在 10%、5%、1% 的水平上显著。

5.3.4 结构方程模型分析与检验

根据统计学家 Kaiser 给出的标准，KMO 取值大于 0.6 时适合做主成分分析。上一章中，已对各层次的管理会计工具样本数据进行了 KMO 检验和巴特利特（$Bartlett$）球体检验，其检验结果见第 4 章的表 4-9。根据第 4 章表 4-9 所示，企业各层次的管理会计工具应用的 KMO 值分别为 0.672、0.811、0.901 和 0.830，且球体检验统计值的显著性概率是 0.000，显著性水平为 1%，进一步说明了样本数据结构适合做主成分分析。表 5-12 即为各层次的管理会计工具整合结果。

表 5-12　　18 种管理会计工具应用的量表设计

测量维度	题项符号	测量题项
成本与财务控制	MACA1-3	回收期/回报率法、标准成本法、杜邦分析法
决策信息提供	MACA2-4	本量利分析、贴现现金流法、责任会计、定量库存控制
业务流程优化	MACA3-6	作业成本法、零基预算、全面质量管理、目标成本法、价值链分析、生命周期法
组织价值创造	MACA4-5	平衡计分卡、经济增加值、关键业绩指标法、标杆管理、全面预算管理

由表 5-12 可见，由于管理会计工具各层次次间存在不同的关联性，本书形成的各个层次的管理会计工具主成分数量和各个主成分内的管理会计工具构成不同。如第一层次（成本与财务控制）中所包含的管理会计工具有回收期/回报率法、标准成本法、杜邦分析法三种管理会计工具；第二层次（决策信息提供）中所包含的管理会计工具有本量利分析、贴现现金流法、责任会计、定量库存控制四种管理会计工具；第三层次（业务流程优化）中所包含的管理会计工具有作业成本法、零基预算、全面质量管理、目标成

本法、价值链分析、生命周期法六种管理会计工具；第四层次（组织价值创造）中所包含的管理会计工具有平衡计分卡、经济增加值、关键业绩指标法、标杆管理、全面预算管理五种管理会计工具。

（1）整体结构方程模型的构建与分析

本书依据前文构建的结构方程理论模型，在此基础上基础Amos22.0软件绘制出管理会计工具综合应用与企业创新绩效的初始结构方程路径图，以用于后续结果的分析。由于管理会计工具综合应用所包含的测量维度较多，而只有当一个潜变量可以由三个以上测量变量来进行度量时，才可以构建结构方程模型，因此本书首先选取管理会计工具综合应用的其中一个测量维度——管理会计工具整体应用程度（$MACA\_L1$）来进行研究，构建其与企业价值创造的路径图，进行数据的拟合。

本书借鉴 Joreskog and Sorbom（1993）的方法，采用验证性因子分析（CFA）的方法从卡方自由度比（$2/df$），近似误差均方根（$RMSEA$）、拟合优度指数（GFI）、调整的拟合优度指数（$AGFI$）和相对拟合指数（CFI）5个方面进行拟合指标的选取（文东华等，2014）与模型拟合程度的评估。具体的影响路径如图5-3所示，结构方程模型实证结果如表5-11所示。模型一共包括管理会计工具应用与创新绩效两个潜变量，其中，管理会计工具应用潜变量包含四个维度18个可观测变量指标，创新绩效潜变量包含三个维度9项可观测指标。

表5-13中 *Panel A* 为管理会计工具综合应用与企业创新绩效的结构方程模型的拟合优度指标测量结果。在四个模型中，除了三个维度的 GFI 指标（分别为0.874、0.862、0.878）略低于拟合标准0.900外，其余各项拟合优度指标均在合理范围之内，表明企业创新绩效测量模型与数据的拟合基本符合要求。

表 5-13　　　　　　　结构方程模型实证结果

Panel A 结构模型拟合优度

拟合优度统计量	X2/df	RMSEA	GFI	AGFI	CFI
创新绩效	2.014	0.058	0.932	0.906	0.949
新产品推出	2.343	0.062	0.874	0.941	0.944
新技术使用	2.606	0.057	0.862	0.927	0.933
市场反应	2.257	0.065	0.878	0.947	0.945

Panel B 结构模型路径系数

管理会计工具应用与企业创新绩效结构模型路径系数

路径	Estimate	S.E.	C.R.	P
企业创新绩效←管理会计工具应用	0.376	0.073	5.562	***
新产品推出←管理会计工具应用	0.346	0.084	5.340	***
新技术使用←管理会计工具应用	0.369	0.093	5.721	***
市场反应←管理会计工具应用	0.314	0.070	4.766	***

注：*** 表示在 1% 的水平上显著。

结构方程模型的路径回归结果如表 5-13 中 Panel B 所示，管理会计工具应用对创新绩效的路径系数为 0.376，在 1% 的水平上显著，表明 H5-1 通过了显著性检验。在三个维度的模型路径中，管理会计工具应用与创新绩效三个维度系数正相关，这说明管理会计工具之间的整合应用具有一定的经济影响，可以提高企业的创新能力与创新水平，H5-2 得到验证。其机制在于：同一层次内与不同层次之间的管理会计工具整合应用，通过对全方位的决策有用信息的提供，使企业管理者易于把握管理决策的方向，进而对企业活动的整个过程进行预测、控制和激励，最终将实现四个层次的目标：成本确定和控制达到最优；计划和决策的效率明显提升；企业各个环节的资源配置与利用效率得以提高；价值创造目标得以实现。管理会计工具的整合使用，建立了正确的信息提供与过程控制机制，明晰了组织内外部的契约与权责关系，促进了企业创新机制的形成，进而使创新绩效水平得以提高。

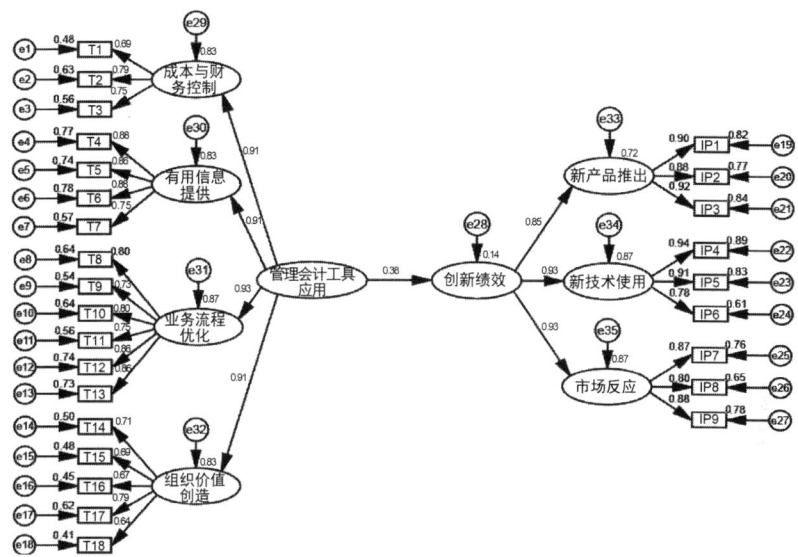

图5-3 管理会计工具应用对创新绩效的影响模型

（2）各层次上管理会计工具结构方程模型的构建与分析

本书根据结构方程的理论模型，构建出管理会计工具整合与企业价值创造的初始结构方程路径图，并用结构方程软件 Amos17.0 绘制出路径图。由于基于价值链的管理会计工具整合变量较多，本书仅以第四层次为例绘制出研发环节的管理会计工具应用与企业创新绩效的路径，具体如图5-4所示。其他环节的路径图与其相类似，只是所列示的工具种类有所不同而已。

在图5-4中，以单箭号直线表示两个变量的因果关系，箭头所指向的变量为"果"变量，直线起始处为"因"变量。单箭号直线上的两个参数表示潜变量对其观测变量的因子载荷或者是两个潜变量之间影响程度的路径系数。双向弧线箭头表示连接的两个变量假定存在相关关系。一般情况下，为了使结构方程模型能够具有

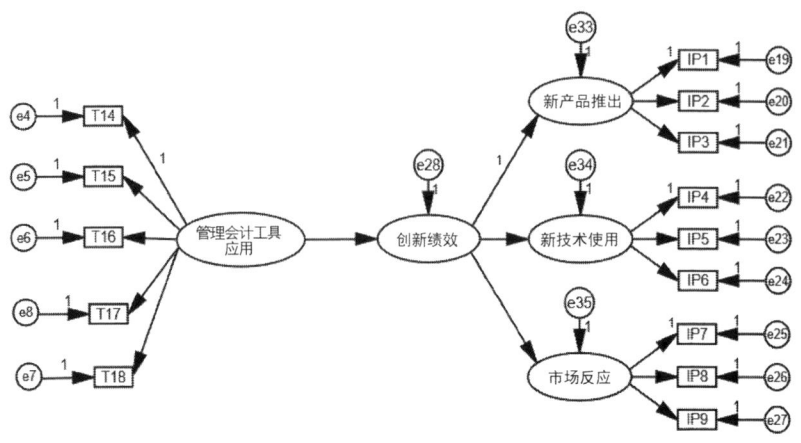

图 5-4 第四层次管理会计工具整合与企业价值创造模型路径

很好的识别效果,将观测变量的误差项对观测变量的因子载荷设定为1,结构方程的残差项对内生潜变量的系数设定为1,同时每个潜变量对其观测变量的因子载荷至少有一个设定为1。本书根据效度分析结果,将每个潜变量中各观测变量因子载荷最大的设定为1。

Joreskog and Sorbom(1993)认为,在对结构方程评价之前,首先要对模型的有效性进行评估,即为拟合优度评估,所采用的方法应为验证性因子分析(*CFA*)。本节参考文东华等(2009,2014)的做法,选用的指标包括卡方自由度比(χ^2/df)、近似误差均方根(*RMSEA*)和相对拟合指数(*CFI*)。表 5-14 即为基于层次的管理会计工具应用与企业创新绩效的结构方程测量模型的拟合优度评估结果。其中,表 5-14 的第二列到第五列分别列示了第一至第四层次的拟合优度指标数值,最后一列则列示了各指标的可接受范围。

第5章 管理会计工具应用对企业创新绩效影响的实证检验

表 5-14 测量模型拟合优度评估

	MACA1	MACA2	MACA3	MACA4	可接受值
卡方自由度比值	1.843	1.679	1.355	1.839	<3.0
RMSEA	0.074	0.066	0.067	0.053	<0.08
GFI	0.936	0.952	0.950	0.935	>0.9
AGFI	0.952	0.928	0.930	0.906	>0.9
CFI	0.842	0.925	0.924	0.980	>0.9

从表 5-14 可知，在管理会计工具应用的四个层次中，各项拟合优度指标均在可接受范围内，这说明在各层次上的测量模型与数据的拟合程度比较令人满意。在第一层次中，除了 *CFI* 指标 0.824 略低于可接受程度 0.900 外，其余各项拟合优度指标均在可接受范围内，这说明各层次的测量模型与数据的拟合程度基本令人满意。

在模型具有较好拟合优度的基础上，本部分运用 AMOS17.0 软件对结构模型的各条路径分别进行参数估计，测量模型标准化估计值的具体输出结果见表 5-15。

表 5-15 测量模型标准化估计值输出结果

应用层次	路径	Estimate	S.E.	C.R.	p
Panel A 第一层次	企业创新绩效←管理会计工具应用（回收期/回报率法、标准成本法、杜邦分析法）	0.321	0.079	4.525	***
	新产品推出←管理会计工具应用（回收期/回报率法、标准成本法、杜邦分析法）	0.208	0.092	4.625	***
	新技术使用←管理会计工具应用（回收期/回报率法、标准成本法、杜邦分析法、财务指标法）	0.331	0.102	4.845	***
	市场反应←管理会计工具应用（回收期/回报率法、标准成本法、杜邦分析法）	0.234	0.076	3.396	***

续表

应用层次	路径	Estimate	S.E.	C.R.	p
Panel B 第二层次	企业创新绩效←管理会计工具应用（本量利分析、贴现现金流法、责任会计、定量库存控制）	0.288	0.048	4.561	***
	新产品推出←管理会计工具应用（本量利分析、贴现现金流法、责任会计、定量库存控制）	0.236	0.057	3.820	***
	新技术使用←管理会计工具应用（本量利分析、贴现现金流法、责任会计、定量库存控制）	0.292	0.062	4.798	***
	市场反应←管理会计工具应用（本量利分析、贴现现金流法、责任会计、定量库存控制）	0.189	0.048	3.9620	***
Panel C 第三层次	企业创新绩效←管理会计工具应用（作业成本法、零基预算、全面质量管理、目标成本法、价值链分析、生命周期法）	0.371	0.059	5.757	***
	新产品推出←管理会计工具应用（作业成本法、零基预算、全面质量管理、目标成本法、价值链分析、生命周期法）	0.323	0.068	5.208	***
	新技术使用←管理会计工具应用（作业成本法、零基预算、全面质量管理、目标成本法、价值链分析、生命周期法）	0.371	0.075	6.062	***
	市场反应←管理会计工具应用（作业成本法、零基预算、全面质量管理、目标成本法、价值链分析、生命周期法）	0.286	0.058	4.942	***

续表

应用层次		路径	Estimate	S. E.	C. R.	p
Panel D 第四层次		企业创新绩效←管理会计工具应用（平衡计分卡、经济增加值、关键业绩指标法、标杆管理、全面预算管理）	0.343	0.061	5.658	***
		新产品推出←管理会计工具应用（平衡计分卡、经济增加值、关键业绩指标法、标杆管理、全面预算管理）	0.411	0.069	6.159	***
		新技术使用←管理会计工具应用（平衡计分卡、经济增加值、关键业绩指标法、标杆管理、全面预算管理）	0.346	0.077	5.229	***
		市场反应←管理会计工具应用（平衡计分卡、经济增加值、关键业绩指标法、标杆管理、全面预算管理）	0.293	0.059	4.993	***

注：*** 表示在1%的水平上显著。

在第一层次中，三种管理会计工具所构成的工具簇（回收期/回报率法、标准成本法、杜邦分析法）到创新绩效的路径系数为 0.321，p 值在 1% 水平上显著；到新产品推出维度的路径系数为 0.208，p 值在 1% 水平上显著；到新技术使用维度的路径系数为 0.331，p 值在 1% 水平上显著；到市场反应维度的路径系数为 0.234，p 值在 1% 水平上显著。说明第一层次中所包含的三种工具（回收期/回报率法、标准成本法、杜邦分析法）在本层次内的整合对企业创新绩效及其三个维度方面的价值创造产生了显著的正向影响。

在第二层次中，四种管理会计工具所构成的工具簇（本量利分析、贴现现金流法、责任会计、定量库存控制）到企业创新绩效造的路径系数为 0.288，对应 p 值在 1% 水平上显著，说明本量利分析、贴现现金流法、责任会计、定量库存控制等在第二层次内的整合应用对企业的创新绩效具有显著的正向影响；工具簇（本量利分析、贴现现金流法、责任会计、定量库存控制）到新产品推出、新技术使用以及市场反应三个维度的路径系数分别为0.236、0.292和0.189，且P值在1%水平上显著，说明本量利分析、贴现现金流法、责任会计、定量库存控制等管理会计工具在层次内的整合应用对企业创新绩效及其三个维度方面的价值创造产生了显著的正向影响。

在第三层次中，六种管理会计工具所构成的工具簇（作业成本法、零基预算、全面质量管理、目标成本法、价值链分析、生命周期法）到企业创新绩效造的路径系数为0.371，对应P值在1%水平上显著，说明作业成本法、零基预算、全面质量管理、目标成本法、价值链分析、生命周期法等工具方法在第三层次内的整合应用对企业的创新绩效具有显著的正向影响；工具簇（作业成本法、零基预算、全面质量管理、目标成本法、价值链分析、生命周期法）到新产品推出、新技术使用以及市场反应三个维度的路径系数分别为0.323、0.371和0.286，且P值在1%水平上显著，说明作业成本法、零基预算、全面质量管理、目标成本法、价值链分析、生命周期法等管理会计工具在层次内的整合应用对企业创新绩效及其三个维度方面的价值创造产生了显著的正向影响。

在第四层次中，五种管理会计工具所构成的工具簇（平衡计分卡、经济增加值、关键业绩指标法、标杆管理、全面预算管理）到企业创新绩效造的路径系数为0.343，对应P值在1%水平上显著，说明平衡计分卡、经济增加值、关键业绩指标法、标杆管理、全面预算管理等工具方法在第四层次内的整合应用对企业的创新绩效具有显著的正向影响；工具簇（平衡计分卡、经济增加值、关键业绩指标法、标杆管理、全面预算管理）到新产品推出、新技术使用以及市场反应三个维度的路径系数分别为0.411、0.346和0.293，且P值在1%水平上显著，说明平衡计分卡、经济增加值、关键业绩指标法、标杆管理、全面预算管理等管理会计工具在层次内的整合应用对企业创新绩效及其三个维度方面的价值创造产生了显著的正向影响，假设 H5-1 和 H5-2 得以验证。

基于以上结构方程模型的实证分析结果，本书认为，处于同一层次内的管理会计工具以及处于不同层次的管理会计工具之间可以进行整合应用，其属性与功能定位不同可以使其发挥互补优势，以降低各环节的不确定性、优化资源配置与利用效率，提高企业创新能力与创新水平。例如，第二层次的管理会计工具，主要聚焦于相关信息的提供以帮助企业进行决策。对这些工具的充分了解和准确应用，能够使企业在投资决策和日常经营管理中把握明确的方向，提高管理决策效率，降低风险。第三层次的管理会计工具，主要关注于如何减少流程环节中的资源浪费，这对于企业从战略层面明确降低成本的关键，提高企业的核心竞争力与管理效益，以应对自外部的环境的变化具有重要意义。第四层次的管理会计工具的功能定位是通过有效资源利用进行价值创造，主要意义在于发掘现有资源的潜力以实现价值创造，这对于企业整体的管理控制，企业运营风险的降低，以及企业创新绩效水平提高具有积极影响。

5.3.5 进一步检验

（1）引入控制变量的结构方程模型检验

根据以往研究经验，企业规模与企业年限在管理会计的相关研究中常被看作两项重要的权变因素（Gong and Ferreira, 2014; O'Connor et al., 2004）。原因在于，规模较大的公司组织的分权程度可能更高，管理会计工具的使用情况也更加复杂，而企业年限则也会对其创新的能力和态度产生一定影响（O'Connor et al., 2004）。因此，在研究管理会计工具整合应用与企业创新绩效的关系时，本书控制了企业规模和企业年限。控制了两个权变因素之后重新构建的结构方程模型路径结果如表 5-16 所示，结构模型的各项拟合优度均在可接受范围,主假设路径系数仍显著为正。

表 5-16　加入控制变量的结构方程模型实证结果

Panel A 结构模型拟合优度					
拟合优度统计量	X2/df	RMSEA	GFI	AGFI	CFI
创新绩效	2.482	0.054	0.854	0.919	0.927

Panel B 结构模型路径系数

管理会计工具应用与企业创新绩效结构模型路径系数				
路径	Estimate	S. E.	C. R.	P
企业创新绩效←管理会计工具应用	0.369	0.077	5.554339	***
管理会计工具应用←Size	0.345	0.028	5.554	***
管理会计工具应用←Age	0.026	0.005	0.452	0.651
企业创新绩效←Size	-0.124	0.006	-2.183	**
企业创新绩效←Age	0.055	0.030	0.915	0.360

注:**、***分别表示在5%、1%的水平上显著。

(2) 同源偏差检验

由于本书主要通过问卷调查来进行数据的获取,渠道较为单一,这可能会导致测量误差的存在与研究效度的降低,即可能存在共同方法偏差。因此,本书采用两种方法来避免问卷调查中的人为变量间的共变关系。首先,将所有题项作为整体进行了主成分因子分析,提取特征值大于 1 的公因子,得到第一未旋转因子占 23.71% 的载荷量,满足低于 50% 的标准,因此可初步认为,此次研究的数据受共同方法偏差的影响较小。

本书将管理会计工具综合应用与创新绩效的全部题项视为一个整体,对其进行 Harman 单因素检验(Podsakoff and Organ, 1986),并将单一因子模型的分析结果与二因子模型的适配度指标进行对比。同源偏差检验各项拟合指标结果如表 5-17 所示,Chi-square/df 值分别为 14.49、1.656，结果表明单一因子模型适配度指标欠佳，二因子模型各适配度指标更好。即将所有变量全部题项的来源并非单一因子，因此可基本认为，不存在同源偏差问题，或问卷的同源偏差问题在可接受范围内。

表 5-17　　　　　　　　同源偏差检验

模型	卡方自由度比值	GFI	CFI	RESEA	AGFI
单因子模型	14.482	0.520	0.527	0.260	0.368
二因子模型	1.656	0.972	0.970	0.053	0.948

（3）赋予权重的多元回归模型检验

由前文分析可知，不同层次管理会计工具整合运用的机制在于，功能定位具有差异性和互补性的管理会计工具，能够从不同侧面提供企业管理信息，包括短期的和长期的、财务的和非财务的、历史的和未来的、内部的和外部的，从而帮助管理者在拥有更全面信息的基础上进行成本控制、管理决策和绩效评价等。管理者利用功能定位不同的管理会计工具收集信息，利用这些信息用于决策、控制、评价和激励。因此，不同层级的管理会计工具的整合，可以各司其职地为管理者提供决策有用的信息，而每个层次工具所提供信息的侧重点不同，每个层次工具的使用对创新绩效的影响效果和程度也会有所差异。如前两个层次的管理会计工具应用更侧重于提供基本财务指标信息与成本方面信息，并且聚焦于企业内部资源配置信息，更加关注短期的利润指标；而后两个层次的管理会计工具的应用更侧重于财务指标与战略性非财务指标的提供，聚焦于内外部资源配置信息，关注于战略性的长期经济利润指标。因此，本书在此基础上将每个层次的管理会计工具应用程度按 1∶2∶3∶4 赋予相应权重，再将整体使用情况按权重进行加总，得到的度量指标会更加准确。赋予权重后的多元回归分析结果如表 5-18 所示，各项回归结果均显著，与前文假设一致。

表 5-18　　　　　　　　赋予权重的多元回归分析

解释变量	被解释变量			
	IP_p	IP_t	IP_m	IP
	(1)	(2)	(3)	(4)
MACA_L3	0.267***	0.258***	0.157**	0.253***
	3.933	3.850	2.301	3.796
GOV	0.091	0.063	0.208***	0.127**
	1.463	1.028	3.347	2.075
Size	-0.120**	-0.091	-0.113*	-0.118**
	-2.071	-1.594	-1.934	-2.067
Ind	0.125**	0.202***	0.109**	0.161***
	2.276	3.731	1.976	2.993
Loc	0.020	0.018	0.028	0.024
	0.336	0.315	0.480	0.412
SOE	0.038	0.048	0.041	0.046
	0.660	0.846	0.707	0.822
Age	0.004	0.058	0.030	0.032
	0.131	0.974	0.494	0.538
(常量)	2.101***	2.224***	2.293***	2.207***
	5.570	5.899	7.197	6.850
N	332	332	332	332
F	7.030	8.496	6.863	8.859
调整 R^2	0.124	0.150	0.121	0.156
VIF 最大值	1.314	1.239	1.147	1.573

注：*、**、*** 分别表示在 10%、5%、1% 的水平上显著。

5.4 本章小结

本章检验了管理会计工具的综合应用对企业创新绩效的影响,包括纵向整合与横向整合两个维度。在前几章理论分析与实地调研的基础上,本章提出了研究假设并对管理会计工具综合应用与企业创新绩效及其三个维度的关系进行了实证检验。首先,本章借鉴了国内外权威期刊的做法及相关量表,对管理会计工具的应用综合应用与企业创新绩效进行了度量。其次,以 332 份调研数据为样本,使用多元回归与结构方程模型对管理会计工具综合应用与企业创新绩效三个维度之间的关系进行了实证检验。实证结果表明,管理会计工具的综合应用可以提高企业的创新绩效,不管是纵向整合还是层次内的横向整合应用都会影响创新绩效水平及其三个维度。此外,本章将企业规模、年限等控制变量引入结构方程模型中进行路径检验,进行了进一步的判断,使用 Harman 单因素方法来对同源偏差问题进行检验,并将每个层次的管理会计工具应用程度赋予相应权重重新进行回归,以上稳健性检验的结果同样支持了上述研究结论,保证了实证结果的科学性与准确性。

第6章 管理会计信息对管理会计工具应用与企业创新绩效影响的实证检验

本章主要检验管理会计工具的应用对企业创新绩效的影响与中介机制,即管理会计工具应用对企业创新绩效影响的间接效应。具体来看,本章在前面理论分析与第5章实证分析的基础上,通过文献的梳理对管理会计信息三个维度的变量进行度量,进而提出研究假设并构建包含管理会计信息中介的整体结构方程模型。在此基础上通过问卷的信度效度检验确保了问卷数据的可靠性,以便测量模型的路径结果和拟合优度分析。

6.1 理论分析与研究假设

6.1.1 管理会计工具应用与管理会计信息

管理会计作为信息支持系统与管理控制系统的集合体(财政部,2014),以其通用、客观、透明的平台属性,发挥着对价值驱动因素进行精细化分析与决策的信息平台作用。管理者可以利用企业内部价值链与价值创造过程的相关信息对所涉及关键因素进行精细化分析和判断,对"研发—设计—制造—营销—服务"等经营全流程进行控制,以服务和优化公司的经营管理决策。管理会计信息系统通过所获得的财务与非财务信息,并对其加工与整合以促进信息传递过程中的有效沟通,增进决策者的信息认知,进而实现组织成员之间的知识创造与共享(Ahrens,T.,1997)。

企业生产经营活动的不确定性一定程度上是由于市场的不确定引起的,因此需要及时有用的信息提供来进行决策,从而实现业务活动的计划和协调(冯巧根,2014)。随着时代的发展,管理会计工具的应用也在不断地发展。不同的管理会计工具出现的时代不同,每个层次管理会计工具提供信息的侧重点也有所不同。而抛开管理会计工具的时代特征,聚焦于其功能定位的不同,不同层次的多种管理会计工具的应用对于管理会计功能的发挥仍有促进作用。

管理会计作用于企业内部的各个流程,管理会计工具在各个流程的应用可以提供管理决策的有用性信息,管理会计信息通过在企业内部以及供应商、客户等利益相关者之间进行传递,对企业内部流程进行持续改进,以实现企业目标。多种管理会计工具通过在企业中各领域内的应用,以提供与战略、投融资、运营等相关领域的信息,为企业的管理决策提供支持。其中,相比于传统财务信息,管理会计所提供的信息更加全面而具体,既包含财务又包含非财务信息(冯巧根,2014),既包含结果导向信息又包含过程导向信息,且更加注重创新过程中的风险控制,以降低创新的不确定性(汤世国,1990)。由此本书提出如下假设:

H6-1:管理会计工具的综合应用有利于管理会计信息发挥路径作用。

H6-1a:管理会计工具的纵向整合有利于管理会计信息发挥路径作用。

H6-1b:管理会计工具的横向整合有利于管理会计信息发挥路径作用。

6.1.2 管理会计信息对创新绩效及其不同维度的影响

管理会计的目标主要是为企业决策者提供相关信息，便于其制订计划、考评依据，并给予这些信息进行修正组织，以此实现组织目标、解决企业和员工的问题进而改善组织经营，为企业创造组织价值（Zimmerman，2005）。在管理会计管理模式的发展中，由最初的"控制型导向"，逐渐拓宽范围，演变成如今的"价值创造型导向"模式（王斌和高晨，2004）。管理会计作为信息支持和管理控制的系统，最本质的特征还是信息管理，因此管理会计信息系统主要是采用了搜集信息、具体分析、咨询信息进而做出报告的方式（冯巧根，2014），向企业决策者提供激励和价值实现。同时，管理会计的信息支持功能通过分析企业经营中的影响因素来减少创新不确定性，帮助决策者运用有效信息促进创新发挥效益（王斌和顾惠忠，2014），进而有助于企业创新绩效的提高。

Horngrenetal.（2000）认为，管理会计系统中整合提供的信息能够帮助员工增加个人决策意愿，进而实现员工目标；Davila（2000）研究发现，管理会计可以通过收集处理信息来消除产品生产过程中的不确定性，减少实际执行任务时所需信息和现存信息之间产生的差距影响；迟晓英和宣国良（2000）在波特价值链理论研究中发现，信息就是支持企业增值的各种元素，通常企业决策者和管理者在履行社会责任、提高企业价值时充分发挥了信息的支持功能，最终提高对企业信息和资源的控制能力的过程。Sprinkle（2003）认为，企业将拥有的信息进行整合，并依据他所掌握的具体信息进行决策，这一过程就叫作信息的支持功能。因此，企业中的管理会计信息处理一方面可以为企业内部提供服务于经营决策及日常运作的相关信息，进而提高产品和技术的创新型；另一方面可以通过管理会计信息提高企业的服务质量和顾客满意度，提高市场占有率和提高顾客的忠诚度。具体基于流程环节的管理会计工具应用情况分析如下。

第一，前期的研发设计环节涉及的管理会计工具主要是预算管理与投融资领域的管理会计工具等，以提供更加详细的预测决策信息，降低前期过程的不确定性。在前期研发阶段，研究人员需要对所研发项目的市场前景以及所能带来的经济后果进行评估，进行分析，再此基础上确定研发的各项流程与相关标准信息，并通过对文献的阅读分析来明确企业已有何所需的技术等各方面的能力能力。总体来说，对各种渠道信息的整合、加工利用与再创造贯穿于整个研发过程。而管理会计工具的应用，可以在一定程度上为创新过程明确分工与目标细化提供信息支持，进而增强研发流程的集成化，提高企业的创新效率。

第二，采购环节涉及的管理会计工具主要以战略预算管理、营运管理领域的工具为主，支持企业的预测决策与过程中的规划与控制。一方面，企业通过应用这些管理会计工具应用，可以依据具体采购信息（如采购量、采购价格等）制订科学合理的采购计划，提高采购效率与资源利用效率；另一方面，管理会计工具的应用在帮助企业提高采购决策效率与资源利用效率的同时，也会在一定程度上促进采购过程中与供应商信息的及时有效共享，缓解企业与供应商之间的信息不对称，进而提高与供应商之间的合作效率，降低产品缺陷率，提高产品和技术的创新型。

第三，生产环节涉及的管理会计工具主要以预算管理、营运管理、成本管理、风险与绩效管理等领域的管理会计工具为主。通过对这些领域管理会计工具的应用，一方面有助于企业依据生产预算相关的信息科学制订生产计划，在生产运作的整个流程中提高管理效率与优化成本控制，以达到生产运作整个过程的实时监控与风险控制；另一方面，管理会计工具的应用可以帮助企业对绩效进行科学评价、员工激励等，从而使员工获得一定的认同感与职业稳定性，对于员工满意度与工作效率的提升具有积极的促进作用。由此，管理会计工具在此环节的应用可提高员工目标设定和决策的合理性，进而提高企业生产效率，有效促进资源的有效配置与利用。

第四，销售环节涉及的管理会计工具主要以战略管理、预算管理、营运管理、绩效管理等领域的管理会计工具为主。企业通过对这些管理会计工具的应用，进行产品生产和销售的科学规划与测算、顾客价值的评估等来制定科学合理的营销战略决策，以满足客户需求。由此，使企业的目光从聚焦于产品到更加关注于顾客的满意度，使面向顾客的全生命周期成本管理得以实现，与客户之间的良性互动与沟通加强。从而，通过双方之间的信息分享，将通过提供的及时准确的供求信息对产品质量进行不断改进，以进一步提高顾客满意度与市场占有率。

第五，绩效评价与反馈环节涉及的管理会计工具主要是平衡积分卡、标杆管理等绩效管理领域的工具应用，主要对创新活动的整体效率进行评价和反馈。与以往不同的是，管理会计工具的应用为企业创新评价提供更为全面准确的信息，使企业更加注重考核的过程以及综合指标的考核，而非结果与单一指标。如将总体目标细化成多个子目标、增加考核的频率等。为此，管理会计所提供信息及其具有的控制功能，可以强化企业在各个流程的信息共享，动态评价企业的创新能力与效果，通过业绩评价与有效激励来激发企业创新。

基于以上分析，管理会计信息路径作用的发挥有利于提高企业的创新绩效水平，但管理会计信息在企业创新绩效三个维度中所发挥的路径作用及影响程度可能有所差异，需要做进一步的检验与分析。由此本书提出如下三个方面假设：

H6-2：管理会计信息路径作用的发挥有利于提高企业的创新绩效。

H6-2a：管理会计信息路径作用的发挥有利于提高企业新产品的推出频率。

H6-2b：管理会计信息路径作用的发挥有利于提高企业新技术的使用程度。

H6-2c：管理会计信息路径作用的发挥有利于提高市场反应。

6.1.3 管理会计工具应用、管理会计信息与企业创新绩效

管理会计所具有的信息支持功能，能够加强企业在研发、生产等作业流程的管理合作与信息共享，管理会计信息通过在先进信息能够减少信息不对称带来的效率低下，有助于提高自身管理能力（王斌和顾惠忠，2014）。管理会计信息支持功能主要利用管理会计信息来解决问题，以促进企业组织内部的判断和决策（Sprinkle，2003）。Massaro et al. （2011）提出了使用管理会计系统的两种功能，即问题解决功能（Problem Solving）与系统学习功能（Learning）。问题解决功能指在企业进行决策过程中，通过提高问题的关注度与缩短决策时间以对创新过程进行支持，体现了管理创新过程的复杂性。系统学习功能主要用来支持创新并帮助团队解决和改进研发过程中遇到的问题，以支持创新过程。因此，充分的管理会计信息可以帮助企业解决创新过程中出现的各类问题（Davila，2000），提高企业创新绩效。

从各层面掌握企业所需的各类管理信息已越来越受到当今企业的广泛重视，包括以提高其核心竞争力为目的的经营决策、商业运营等方面的信息。与以往传统财务导向有所不同的是，当今企业在生产运作过程中更加关注于过程控制，主要基于管理会计信息及其控制功能的发挥。包括关键因素的识别，关键指标偏离程度的控制、差异分析法的运用、过程计划与方案的讨论与修订、核心资源的再配置等。

不确定性是创新的基本特征（Bertrand and Mullainathan，2003），产生不确定性的原因一方面可能是企业所拥有信息的不充分性（Ducan，1972）；另一方面则是企业对要资源占有不足

(Pfeffer and Salancik, 1978)。而管理会计作为内部管理的重要手段, 相比于传统财务会计更加关注企业的经营性和控制性。通过信息的提供, 一方面有利于提升管理者自身的决策效率; 另一方面对组织内部间的信息沟通有所帮助, 加强组织控制功能, 以降低创新过程中的不确定性风险。因此, 管理会计工具的应用必须提供市场与研发、产品设计、目标成本管理、顾客及盈利性分析、战略成本等各类信息, 才能使其作用得以发挥。由此本书提出如下假设:

H6-3: 企业通过对管理会计工具的综合应用, 促进管理会计信息路径作用的发挥, 进而提高企业的创新绩效水平。

6.2 研究设计

6.2.1 样本选择与数据获取

与第 5 章的方法相同, 本章所需的关于管理会计工具在企业应用情况等数据大多是企业内部数据, 无法向其他经济数据可以在公开的网站以及数据资料中直接观测和获取。因此, 本书采用问卷的调查的方法, 获取本书研究中所需的数据进行统计分析。根据以往管理会计的相关经验研究, 通过问卷调查来获取研究数据已被广泛接收并采用。问卷设计过程的恰当性与规范性是保证所获取数据高质量的关键, 而在实际应用中主要关注于如何在问卷实施的过程中保证问卷的合理性与所获取数据的科学性 (Van der Stede et al., 2005)。Van der Stede et al. (2005) 提出了问卷的五要素分析模型, 对本书的问卷设计与实施具有一定的指导意义。本书主要分为以下五个方面来进行问卷内容的设计: ①问卷的目的和设计; ②定义总体和抽样; ③问卷发放途径和样本分布; ④数据录入的精确; ⑤披露与报告。具体的问卷设计情况如下。

第一,问卷的目的和设计。本书问卷的目的在于通过问卷的设计、发放与回收来获取问卷调查中各个题项的结果数据,以进行各变量的度量和变量间因果关系的检验,即检验不同商业模式下管理会计工具的综合应用与企业创新绩效之间的关系。鉴于前文中各变量之间的因果关系的推导是建立在一定的文献与理论基础之上,因此可以认为,结合相关理论与实践的需要所设计的问卷具有可行性。基于前文的基本理论框架与逻辑思路以及国内外相关文献的查阅,本书借助知名学者的研究思想,选取较为权威文献中的变量测量方法,以保证基于问卷所得数据的可靠性和有效性。并根据学术团队意见的反馈、企业实地访谈与问卷小范围预测试的初步结果统计,再次修正和完善问卷细节,以保证了调研问题的全面性,并形成最终的调查问卷。

第二,总体定义和抽样。如果整体中的一个子集具有样本总体样本的某些特征属性,那么其可以代表总体进行相关数据的检验与结果分析(Sapsford,1999)。此外,问卷调查的样本应尽可能地采取随机抽样的方法。本书关注的整体样本为我国企业的中高层管理人员与财务人员。因此,问卷的发放也主要面对这两类。其中,问卷发放总数为 600 份,收回问卷 431 份,剔除 99 份无效问卷后,最终可作为研究的有效问卷总计 332 份。

第三,问卷发放途径和样本分布。本次问卷的发放对象主要包括在校 MBA 学员、已工作财务专业学生以及企业中财务人员与管理人员,主要涉及各类企业中具有三年以上工作经验的财务人员与中高层管理者。因此,可以认为问卷调查的样本基本符合随机性抽样要求。发放形式以纸质问卷与网络问卷相结合、线上与线下相结合的方式为主。

第四,关于数据录入。本问卷采用了线上线下相结合的方法进行问卷的发放与数据的回收,主要以纸质、电子文档和网络在线(问卷星)的形式对已完成问卷进行数据的整理和统计,问卷填写人在网络平台所填写答案的数据可直接通过后台导出,以降低手工录入的误差。对于纸质和 Email 电子文档形式的问卷,在手动整理和录入之前也反复进行核对,以确保数据录入的准确性。

第五,数据的披露、分析和报告。在问卷数据的录入完成后,应对样本分布与变量数据的基本情况进行初步整理和统计,并对变量的度量结果进行简要分析,如因子分析等,以为后文的实证研究奠定基础。

具体样本统计结果已在第 5 章中详细说明,此处不再赘述。

6.2.2 变量测量

本节在"管理会计工具综合应用、管理会计信息与企业创新绩效"框架下实证检验管理会计工具的综合应用对创新绩效的影响与作用机制。涉及的主要变量分别是管理会计工具综合应用、管理会计信息与企业创新绩效,对相关所涉及的变量的准确度量,对于后文实证分析结果的准确性起到十分重要的作用。

(1) 管理会计工具综合应用

管理会计工具综合的表现形式,从纵向上看是管理会计工具的应用层次各层次之间的管理会计工具的整合应用,从横向看是层次内的管理会计工具的整合。本书参考《管理会计基本指引》以及王斌和顾惠忠 (2014) 中对管理会计工具种类的界定与管理会计工具发展阶段的划分,并结合本书需要对 Abdel - Kader and Luther (2008) 中管理会计工具应用层次的工具种类进行调整,最终确定了 27 种管理会计工具进行研究。采用 Likert 七级量表来衡量管理会计工具在各企业的应用程度,反映各层次管理会计工具的整合运用情况。

管理会计工具综合应用的度量量表在前两章已经给出,具体情况如表 5 - 3、表 5 - 4 所示。对于管理会计纵向整合以及横向整合程度的相关度量方法,可参照第 5 章中的具体描述。本书设计的包含 27 项管理会计工具在内的调查问卷已附于附录，具体内容见《关于管理会计工具综合应用情况的调查问卷》。为了研究的规范性和严谨性，本书首先使用 AMOS22.0 软件对 27 种管理会计工具进行验证性因子分析（具体结果见第 4 章），根据结果最终保留 18 种管理会计工具方法，并重新进行了因子分析。

修改后的 18 种管理会计工具应用四个层次的 Cronbach's alpha 值与修正项目总相关系数（$CITC$）值均分别大于 0.700 与 0.500，且总体的 Cronbach's alpha 值大于 0.900，说明问卷变量的可信度与内部一致性较高。四个层次的 KMO 值均大于 0.600，巴特利特（Bartlett）球体检验中，四个层次的 KMO 值均大于 0.600，且 P 达到显著性水平，说明问卷具有较高的单一构面效度，即每个层次所包含的管理会计工具具有一定的合理性。在一阶与二阶因子模型中，各题项的因子载荷都在 0.5 以上，二阶因子聚合效度与模型适配度较好，且四个层次的 AVE 指标均在合理范围之内，可以认为基于以往研究所设计的管理会计工具应用的调查问卷的可靠性和有效性较高，可以作为研究使用。

（2）创新绩效

本书对创新绩效的度量，主要根据钱锡红等（2010）的研究，并参考 Bell（2005）、Ritter and Gemünden（2004）的研究，使用李克特七级量表，共九个题项对创新绩效进行测量。本书首先采用文东华等（2009）的做法，对企业创新绩效三个方面的划分维度进行了探索性因子分析，结果表明这 12 个题项的内容可有 3 个主成分因子表示，三个主成分因子的各题项与本书关于新产品推出、新技术使用与市场反应方面创新绩效的分类完全一致，表明本书对创新绩效及其三个维度的维度划分是合理的。其中，新产品的推出频率为本公司与同行业其他公司相比新产品推出的数量、新产品研发的速度以及新产品研发的成功率；新技术的使用包括本公司与同行业其他公司相比在行业中率先应用新技术的情况、产品包含先进技术与工艺以及新技术的不可模仿性；市场反应维度包括产品改进与创新后市场占有率、营业收入增长率以及顾客的满意度三方面。企业创新绩效的量表设计参见表5-7，附录《关于管理会计工具应用及其经济后果的调查问卷》中列示了关于企业创新绩效的具体问题。

（3）管理会计信息

管理会计信息的支持功能主要体现在为企业决策者提供相关信息，以此实现组织目标，改善组织经营，为企业创造组织价值。对于管理会计信息功能维度的划分也较为多样：Chenhall and Morris（1986）分别从视野范畴（Scope）、及时性（Timeliness）、综合性（Aggregation）和整体性（Integration）四个方面对管理会计的信息决策功能进行划分。Gordon and Narayanan（1984）、Choe（1998）、邓博夫等（2016）认为，管理会计系统的信息决策支持维度具有范围性，及时性和综合性三个维度。王悦等（2015）认为，信息支持功能包含了处理、计划、交流和协调四个方面的作用。王斌和顾惠忠（2014）认为，管理会计信息系统可以为组织的管理决策提供通用、客观、透明的信息，企业对经营中的影响因素的分析可以减少创新不确定性，帮助决策者运用有效信息促进创新发挥效益（王斌和顾惠忠，2014），进而有助于企业创新绩效的提高。

对于管理会计信息的度量方法较多。于增彪和桑向阳（2014）参照国外学者Meredith and Hill（1987）的研究，从信息管理系统的支持、有关部门之间的信息衔接以及信息管理系统的兼容与互动三方面开发了可操作的信息技术量表来度量企业流程管理中三个层次的信息技术。孔增强等（2015）以高校大学生为调查对象来探究高校学生工作信息传递有效性的影响因素，总结出包括传递者对信息的关注度，传递时机的适宜性、信息的意义、传递方式的针对性和接收者对信息的兴趣等5个方面的测量量表。本书对管理会计信息的测量主要参考以上国内外相关学者的研究，通过问卷调查获取数据，最终形成包含三个方面 9 个题项的量表来反映信息的获取、信息的传递与信息的接收三个维度的量表。具体题项为"有信息管理系统来提供各部门的管理会计信息""提供的管理会计信息数量适中""提供的管理会计信息对公司决策有价值""管理会计信息传递的时机恰当""管理会计信息传递方式灵活多样并具有针对性""管理会计信息传递具有互动性与反馈性""管理者能及时关注和接收管理会计信息""管理者对所接收的信息兴趣高，理解能力强""管理者能对管理会计信息进行有效分析和利用"等。管理会计信息的量表设计如表 6 – 1 所示。附录《关于管理会计工具应用及其经济后果的调查问卷》中列示了关于企业管理会计信息及其三个方面的具体问题。

表 6 – 1　　　　　　管理会计信息的量表设计

测量维度	变量符号	测量题项
信息的提供	MAI1	有信息管理系统来提供各部门的管理会计信息
	MAI2	提供的管理会计信息数量适中
	MAI3	提供的管理会计信息对公司决策有价值
信息的传递	MAI4	管理会计信息传递的时机恰当
	MAI5	管理会计信息传递方式灵活多样并具有针对性
	MAI6	管理会计信息传递具有互动性与反馈性
信息的接收	MAI7	管理者能及时关注和接收管理会计信息
	MAI8	管理者对所接收的信息兴趣高，理解能力强
	MAI9	管理者能对管理会计信息进行有效分析和利用

与前两个变量的度量方式相同，本书对管理会计信息采用文东华等（2009）的做法，使用 SPSS 对管理会计信息划分的整体进行了分析，抽取主成分相同的三个因子进行探索性因子分析。结果表明量表中所包含的 12 个题项可由主成分相同的 3 个因子表示，初步证明了本书将管理会计信息划分为信息提供、传递与利用三个维度的

合理性。在此基础上,本书进一步对所设计的包含 2 个题项的管理会计信息量表进行完善,以充分反映管理会计信息支持功能的内容。

此前,本书使用 AMOS22.0 对该量表进行一阶和二阶验证性因子分析(CFA),管理会计信息信度及效度检验统计分析结果由表 6-2、表 6-3 可见,管理会计信息一阶及二阶验证性因子分析情况如图 6-1、图 6-2 所示。

表 6-2　　　　管理会计信息信度及效度检验统计分析

变量		题项	因子载荷	Cronbach's alpha	AVE	KMO	总体 Cronbach's alpha
管理会计信息(MAI)	信息的提供	有信息管理系统来提供各部门的管理会计信息(MAI 1)	0.84	0.882	0.723	0.743	0.932
		提供的管理会计信息数量适中(MAI 2)	0.87				
		提供的管理会计信息对公司决策有价值(MAI 3)	0.84				
	信息的传递	管理会计信息传递的时机恰当(MAI 4)	0.81	0.855	0.667	0.727	
		管理会计信息传递方式灵活多样并具有针对性(MAI 5)	0.83				
		管理会计信息传递具有互动性与反馈性(MAI 6)	0.81				
	信息的接收	管理者能及时关注和接收管理会计信息(MAI 7)	0.87	0.902	0.751	0.754	
		管理者对所接收的信息兴趣高,理解能力强(MAI 8)	0.86				
		管理者能对管理会计信息进行有效分析和利用(MAI 9)	0.87				

表6-3 管理会计信息验证性因子分析拟合指标

模型	卡方自由度比值	GFI	CFI	RESEA	AGFI
一阶因子模型	2.834	0.952	0.977	0.078	0.910
二阶因子模型	2.834	0.952	0.977	0.078	0.910

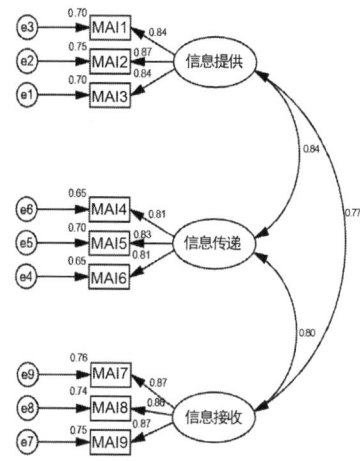

图6-1 管理会计信息一阶验证性因子分析

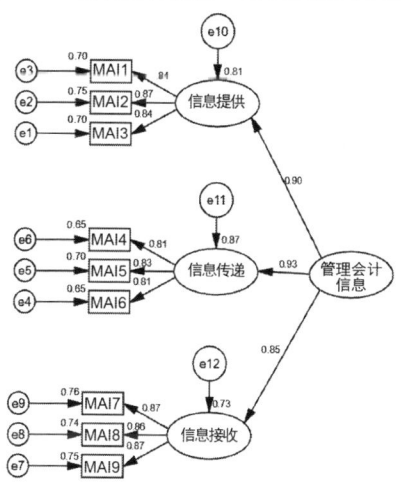

图6-2 管理会计信息二阶验证性因子分析

由表 6-2 可见，管理会计信息三个维度的 Cronbach's alpha 值与修正项目总相关系数（CITC）值均分别大于 0.700 与 0.500，且总体的 Cronbach's alpha 值大于 0.900，说明问卷变量的可信度与内部一致性较高。同时，在巴特利特（Bartlett）球体检验结果中，管理会计信息三个维度的 KMO 值分别为 0.743、0.727 和 0.754，均超过 0.600 且 P 值显著；说明问卷具有较好的单一构面效度（吴明隆，2010）。

由表 6-3 以及图 6-1 与图 6-2 可见，在一阶与二阶因子模型中各项指标的数据基本符合拟合标准。具体来看，一阶与二阶验证性因子分析中，各题项的因子载荷均分别大于 0.7 与 0.8，且 T 值显著，说明问卷的聚合效度较好，可以认为，三个低维度因子从属于一个高阶因子——管理会计信息。适配度指标为：Chi-square/df = 2.834、GFI = 0.952、CFI = 0.977、RMSEA = 0.078、AGFI = 0.910，均达到标准水平。最后，三个维度的 AVE 指标分别为 0.723、0.667 和 0.751，均在合理范围之内，表明企业创新绩效测量模型与数据的拟合基本符合要求。

6.2.3 模型设定

结构方程模型可以通过对各测量变量间因子结构及关系的诊断以提供整体的模型信息（Joreskog and Sorbom，1979）。因此，本书基于多个线性回归模型的提出，参照管理会计工具、管理会计信息和创新绩效等相关方面文献，建立了一个反映基于三个维度的会计工具综合应用、管理会计信息与企业创新绩效的结构方程模型，最终可实现多个不可观测潜变量之间的同时检验。并给出了基于本章 5 个假设的结构方程组，用于检验管理会计信息对管理会计工具综合应用与创新绩效的影响。各变量见表 6-4。

管理会计信息的路径作用检验：

$$MAI = \beta_0 + \beta_1 MACA + \beta_i Controls + \varepsilon \qquad (6-1)$$

第6章 管理会计信息对管理会计工具应用与企业创新绩效影响的实证检验

$$IP = \gamma_0 + \gamma_1 MACA + \gamma_2 MAI + \gamma_i Controls + \varepsilon \qquad (6-2)$$

$$IP\_p = \gamma_0 + \gamma_1 MACA + \gamma_2 MAI + \gamma_i Controls + \varepsilon \qquad (6-3)$$

$$IP\_t = \gamma_0 + \gamma_1 MACA + \gamma_2 MAI + \gamma_i Controls + \varepsilon \qquad (6-4)$$

$$IP\_m = \gamma_0 + \gamma_1 MACA + \gamma_2 MAI + \gamma_i Controls + \varepsilon \qquad (6-5)$$

表6-4　　　　　　　　　　变量定义

变量类型	变量名称		变量符号	说明
被解释变量	创新绩效		IP	(Ritter and Gemünden, 2004); (Bell, 2005); (钱锡红, 2010)
解释变量	管理会计工具综合应用程度	纵向整合程度	MACA_L	MACA1 - MACA4 代表管理会计工具应用的四个层次 (Abdel - Kader and Luther, 2008); 企业所处管理会计工具应用的层次用 MACA_L1 来表示; 企业应用管理会计工具的整体程度 MACA_L2
		横向整合程度	MACA_I	采用主成分因子分析法对各层次管理会计工具应用提取的公因子进行降维,利用得到工具的贡献度来进行度量; 以及各层次上的管理会计工具簇的整合应用程度表示
	管理会计信息		MAI	(于增彪和桑向阳, 2014); (Meredith and Hill, 1987); (孔增强等, 2015)
控制变量	公司治理		GOV	(Rong Ruey Duh et al., 2009; 孙嘉阳, 2015)
	规模		Size	以公司员工人数的自然对数来表示
	企业年限		Age	以公司成立至今所处时间区间的中位数表示
	企业性质		SOE	国有企业1,否则取0
	企业所属区域		Loc	属于东部地区取1,否则取0
	行业类型		Industry	属于高新技术行业取1,否则取0

本书采用结构方程模型对理论模型中的各条路径进行检验，以上结构方程模型组包含了本章所要研究检验全部的内容。如上述模型所示，该假设模型包含了三部分内容：管理会计工具的综合应用与管理会计信息、管理会计信息与企业创新绩效、管理会计信息与企业创新绩效三个不同维度之间的关系。采用 AMOS22.0 软件来完成对结构方程模型的所有假设估计。MACA（Management Accounting Comprehensive Application）代表管理会计工具综合应用程度，具体反映包括纵向整合的 $MACA\_L$（Level）和横向整合的 $MACA\_I$（Integration）两个变量指标；其中，企业应用管理会计工具的整体程度用 $MACA\_L1$ 来表示；企业所处管理会计工具应用的层次用 $MACA\_L2$ 来表示；IP 代表企业创新绩效，IP_p、IP_t、IP_m 分别表示企业创新绩效的三个不同维度；管理会计信息用 MAI 表示，Controls 代表企业规模（Size）、年限（Age）、性质（SOE）、所属区域（Loc）、行业类型（Industry）等控制变量。

模型（6-1）至模型（6-5）分别检验了管理会计工具综合应用、管理会计信息与企业创新绩效及其三个维度的影响，其中 $\beta1$ 表明管理会计工具综合应用与管理会计信息之间的关系，$\gamma1$ 表明管理会计信息对企业创新绩效及其三个维度的促进作用。如果 $\beta1$ 系数呈显著正相关关系，则说明管理会计工具的综合应用有利于管理会计信息发挥路径作用；如果 $\gamma1$ 系数呈显著正相关关系，则说明管理会计信息路径作用的发挥有利于提高企业的创新绩效。四个模型中，如果企业规模（Size）、年限（Age）、性质（SOE）、所属区域（Loc）、行业类型（Industry）等控制变量对企业创新绩效的系数显著，表明企业面临的权变因素也会影响企业的创新绩效水平。

第6章 管理会计信息对管理会计工具应用与企业创新绩效影响的实证检验

6.3 实证结果分析

6.3.1 描述性统计

(1) 问卷调查结果描述性统计

本书对调查问卷的回收结果进行了描述性统计,展示了管理会计工具在四个层次上应用程度的问卷数量和各种管理会计工具的应用均值,如表6-5所示。

表6-5 问卷调查结果描述性统计(N=332)

	应用程度系数							均值
	1	2	3	4	5	6	7	
Panel A 成本与财务控制								
标准成本法	27	22	36	89	49	46	30	4.23
基于回收期/回报率评估项目投资	26	14	35	89	51	52	32	4.37
杜邦分析法	31	23	42	88	55	43	17	4.04
Panel B 有用信息提供								
本量利分析	24	16	35	74	50	70	30	4.47
运用定量方法进行库存控制	26	15	35	91	58	44	30	4.31
运用贴现现金流法评价项目投资	24	17	42	77	58	49	32	4.35
责任会计	24	15	39	89	60	39	35	4.34
Panel C 业务流程优化								
作业成本法(ABC)	33	22	39	103	50	35	17	3.96
产品生命周期法	46	24	44	85	56	30	14	3.76
全面质量管理	18	20	35	104	55	47	20	4.27

续表

	应用程度系数							均值
	1	2	3	4	5	6	7	
Panel C 业务流程优化								
零基预算	26	24	40	96	57	34	22	4.08
目标成本法	30	20	45	91	60	37	16	4.02
价值链分析	21	13	41	93	61	49	21	4.31
Panel D 组织价值创造								
平衡计分卡	18	20	34	95	50	45	37	4.41
经济增加值（EVA）	15	21	33	84	61	57	28	4.46
关键业绩指标法（KPI）	52	27	42	92	48	26	12	3.61
全面预算管理	35	22	49	95	41	40	17	3.91
标杆管理	61	24	41	67	44	45	17	3.71

从表 6-5 的各种管理会计工具在各个层次的得分均值可以看出，管理会计工具在企业不同层次上的应用程度不同。

在第一层次中，主要以成本与财务控制相关工具为主，包括回收期/回报率法、标准成本法、杜邦分析法 3 种管理会计工具，3 种管理会计工具应用程度得分的均值分别为 4.23、4.37 和 4.04，均大于 4，处于中等水平。说明企业对第一层次的 3 种工具（回收期/回报率法、标准成本法、杜邦分析法）应用程度较高，企业中较为注重成本与财务控制。

在第二层次中，主要以决策信息提供相关的管理会计工具为主，包括本量利分析、贴现现金流法、责任会计、定量库存控制等 4 种管理会计工具，4 种管理会计工具应用程度得分的均值分别为 4.47、4.31、4.35 和 4.34，4 种管理会计工具应用程度的得分均值也在 4.00 以上。其中，本量利分析法在 4 种工具中得分最高，说明企业较为注重对企业成本、价格以及获利能力的预测，以要达到企业目标、获取更好的经营成果。

在第三层次中，主要包括业务流程优化有关的管理会计工具。作业成本法、零基预算、全面质量管理、目标成本法、价值链分析、生命周期法6种管理会计工具的均值分别为3.96、3.76、4.27、4.08、4.02和4.31。除了作业成本法、产品生命周期法略低于平均值4以外，其他工具的应用程度均达到4以上。说明企业对第三层次中的6种管理会计工具应用程度较高且较为广泛，但相比于其他4种工具，多数企业对作业成本法等工具的应用程度还有所欠缺。

在第四层次的组织价值创造中，主要以平衡计分卡、经济增加值、关键业绩指标法、标杆管理、全面预算管理5种管理会计工具为主。5种管理会计工具的均值分别为4.41、4.46、3.61、3.91和3.71。其中，均值在4.00以上的管理会计工具有平衡计分卡、经济增加值两种，其余3种工具的应用得分均值小于4，说明在管理会计工具的实际应用过程中，企业较为注重平衡计分卡、经济增加值等工具方法的应用，或以二者为中心的多种管理会计工具之间的整合应用。

由表6-5可以看出，在不同的管理会计应用层次中，管理会计工具应用程度不同，侧重的管理方面亦有所不同，同时又存在着一些共性。例如，通过对四个层次管理会计工具的应用程度对比发现，大多数企业对较低层次（第一层次、第二层次）的工具应用较为广泛，对较高层次（第三层次、第四层次）的工具应用程度略低。说明管理会计工具应用在企业中自上而下的兼容水平还不够，更高层次的工具仍有待于进一步的整合应用。

（2）主要变量的描述性统计

主要研究变量的描述性统计结果如表6-6所示。由表6-6可以看出，样本中各变量的取值范围大多处于中等水平且变化幅度较小，标准差结果在一定范围内浮动，各变量的基本情况与经验认知相符。其中，管理会计工具整体应用程度（$MACA\_L1$）均值和标准差分别为 4.167、1.222，说明从整体上来看，被调查样本企业的管理会计工具应用程度基本处于中等水平，且管理会计工具在各企业的应用程度差异较大；管理会计工具应用层次均值为 2.655，表明大多数企业的管理会计工具应用层次处于第二、第三层次，企业更倾向于运用这两个层次的管理会计工具来进行财务成本的控制与有用信息的提供；横向整合程度的均值为 0.701，表明企业具体所处层次中各个工具的贡献程度，且在各层次中较为平均，波动较小；创新绩效（IP）整体处于中等水平，均值为 3.957；管理会计信息（MAI）均值为 4.105，整体处于中等水平，标准差为 0.633，各企业管理会计信息获取、传递与利用程度在一定范围内波动；控制变量中，规模（Size）、性质（SOE）、所属区域（Loc）、行业类型（Industry）均处于均值左右并呈一定程度的波动，标准差除企业年限的数值较大以外，其他变量的数值的变化程度符合标准以及以往的经验认知。

表 6-6　　　　主要变量描述性统计（N = 332）

变量	极小值	极大值	均值	标准差	偏度	峰度
MACA_L1	1	7	4.167	1.222	-0.361	-0.265
MACA_L2	1	4	2.655	1.067	-0.244	-1.174
MACA_I	0.620	0.800	0.701	0.633	0.543	-0.933
MAI	1.560	6.670	4.105	1.048	-0.036	-0.391
IP	1.110	6.670	3.957	1.256	-0.113	-0.563
GOV	1.286	6.571	4.611	1.175	-0.423	-0.167
Size	1.610	14.510	6.578	2.355	0.425	0.195
Ind	0	1	0.144	0.352	2.040	2.178
Loc	0	1	0.458	0.499	0.169	-1.985
SOE	0	1	0.311	0.464	0.821	-1.336
Age	3	50.000	18.724	11.653	0.882	-0.212

6.3.2 相关性分析

本书采用 Pearson 分析方法进行变量间相关性的检验，并对各变量间可能存在的多重共线性的问题进行初步判定，以为后文的多元回归分析与结构方程模型分析方法做一定的铺垫，样本中各变量间的相关性水平如表 6-7 所示。

管理会计工具综合应用（MACA）及其三个维度指标（MACA_L1、MACA_L2、MACA_I）、管理会计信息（MAI）以及企业创新绩效（IP）在 1% 的水平上显著正相关，与预期相符，初步说明管理会计工具综合应用、管理会计信息与企业创新绩效之间有密切联系。其他变量中的规模（Size）、年限（Age）、性质（SOE）、所属区域（Loc）、行业类型（Industry）均与管理会计工具综合应用（MACA_L1、MACA_L2、MACA_I）、管理会计信息（MAI）以及企业创新绩效（IP）在一定程度上相关，根据相关性分析的结果可以初步证明企业规模、年限等变量能够影响管理会计工具综合应用与企业创新绩效水平，即依据以往文献研究所选取变量的合理性。另外，各变量间的相关程度均没有超过 0.5，可以初步判定模型不存在多重共线性问题，但具体结论仍需进一步检验确认。

6.3.3 多元回归分析

本节采用多元回归分析方法研究管理会计信息（MAI）对管理会计工具综合应用（MACA）对企业创新绩效水平（IP）的影响，进一步探索管理会计信息在其中发挥的中介作用，使用普通最小二乘法对上述模型进行估计的多元回归分析结果如表 6-8 所示。由表 6-8 可以看出，第（1）列至第（3）列的回归结果显示的是管理会计工具的综合应用两个维度以及规模（Size）、年限（Age）、所属区域（Loc）、行业类型（Industry）等控制变量对管理会计信息（MAI）的影响。实证结果显示，管理会计工具的整体应用情况

表 6-7　变量相关性分析（N=332）

变量	MACA_L1	MACA_L2	MACA_I	MAI	IP	GOV	Size	Ind	Loc	SOE	Age
MACA_L1	1.000										
MACA_L2		1.000									
MACA_I			1.000								
MAI	0.353***	0.137**	0.110*	1.000							
IP	0.358***	0.228***	0.208***	0.268***	1.000						
GOV	0.483***	0.026	0.043	0.245***	0.270***	1.000					
Size	0.124**	0.082*	0.043	0.037	-0.620	0.025	1.000				
Ind	0.170**	0.091*	0.062	0.164***	0.207***	0.060	0.020	1.000			
Loc	0.370***	0.008	0.002	0.144**	0.165***	0.233***	-0.010	0.076	1.000		
SOE	0.178***	0.048	0.025	0.009	0.078	0.071	0.272***	0.006	0.064	1.000	
Age	0.323***	0.109*	0.160**	0.107*	0.130**	0.213***	0.285***	0.068	0.057	0.039	1.000

注：*、**、*** 分别表示在10%、5%、1%水平上相关。

（MACA_L1）、管理会计工具应用层次（MACA_L1）、管理会计工具的横向整合程度（MACA_I）三个方面对管理会计信息（MAI）的回归结果均有正向影响，分别在1%与10%的水平上显著，研究结果与前文假设预期结果具有一致性，这表明管理会计工具的综合应用（纵向整合与横向整合）有利于管理会计信息发挥路径作用。另外，所属区域（Loc）、行业类型（Industry）这两个因素对企业管理会计信息（MAI）也具有显著正向影响，其他控制变量影响不显著。第（4）列至第（6）列回归结果是管理会计工具综合应用（MACA）与管理会计信息（MAI）对创新绩效水平（IP）影响。回归结果显示，管理会计工具整体应用程度（MACA_L1）、管理会计工具应用层次（MACA_L2）、管理会计工具横向整合水平（MACA_I）以及管理会计信息（MAI）对企业创新绩效水平均有正向影响，均在1%水平上显著，其他控制变量回归结果均在合理范围内。以上结果验证了本书H6-1与H6-2两个假设，进一步说明管理会计的纵向整合与横向整合水平对管理会计信息具有一定的促进作用，而管理会计信息路径作用的发挥有利于提高企业的创新绩效。

表6-8　管理会计工具综合应用与创新绩效的多元回归分析

解释变量	被解释变量					
	MAI			IP		
MACA_L1	0.294 ***			0.220 ***		
	4.295			3.201		
MACA_L2		0.114 **			0.188 ***	
		2.039			3.512	
MACA_I			0.087			0.168 ***
			1.537			3.127
MAI				0.138 **	0.160 ***	0.167 ***
				2.420	2.873	3.005

续表

解释变量	被解释变量					
	MAI			IP		
GOV	0.100	0.208***	0.208***	0.109*	0.185***	0.182***
	1.613	3.572	3.548	1.787	3.275	3.209
Size	0.012	0.018	0.024	-0.124**	-0.126**	-0.117**
	0.215	0.298	0.396	-2.192	-2.235	-2.062
Ind	0.107*	0.131**	0.136**	0.139**	0.145***	0.151***
	1.953	2.346	2.437	2.573	2.705	2.813
Loc	0.008	0.085	0.085	0.022	0.078	0.079
	0.132	1.481	1.486	0.387	1.436	1.441
SOE	-0.053	-0.032	-0.029	0.053	0.068	0.073
	-0.922	-0.538	-0.492	0.946	1.231	1.314
Age	0.008	0.039	0.035	0.033	0.059	0.048
	0.136	0.644	0.571	0.573	1.024	0.822
(常量)	2.820***	2.679***	1.969***	1.777***	1.482***	1.124***
	9.607	9.035	2.887	4.864	3.889	3.835
N	332	332	332	332	332	332
F	7.124	4.875	4.592	8.706	9.018	8.635
调整 R^2	0.126	0.083	0.078	0.171	0.177	0.170
VIF 最大值	1.598	1.184	1.203	1.699	1.186	1.155

注：*、**、*** 分别表示在10%、5%、1%的水平上显著。

为了进一步分析管理会计工具的综合应用与管理会计信息对企业创新绩效三个不同维度的影响，使用多元回归方法对模型(6-3)、模型(6-4)、模型(6-5)进行回归，以创新绩效三个维度的指数（即 IP_p、IP_t、IP_m）为被解释变量，回归思路大致与前一张表相同，回归结果如表6-9所示。从表6-9的回归结果中可以看出，随着管理会计工具综合应用程度与管理会计信息程度（MAI）的提高，企业创新绩效三个维度的指也显著提高，且回归系数均在 1% 水平上呈显著正相关。表明管理会计信息路径作用的发挥有利于提高企业新产品的推出频率、新技术的使用程度以及市场反应，这也验证了 H6－2a、H6－2b 和 H6－2c 的合理性。

从表 6－8、表 6－9 中可以看出，在管理会计综合应用的三个维度指标中，相比于横向整合维度指标，管理会计工具的纵向整合对管理会计信息的影响效果较为显著（其中纵向整合回归结果在 1% 的水平上显著，横向整合回归结果在 10% 水平上显著）。由此可见，相比于功能定位相同的管理会计工具整合，功能定位不同的管理会计工具整合应用，可以提供具有差异性和互补性的信息，以更好地满足管理控制和经营决策的需要，产生有效的激励机制，优化企业内外部的资源配置。即同一层次内部的管理会计工具虽然具体功能可能有所差异，但它们的整体功能定位大致相同。因此从研究的角度来说，虽然同一层次的管理会计工具之间需要整合应用，但处于不同层次管理会计工具之间的整合应用更具有价值和典型性，所提供的有用信息含量更加丰富，其对管理会计信息的影响程度也更加显著。

6.3.4　结构方程模型分析与检验

根据统计学家 Kaiser 给出的标准，KMO 取值大于 0.6 时适合做主成分分析。上一章中，已对各层次的管理会计工具样本数据进行了 KMO 检验和巴特利特（Bartlett）球体检验，其检验结果见第 4 章的表 4－9。根据第 4 章表 4－9 所示，企业各层次的管理会计工具应用的 KMO 值分别为 0.672、0.811、0.901 和 0.830，且球体检验统计值的显著性概率是 0.000，显著性水平为 1%，进一步说明了样本数据结构适合做主成分分析。表 6－10 即为各层次的管理会计工具整合结果。

表 6-9　管理会计工具综合应用与创新绩效三个维度的多元回归分析

解释变量	IP_p			IP_t			IP_m		
	(1)	(2)	(3)	(4)	(5)	(6)	(7)	(8)	(9)
MACA_L1	0.142** 2.451			0.228*** 3.315			0.194*** 2.938		
MACA_L2		0.169*** 3.043			0.201*** 3.771			0.140** 2.570	
MACA_L			0.246*** 3.483			0.187*** 3.493			0.115 1.643
MAI	0.110* 1.908	0.102* 1.779	0.073 1.249	0.157*** 2.752	0.178*** 3.218	0.186*** 3.351	0.170*** 2.885	0.159*** 2.813	0.153*** 2.624
GOV	0.164*** 2.783	0.166*** 2.843	0.082 1.314	0.040 0.659	0.119** 2.114	0.116** 2.051		0.232*** 4.040	0.191*** 3.077
Size	-0.117* -2.002	-0.126** -2.153	-0.126** -2.161	-0.098* -1.734	-0.100* -1.786	0.090 -1.604	-0.126** -2.165	-0.120** -2.099	-0.117** -2.032
Ind	0.125** 2.253	0.119** 2.154	0.110** 1.982	0.176*** 3.269	0.182*** 3.408	0.188*** 3.521	0.081 1.455	0.088 1.618	0.088 1.594

续表

解释变量	被解释变量								
	IP_p			IP_t			IP_m		
	(1)	(2)	(3)	(4)	(5)	(6)	(7)	(8)	(9)
Loc	0.083	0.083	0.020	0.014	0.072	0.073	0.039	0.101*	0.027
	1.464	1.464	0.345	0.246	1.332	1.343	0.668	1.820	0.462
SOE	0.064	0.060	0.042	0.055	0.071	0.076	0.046	0.056	0.049
	1.104	1.034	0.724	0.981	1.276	1.368	0.790	0.990	0.849
Age	0.026	0.034	0.002	0.058	0.084	0.071	0.031	0.041	0.031
	0.426	0.574	0.038	0.985	1.464	1.225	0.791	0.713	0.525
（常量）	2.349***	1.579***	1.853***	1.642***	1.268***	1.041	2.292***	1.594***	1.833***
	5.942	3.480	4.293	3.858	2.862	1.139	6.872	4.245	5.075
N	332	332	332	332	332	332	332	332	332
F	5.526	5.921	6.326	8.799	9.283	8.980	6.468	7.585	7.008
调整 R^2	0.108	0.117	0.125	0.173	0.182	0.176	0.114	0.150	0.139
VIF 最大值	1.151	1.148	1.699	1.470	1.148	1.204	1.227	1.186	1.163

注：*、**、***分别表示在10%、5%、1%的水平上显著。

表 6-10　　18 种管理会计工具应用的量表设计

测量维度	变量符号	测量题项
成本与财务控制	MACA1 – MACA3	回收期/回报率法、标准成本法、杜邦分析法
决策信息提供	MACA2 – MACA4	本量利分析、贴现现金流法、责任会计、定量库存控制
业务流程优化	MACA3 – MACA6	作业成本法、零基预算、全面质量管理、目标成本法、价值链分析、生命周期法
组织价值创造	MACA4 – MACA5	平衡计分卡、经济增加值、关键业绩指标法、标杆管理、全面预算管理

由表 6-10 可见，由于管理会计工具各层次次间存在不同的关联性，本书形成的各个层次的管理会计工具主成分数量和各个主成分内的管理会计工具构成不同。如第一层次（成本与财务控制）中所包含的管理会计工具有回收期/回报率法、标准成本法、杜邦分析法 3 种管理会计工具；第二层次（决策信息提供）中所包含的管理会计工具有本量利分析、贴现现金流法、责任会计、定量库存控制 4 种管理会计工具；第三层次（业务流程优化）中所包含的管理会计工具有作业成本法、零基预算、全面质量管理、目标成本法、价值链分析、生命周期法 6 种管理会计工具；第四层次（组织价值创造）中所包含的管理会计工具有平衡计分卡、经济增加值、关键业绩指标法、标杆管理、全面预算管理 5 种管理会计工具。

（1）整体结构方程模型的构建与分析

与第 5 章所使用的研究方法相同，本书在前一章结构方程模型的基础上，根据本章所要研究的内容与具体模型及假设，进一步构建出包含中介变量的结构方程的理论模型，并结合软件 Amos22.0 绘制出路径图。具体变量的度量方面，鉴于各层次间的管理会计工具整体应用程度更合适于结构方程模型的研究需要，本书依然选取管理会计工具综合应用的其中一个测量维度——管理会计工具整体应用程度（MACA_L1）来进行研究，构建其与管理会计信息、企业创新绩效的路径图，进行数据的拟合与中介效应的检验。具体的结构方程模型图如图6-3至图6-5所示。其中，图6-3与图6-4分别为管理会计应用对管理会计信息、管理会计信息对创新绩效的分布影响模型；图6-5为包含管理会计工具应用、管理会计信息与企业创新绩效在内的整体结构方程模型，此图能够更加直观地反映各个路径的影响结果及显著性水平。

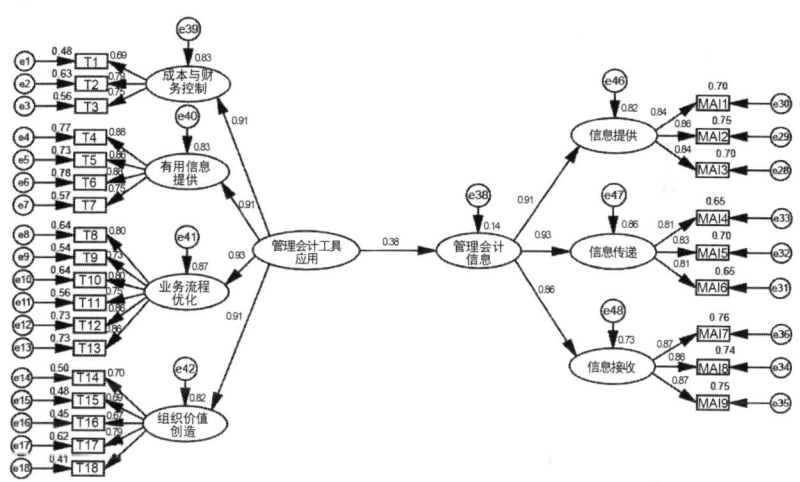

图6-3 管理会计工具应用对管理会计信息的影响模型

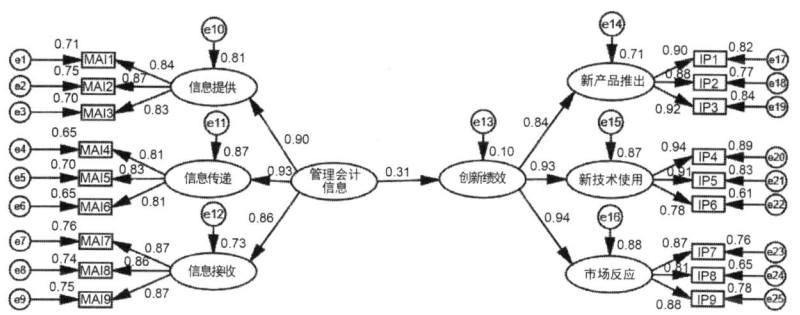

图6-4 管理会计信息对创新绩效的影响模型

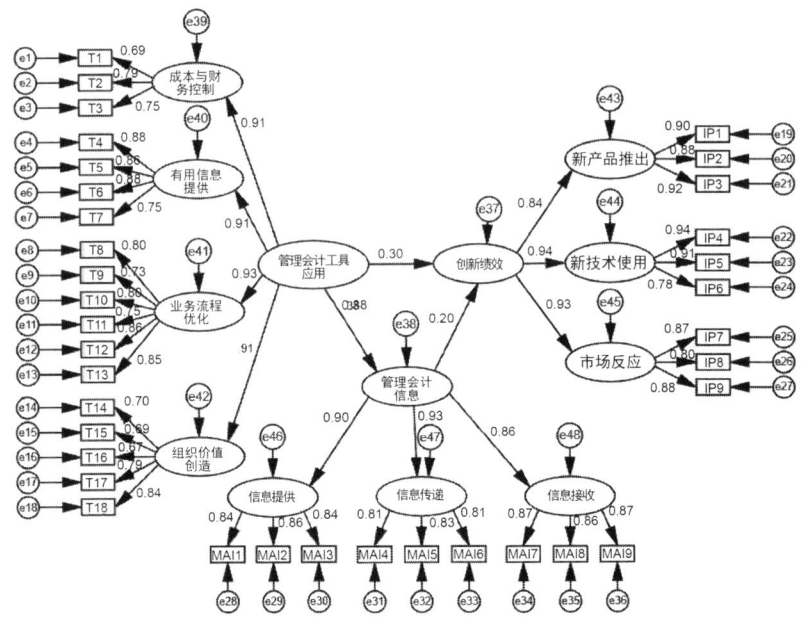

图 6-5 结构方程模型及路径分析结果

管理会计工具应用、管理会计信息与企业创新绩效结构方程模型实证结果如表 6-11 所示，表 6-11 显示了数据拟合的结果，Panel A 为管理会计工具应用、管理会计信息与企业创新绩效关系的结构方程测量模型拟合优度评估。与前两章相同，本书借鉴 Joreskog and Sorbom（1993）的方法，采用验证性因子分析（CFA）的方法从卡方自由度比（$2/df$），近似误差均方根（$RMSEA$）、拟合优度指数（GFI）、调整的拟合优度指数（$AGFI$）和相对拟合指数（CFI）5 个方面进行拟合指标的选取（文东华等，2014）与模型拟合程度的评估。在四个模型中，除了 3 个维度的 GFI 指标（分别为 0.891、0.894 和 0.906）略低于拟合标准 0.900 外，其余各项拟合优度指标均在合理范围之内，表明企业创新绩效测量模型与数据的拟合基本符合要求。

表 6-11 管理会计工具应用、管理会计信息与企业创新绩效结构方程模型实证结果

Panel A 结构模型拟合优度

拟合优度统计量	创新绩效	新产品推出	新技术使用	市场反应
X2/df	1.919	2.232	2.184	2.366
RMSEA	0.056	0.064	0.063	0.068
GFI	0.918	0.933	0.9352	0.923
AGFI	0.891	0.894	0.906	0.889
CFI	0.941	0.933	0.935	0.942

Panel B 结构模型路径系数

管理会计工具、管理会计信息与企业创新绩效结构模型路径系数				
路径	Estimate	S.E.	C.R.	P
企业创新绩效←管理会计工具应用程度	0.301	0.075	4.339	***
管理会计信息←管理会计工具应用程度	0.380	0.073	5.521	***
企业创新绩效←管理会计信息	0.199	0.068	2.969	***
管理会计工具、管理会计信息与新产品推出频率结构模型路径系数				
路径	Estimate	S.E.	C.R.	P
新产品推出频率←管理会计工具应用程度	0.294	0.086	4.208	***
管理会计信息←管理会计工具应用程度	0.380	0.073	5.515	***
新产品推出频率←管理会计信息	0.130	0.079	1.924	**
管理会计工具、管理会计信息与新技术使用结构模型路径系数				
路径	Estimate	S.E.	C.R.	P
新技术使用←管理会计工具应用程度	0.289	0.096	4.337	***
管理会计信息←管理会计工具应用程度	0.380	0.073	5.528	***
新技术使用←管理会计信息	0.211	0.089	3.222	***
管理会计工具、管理会计信息与市场反应结构模型路径系数				
路径	Estimate	S.E.	C.R.	P
市场反应←管理会计工具应用程度	0.239	0.073	3.482	***
管理会计信息←管理会计工具应用程度	0.380	0.073	5.519	***
市场反应←管理会计信息	0.198	0.069	2.898	***

注：**、*** 表示在 5%、1% 的水平上显著。

结构方程模型的路径回归结果如表 6-11 中 Panel B 所示，管理会计工具应用对创新绩效的路径系数为 0.301 且在 1% 的水平上显著；分步检验中，管理会计工具综合应用对管信息、管理会计信息对企业创新绩效的路径系数分别 0.380、0.199，均在 1% 的水平上显著，表明 H6-1 与 H6-2 通过了显著性检验。在 3 个维度的模型路径中，管理会计工具应用与管理会计信息以及创新绩效 3 个维度系数呈正相关，这说明管理会计信息在管理会计工具综合应用与企业创新能力与创新水平的影响中，发挥了部分中介作用。

其机制在于，管理会计工具的应用通过参与企业的规划、决策、控制、评价活动并提供有用信息，助推企业战略实现，促进企业价值持续增长（财政部，2016）。基于系统管理理论，不同领域的管理会计工具系统性地参与到企业生产经营过程中，能够提高利益相关者所需决策信息的综合性、充分性和信息质量，优化经营流程，提高资源配置（温素彬，2020）。因此，管理会计工具之间的整合使用为管理者提供了更加综合全面的决策有用信息，具有价值创造的信息在各个价值单元内进行传递与利用能够提高管理者决策和成本控制有效性、优化管理控制与业绩评价激励过程，提高企业的资源配置与利用效率，降低企业创新过程中的不确定性，促进企业创新实践。

（2）各层次上管理会计工具结构方程模型的构建与分析

本书根据结构方程的理论模型，绘制出管理会计工具整合、管理会计信息支持功能与企业创新绩效的初始结构方程路径图。由于基于价值链的管理会计工具整合变量较多，本书仅以第四层次为例绘制出研发环节的管理会计工具应用与企业创新绩效的路径图，具体如图 6-6 所示。其他环节的路径图与其相类似，只是所列示的工具种类有所不同而已。模型一共包括 3 个潜变量，分别为基于层次的管理会计工具整合、管会计信息、企业创新绩效。

第6章 管理会计信息对管理会计工具应用与企业创新绩效影响的实证检验

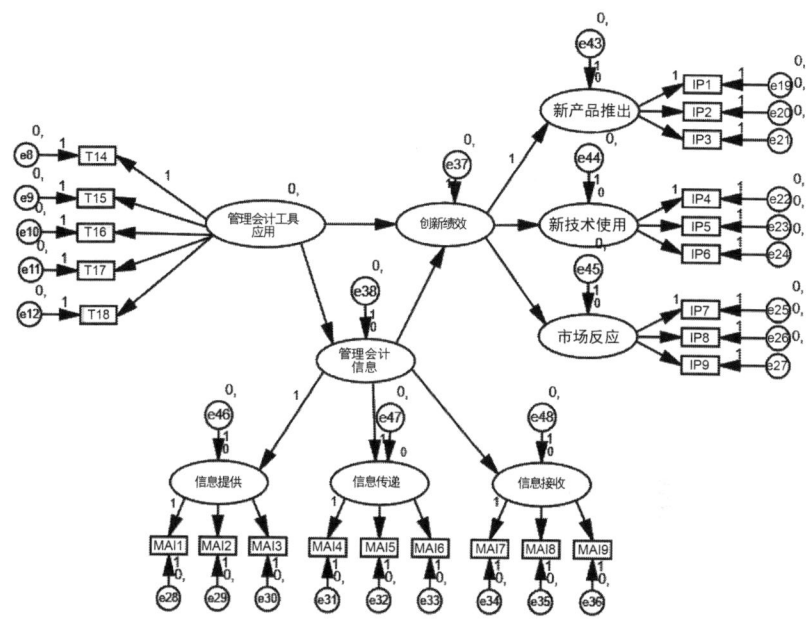

**图 6-6 第四层次管理会计工具应用、管理会计信息与
企业创新绩效模型路径**

在图 6-6 中,以单箭号直线表示两个变量的因果关系,箭头所指向的变量为"果"变量,直线起始处为"因"变量。单箭号直线上的两个参数表示潜变量对其观测变量的因子载荷或者是两个潜变量之间影响程度的路径系数。双向弧线箭头表示连接的两个变量假定存在相关关系。一般情况下,为了使结构方程模型能够具有很好的识别效果,将观测变量的误差项对观测变量的因子载荷设定为 1,结构方程的残差项对内生潜变量的系数设定为 1,同时每个潜变量对其观测变量的因子载荷至少有一个设定为 1。本书根据效度分析结果,将每个潜变量中各观测变量因子载荷最大的设定为 1。

Joreskog and Sorbom (1993) 认为,在对结构方程评价之前,

首先要对模型的有效性进行评估,即为拟合优度评估,所采用的方法应为验证性因子分析（CFA）。本节参考文东华等（2009,2014）的做法,选用的指标包括卡方自由度比（χ^2/df）、省俭赋范拟合指数（PNFI）和相对拟合指数（CFI）。表6-12即为基于层次的管理会计工具应用与企业创新绩效的结构方程测量模型的拟合优度评估结果。其中,表6-12的第二列到第五列分别列示了第一至第四层次的拟合优度指标数值,最后一列则列示了各指标的可接受范围。

表6-12　　　　　　　　测量模型拟合优度评估

	MACA1	MACA2	MACA3	MACA4	可接受值
卡方自由度比值	1.673	1.655	1.457	1.869	<3.0
RMSEA	0.048	0.047	0.039	0.054	<0.08
GFI	0.957	0.977	0.980	0.962	>0.9
AGFI	0.986	0.938	0.935	0.821	>0.9
CFI	0.842	0.925	0.924	0.914	>0.9

从表6-12可知,在管理会计工具应用的四个层次中,各项拟合优度指标均在可接受范围内,这说明在各层次上的测量模型与数据的拟合程度比较令人满意。在第一层次中,除了 CFI 指标 0.842 略低于可接受程度 0.900,以及第四层次中 AGFI 指标 0.821 略低于可接受程度 0.900 外,其余各项拟合优度指标均在可接受范围内,这说明在各层次的测量模型与数据的拟合程度基本令人满意。

在模型具有较好拟合优度的基础上,本部分运用 AMOS17.0 软件对结构模型的各条路径分别进行参数估计,测量模型标准化估计值的具体输出结果见表6-13。

由表6-13可见,各层次的路径系数和模型检验结果如下。

表 6-13　　测量模型标准化估计值输出结果

应用层次	路径	Estimate	S.E.	C.R.	P
Panel A 第一层次	企业创新绩效←管理会计工具应用（回收期/回报率法、标准成本法、杜邦分析法）	0.244	0.079	3.406	***
	管理会计信息←管理会计工具应用（回收期/回报率法、标准成本法、杜邦分析法）	0.336	0.076	4.634	***
	企业创新绩效←管理会计信息	0.232	0.069	3.423	***
Panel B 第二层次	企业创新绩效←管理会计工具应用（本量利分析、贴现金流法、责任会计、定量库存控制）	0.161	0.050	3.227	***
	管理会计信息←管理会计工具应用（本量利分析、贴现金流法、责任会计、定量库存控制）	0.243	0.048	5.002	***
	企业创新绩效←管理会计信息	0.250	0.068	3.650	***
Panel C 第三层次	企业创新绩效←管理会计工具应用（作业成本法、零基预算、全面质量管理、目标成本法、价值链分析、生命周期法）	0.271	0.062	4.386	***
	管理会计信息←管理会计工具应用（作业成本法、零基预算、全面质量管理、目标成本法、价值链分析、生命周期法）	0.341	0.059	5.758	***
	企业创新绩效←管理会计信息	0.206	0.068	3.015	***
Panel D 第四层次	企业创新绩效←管理会计工具应用（平衡计分卡、经济增加值、关键业绩指标法、标杆管理、全面预算管理）	0.282	0.062	4.582	***
	管理会计信息←管理会计工具应用（平衡计分卡、经济增加值、关键业绩指标法、标杆管理、全面预算管理）	0.283	0.059	4.775	***
	企业创新绩效←管理会计信息	0.210	0.068	3.093	***

在第一层次中,工具簇(收期/回报率法、标准成本法、杜邦分析法)到管理会计信息的路径系数为0.336,P值在1%水平上显著,说明收期/回报率法、标准成本法、杜邦分析法在第一层次内的整合对管理会计信息支持功能的发挥有显著的正向影响。

在第二层次中,工具簇(本量利分析、贴现现金流法、责任会计、定量库存控制)到管理会计信息的路径系数为0.250,P值在1%水平上显著,说明本量利分析、贴现现金流法、责任会计、定量库存控制4种工具方法在第二层次内的整合对管理会计信息支持功能的发挥有显著的正向影响。

在第三层次中,工具簇(平衡计分卡、经济增加值、关键业绩指标法、标杆管理、全面预算管理)到管理会计信息的路径系数为0.341,P值在1%水平上显著,说明作业成本法、零基预算、全面质量管理、目标成本法、价值链分析、生命周期法6种工具方法在第三层次内的整合对管理会计信息支持功能的发挥有显著的正向影响。

在第四层次中,工具簇(作业成本法、零基预算、全面质量管理、目标成本法、价值链分析、生命周期法)到管理会计信息的路径系数为0.283,P值在1%水平上显著,说明平衡计分卡、经济增加值、关键业绩指标法、标杆管理、全面预算管理5种工具方法在第四层次内的整合对管理会计信息支持功能的发挥有显著的正向影响。本部分的研究结论恰好说明标准成本法、目标成本法、作业成本法等成本工具在企业各层次的整合主要是通过对成本的控制以降低企业生产成本,而标杆管理和本量利分析等工具的整合则主要是用来为企业的生产决策提供信息支持。

管理会计信息支持功能到企业创新绩效及其三个维度的路径系数均为正数,并且P值均显著,说明企业管理会计信息支持功能的提高有助于提高企业新产品推出、新技术使用以及市场反应三方面的创新绩效水平,H6-1至H6-3得以验证。

6.3.5 进一步检验

(1) 引入控制变量的结构方程模型检验

根据以往研究经验,企业规模与企业年限在管理会计的相关研究中常被看作两项重要的权变因素,会影响管理会计应用程度(Gong and Ferreira, 2014; O'Connor et al., 2004)。原因在于,规模较大的公司组织的分权程度可能更高,管理会计工具的使用情况也更加复杂,而企业年限则也会对其创新的能力和态度产生一定影响(O'Connor et al., 2004)。因此,在研究管理会计工具整合应用与企业创新绩效的关系时,本书控制了企业规模和企业年限。控制了两个权变因素之后重新构建的结构方程模型路径结果如表6-14所示,结构模型的各项拟合优度均在可接受范围,主假设路径系数仍显著为正,企业规模对管理会计工具的应用以及创新绩效的影响分别在1%和5%水平上显著,而企业年限对两者的影响并不显著。

表6-14 加入控制变量的结构方程模型实证结果

Panel A 结构模型拟合优度					
拟合优度统计量	χ^2/df	RMSEA	GFI	AGFI	CFI
创新绩效	1.806	0.052	0.932	0.906	0.944
Panel B 结构模型路径系数					
管理会计工具应用与企业创新绩效结构模型路径系数					
路径		Estimate	S.E.	C.R.	P
企业创新绩效←管理会计工具应用		0.291	0.078	4.041	***
管理会计信息←管理会计工具应用		0.390	0.077	5.338	***
企业创新绩效←管理会计信息		0.199	0.068	3.012	***
管理会计工具应用←Size		0.345	0.028	5.554	***
管理会计工具应用←Age		0.026	0.005	0.448	0.654
管理会计信息←Size		0.006	0.006	0.100	0.920
管理会计信息←Age		-0.034	0.030	-0.551	0.582
企业创新绩效←Size		-0.124	0.006	-2.237	**
企业创新绩效←Age		0.062	0.029	1.052	0.293

注:**、*** 分别表示在5%、1%的水平上显著。

(2) 同源偏差检验

由于本书主要通过问卷调查来进行数据的获取,渠道较为单一,这可能会导致测量误差的存在与研究效度的降低,即可能存在共同方法偏差。因此,本书采用两种方法来避免问卷调查中的人为变量间的共变关系。

首先,将所有题项作为整体进行了主成分因子分析,提取特征值大于1的公因子,得到第一未旋转因子占23.71%的载荷量,满足低于50%的标准,因此可初步认为,此次研究的数据受共同方法偏差的影响较小。

其次,本书将管理会计工具综合应用与创新绩效的全部题项视为一个整体,对其进行 Harman 单因素检验(Podsakoff and Organ,1986),并将单一因子模型的分析结果与二因子模型的适配度指标进行对比。同源偏差检验各项拟合指标结果见表6-15,Chi-square/df 值分别为14.742、2.162,结果表明单一因子模型适配度指标欠佳,二因子模型各适配度指标更好。即将所有变量全部题项的来源并非单一因子,因此可基本认为,不存在同源偏差问题,或问卷的同源偏差问题在可接受范围内。

表6-15　　　　　　　　同源偏差检验

模型	卡方自由度比值	GFI	CFI	RESEA	AGFI
单因子模型	14.742	0.590	0.258	0.853	0.850
三因子模型	2.162	0.912	0.960	0.072	0.964

(3) 赋予权重的多元回归模型检验

由前文分析可知,不同层次管理会计工具整合运用的机制在于,功能定位具有差异性和互补性的管理会计工具,能够从不同侧面提供企业管理信息,包括短期的和长期的、财务的和非财务的、历史的和未来的、内部的和外部的,从而帮助管理者在拥有更全面信息的基础上进行成本控制、管理决策和绩效评价等。管理者利用功能定位不同的管理会计工具收集信息,利用这些信息用于决策、控制、评价和激励。因此,不同层级的管理会计工具的整合,可以各司其职地为管理者提供有用的决策信息,而每个层次工具所提供信息的侧重点不同,每个层次工具所提供信息的侧重点不同,每个层次工具的使用对创新绩效的影响效果和程度也会有所差异。如前两个层次的管理会计工具应用更侧重于提供基本财务指标信息与成本方面信息,并且聚焦于企业内部资源配置信息,更加关注短期的利润指标;而后两个层次的管理会计工具的应用更侧重于财务指标与战略性非财务指标的提供,聚焦于内外部资源配置信息,关注于战略性的长期经济利润指标。因此,本章在前文的基础上将每个层次的管理会计工具应用程度按比例赋予相应权重(1:2:3:4),再将整体使用情况进行加总,得到的度量指标会更加准确。赋予权重后的多元回归分析结果如表6-16所示,各项回归结果均显著,与本书假设相一致。

表6-16　　　　　赋予权重的多元回归分析

解释变量	被解释变量			
	IP_p	IP_t	IP_m	IP
	(1)	(2)	(3)	(4)
MACA_L3	0.192***	0.213***	0.246***	0.214***
	3.099	3.124	3.528	3.143
MAI	0.154***	0.161***	0.075	0.141***
	2.648	2.830	1.279	2.471
GOV	0.114	0.046	0.083	0.112*
	1.639	0.751	1.329	1.835
Size	-0.115**	-0.094*	-0.122**	-0.120**
	-2.001	-1.662	-2.096	-2.128
Ind	0.091*	0.183***	0.116	0.145**
	1.654	3.397	2.103	2.691

续表

解释变量	被解释变量			
	IP_p	IP_t	IP_m	IP
	(1)	(2)	(3)	(4)
Loc	0.027	0.017	0.019	0.022
	0.458	0.291	0.324	0.391
SOE	0.049	0.056	0.042	0.054
	0.853	1.004	0.727	0.958
Age	0.031	0.059	0.047	0.033
	0.517	1.006	0.787	0.560
(常量)	1.825***	1.632***	1.830***	1.764***
	5.046	3.822	4.237	4.818
N	332	332	332	332
F	7.009	8.615	6.370	8.650
调整 R^2	0.139	0.170	0.126	0.170
VIF 最大值	1.448	1.229	1.154	1.169

注：*、**、*** 分别表示在 10%、5%、1% 的水平上显著。

(4) 中介效应检验

管理会计的本质是会计，因此管理会计工具的应用本质上还是信息的提供和传递以及利用。相应的价值创造单元通过对管理会计工具的应用，以此来提供关于价值创造情况的决策有用信息，使信息在各单元之间传递，最终被利用于改进资源配置、成本管理以及激励等决策。基于此，管理会计信息在管理会计工具应用对企业创新绩效的影响中发挥一定的中介效应。根据相关学者的研究，目前主要通过因果法（Baron and Kenny, 1986）、直接与间接效果法以及信赖区间法（Bootstrap Distribution of Effects）（MacKinnon, 2007）来进行中介效果的检验。其中，信赖区间法（Bootstrap Distribution of Effects）主要用于多因子中介模型效果的检验。

本书主要采用 AMOS22.0 对样本数据进行中介效果的信赖区间法 Bootstrap 检验，进一步验证管理会计信息的中介效应。在检验中，$Lower$ 到 $Upper$ 这一范围表示信赖区间。管理会计信息的中介效应检验结果如表 6-17 所示，从表 6-17 中可见，管理会计信息作为中介变量在管理会计工具应用程度对企业创新绩效的影响路径中，间接效应的信赖区间均未包含 0，且点估计的 Z 值均大于 2，P 值均在 1% 的水平上显著，表明管理会计信息在其中发挥着一定的中介效应；此外，直接效应的信赖区间也均未包含 0，且 P 值均在 1% 的水平上显著，表明管理会计信息在管理会计工具的应用水平对创新绩效影响路径中起到部分中介作用，进一步验证了 H5-2、H6-1 的成立。

表 6-17　　　　管理会计信息的中介效应检验

中介效应检验						Bootstrap 检验
变量		Bias - Corrected 95% CI		Percentile 95% CI		Z 值（点估计）
		Lower	Upper	Lower	Upper	
IP←MAP	直接效应	0.149	0.564	0.166	0.496	3.125
IP←MAP	间接效应	0.020	0.173	0.028	0.155	2.103
IP←MAP	总效应	0.252	0.634	0.261	0.574	4.153

6.4　本章小结

本章检验了管理会计工具的综合应用对企业创新绩效的影响，以及管理会计信息在其中发挥的中介作用。在前五章理论假设分析与实证研究方法的基础上，进一步提出了管理会计信息中介效应的假设并通过实证研究对影响机制进行了检验。不同层次管理会计工具之间的整合机制在于：内嵌于管理会计报表中的、具有差异性和互补性的管理会计工具能够提供全方位的信息,推动了管理者的决策优化和企业资源的优化配置。因此,不同层次管理会计工具的整合应用可以显著降低企业各个流程中不确定性风险,提高企业的创新能力与创新效率,从而实现创新绩效水平的提高。管理者可以通过收集和整理各种管理会计报表提供的信息,综合利用这些信息,以达到管理会计工具的整合应用的目的。

本章首先借鉴了国内外权威期刊的做法及相关量表,对管理会计工具的应用综合应用、企业创新绩效以及管理会计信息等变量进行了度量。其次,使用多元回归与结构方程模型对管理会计工具的应用、管理会计信息与企业创新绩效三个维度的之间的关系进行了实证研究。研究结论显示,管理会计工具的综合应用有利于管理会计信息发挥路径作用,而管理会计信息路径作用的发挥有利于提高企业的创新绩效,即管理会计信息在管理会计工具应用对创新绩效的影响中发挥一定的中介作用。此外,为了保证实证结果的科学性与准确性,本章在进一步分析中使用多种方法从不同方面验证了结果的稳健性。具体如下:将企业规模、年限等控制变量引入结构方程模型中进行路径检验,进行了进一步的判断;使用 Harman 单因素方法对同源偏差问题进行检验;将每个层次的管理会计工具应用程度赋予相应权重重新进行回归;最后使用 AMOS 对样本数据进行 Bootstrap 检验,进一步验证了管理会计信息的中介效应,以上稳健性检验结果同样支持了上述研究结论。

第7章 商业模式对管理会计工具应用与企业创新绩效影响的实证检验

基于前文的理论文献分析与实证检验，同时考虑到商业模式与企业创新之间的高度协调性，本章将商业模式、管理会计工具应用和创新绩效三者放在同一框架内，采用因子分析和多层级回归分析、结构方程模型等方法从权变理论的角度研究三者之间的关系。具体来看，本书首先分别检验了商业模式对管理会计工具应用及其两个维度的影响。其次，研究了在不同类型的商业模式下，管理会计工具应用对企业创新绩效的影响以及管理会计信息在其中所发挥的差异化中介路径。通过对管理会计工具应用与不同商业模式的匹配性的探讨，以有助于企业结合自身特点推进管理会计的应用。

7.1 理论分析与研究假设

7.1.1 商业模式与管理会计工具应用

面对当今复杂的、不确定的环境，企业管理正面临着诸多新的挑战（冯巧根，2014），而管理会计作为信息支持系统与管理控制系统的集合体（财政部，2014），其完善和应用对于企业来说至关重要。相应的，管理会计工具应用作为管理会计理论的具体体现，其应用水平也会受到来自外界诸多因素的影响（Abdel–Kader and Luther，2008）。由前几章的理论分析与文献回顾可知，商业模式是将内外部因素同时纳入企业成长和成功的解释框架（龚丽敏等，2011）的企业进行价值获取与创造的活动系统，同时在一定程度上可以反映一个企业嵌入商业环境的方式（Zott and Amit，2010），回答了企业如何实现价值、如何实现战略目标等问题。

商业模式的概念最早由 Bellman（1957）提出，他将定义延伸到了价值体系和战略定位，定义为一种价值创造逻辑，一种复杂系统（Amit and Zott，2010）等，被视为提升企业价值和获取竞争优势的重要利器（Teece，2010）。管理会计的融合性原则与环境适应性原则强调管理会计应通过与营运业务的融合来实现管理水平的提升（王斌，2014；财政部，2016）；通过不断适应外部应用环境，来实现企业的战略目标（诸波，2017）。因此，商业模式会对企业的管理会计工具应用水平产生一定影响。基于此，本书将商业模式作为管理会计工具应用水平的一项重要环境因素，权变地研究不同商业模式对管理会计工具综合应用的差异性影响。

Amit and Zott（2001）提出的商业模式分类方法对企业内部管理产生了重大影响，其将商业模式分为效率型、新颖型、互补型、锁定型四种。现有研究大多按，为企业如何在动态变化的外部环境中不断完善治理机制以提高竞争力提供了依据（罗兴武，2019）。基于以往实证研究结论发现，采用效率型和新颖型两种类型商业模式的企业绩效水平更高，而锁定型和互补型对企业绩效水平没有影响。目前大多数研究也主要关注于效率型与新颖型两种商业模式，因为效率型与新颖型两种商业模式是与成本领先战略和差异化战略（产品市场战略层面）相对应的主题，二者与市场竞争战略的联系更加密切，与管理会计工具的作用匹配度更高。

效率型商业模式的企业指在整体性"成本—价值"效应结构中谋求成本最小化，即在不改变或者不在根本上改变行业产品或服务价值逻辑的情况下，降低企业与外部利益相关者交易结构的系统性成本，通过打破行业成本结构规则来塑造优势（Amit and Zott, 2001）。最早成功利用这一优势的是电子商务企业，新兴电子商务企业之所以能打破传统的中间环节的原因，一大部分是因为其能在上下游交易中扮演着赋能者的角色，同时利用其信息优势来提升交易主体之间匹配的效率和效果（Amit and Xu, 2017），而过去传统企业交易环节无法达到。新颖型商业模式的企业指在整体性"成本—价值"效应结构中谋求价值创新或价值丰富，即通过增加新的价值活动、引入新合作伙伴或采用新方式来编排价值活动等手段，通过打破行业的价值内容规则来塑造优势（Amit and Zott, 2001）。Chandler et al.（2014）发现在衰退行业中，与衰败企业相比，快速成长企业的最重要特征就是面向利益相关者提供的价值内容的丰富性、新颖性和多样性。

  本书基于商业模式与产品市场策略之间的契合理论，主要选取效率型与新颖型这两种商业模式类型进行研究。必须要指出的是，效率优势和新颖优势并不是背道而驰的两种战略选择，而是可以同时并存的商业模式属性（Zott and Amit, 2007）。事实上，不少成功的新商业模式往往同时兼具效率优势和新颖优势，只不过在时间维度有的表现为时间动态性，而另一些表现为时间同时性。目前来看，对于效率型商业模式和新颖商业模式两种类型的内在优势及其经济后果的研究和认识仍非常匮乏（Rietveld, 2018）。效率型商业模式聚焦于参与各方提高交易效率和降低交易成本，以效率为中心的企业聚焦于提高管理流程效率和制造系统创新，以及作业成本管理；而新颖型商业模式聚焦于引入新的交易方式或联结新的交易伙伴，聚焦于新颖型商业模式的企业更多受益于质量管理技术、团队为基础的人力资源管理和组织结构，以及平衡的业绩评价措施和以员工为基础的措施，标杆和战略计划技术等。

  在企业的内部决策中，不同的组织分权程度对企业绩效的影响有所差异。根据以往研究发现，适度的分权在一定程度上有利于组织绩效水平的提升（陶厚永等，2008）。一方面，随着现代企业的不断发展与外部环境不确定性的提高，企业管理决策者在此环境下很难掌握所有信息，权力的适当下放可以在一定程度上提升决策的效率和效益；另一方面，适当分权可以激发组织中不同人员之间的知识与信息的产生与传播，提高企业核心员工的积极性，使资源得到最优配置与利用，进而促进企业绩效水平的提升。

由此可见，不同类型商业模式的企业决策分权的程度不同，对企业创新绩效的影响程度也不同。新颖型商业模式的企业一方面可能更多的授权给各部门经理，以鼓励他们广泛应用管理会计工具来进行绩效管理与创新，提高信息的决策效率与效果，促进员工创新的积极性；另一方面，由于创新活动所具有高度的不确定性，新颖型商业模式的企业相比于效率型商业模式的企业，更加倾向于通过管理会计工具的应用来提供准确、有用性信息进而帮助企业进行有效决策，降低企业日常经营与创新过程中的不确定风险。因此，在不同商业模式下，管理会计工具综合应用程度与层次不同。由此本书提出如下假设：

H7-1：新颖型商业模式的企业比效率型商业模式的企业管理会计工具综合应用程度更高。

H7-1a：在新颖型商业模式下，管理会计工具纵向整合程度更高。

H7-1b：在新颖型商业模式下，管理会计工具横向整合水平更高。

7.1.2 商业模式的调节作用

近年来，企业越来越关注于战略等因素对企业绩效的影响，企业战略等因素与绩效之间的权变关系理论研究也越来越多（Amburgey and Dacin，1994），并逐步扩展到不同商业模式与和组织结构之间的动态匹配关系的研究。Zott and Amit（2008）进一步考察了企业的两种产品市场战略（成本领先与差异化）与两种对应的商业模式（效率型与新颖型）的匹配关系和和互补性。具体来说，商业模式可以涵盖企业战略的相关内涵，Magretta（2002）和Teece（2010）提出了"商业模式＋战略分析—竞争优势"观点，认为二者既存在差异又互相联系，只有当商业模式与企业战略相匹配时，才能使企业从激烈的市场竞争中保持竞争优势。同时，商业模式作为一种经济产出的框架（Ches－hbrough and Rosenbloom），通过技术特征以及客户和市场来进行实施。企业在通过商业模式和战略进行交易的过程中，可以不断发现新的市场需求，有助于企业技术层面的不断改进和完善。

技术创新所具有的价值属性在商业化之前难以被发掘，因此企业对自身的商业模式的准确定位是获取创新技术价值的必要条件，并且每一个新产品开发都应伴随相应的商业模的式创新（Teece，2010）。效率型商业模式聚焦于参与各方提高交易效率和降低交易成本，因此更多的是利用已有资源进行创新；而新颖型商业模式聚焦于引入新的交易方式或联结新的交易伙伴，这就意味着企业在交易的过程将会汇集大量的新信息，进而能够更容易获取和利用多样化和新颖的知识等资源，有助于探索性创新的实现（胡保亮，2015）。企业所获取外部知识等资源可以提高流程的高效性以及管理的规范性，即所发挥的功能范围更广，因此探索性创新也会在一定程度上影响利用性创新。

效率型商业模式重点在于通过减少信息不对称性帮助企业减少包含直接成本和信息判断对比、交易风险等间接成本构成的交易成本，进而实现交易的高效性和可靠性（Zott and Amit，2007；胡保亮，2015）。而交易不确定性的降低意味着与合作企业等商业模式参与者之间的信任度水平的提升。同时，基于信息不对称理论，参与各方信息不对称性的降低也能够在一定程度上缓解机会主义行为，提升商业模式参与者之间的信任度（Morgan, R. M., 1994），缓解一部分由市场竞争所带来的不确定性和风险。而新颖型商业模式的主要通过拓宽新的业务和技术，为新的交易对象提供全新服务，在交易方式、机制、营销和交易理念上实现创新来实现的（Zott and Amit, 2007；胡保亮，2015）。新的交易伙伴的引入意味着交易对象数量的增加，同时企业创新过程中的风险和不确定性也随之增加。因此在企业进行创新的过程中，新颖型商业模式的企业更倾向于通过管理会计工具的广泛应用所提供的准确、有用性信息来帮助企业进行有效决策和控制，以降低企业创新在各个流程中的不确定风险，提高创新绩效。即在新颖型商业模式下，管理会计工具应用所提供的有用性信息对企业创新绩效的促进作用更强。基于以上分析，本书提出如下假设：

H7-2：在新颖型商业模式的企业中，管理会计工具综合应用对创新绩效的影响更加显著。

H7-3：商业模式类型对管理会计工具综合应用与企业创新绩效起调节作用，且部分以管理会计信息为中介。

7.2 研究设计

7.2.1 样本选择与数据获取

本书所需的关于管理会计工具在企业应用情况等数据大多是企业内部数据，无法向其他经济数据可以在公开的网站以及数据资料中直接观测和获取。因此，本书采用问卷的调查的方法，获取本书中所需的数据进行统计分析。根据以往管理会计的相关经验研究，通过问卷调查来获取研究数据已被广泛接收并采用。问卷设计过程的恰当性与规范性是保证所获取数据高质量的关键，而在实际应用

第7章 商业模式对管理会计工具应用与企业创新绩效影响的实证检验

中主要关注于如何在问卷实施的过程中保证问卷的合理性与所获取数据的科学性（Van der Stede et al.，2005）。

Van der Stede et al.（2005）提出了问卷的五要素分析模型，对本书的问卷设计与实施具有一定的指导意义。本书主要分为以下五个方面来进行问卷内容的设计：①问卷的目的和设计；②定义总体和抽样；③问卷发放途径和样本分布；④数据录入的精确；⑤披露与报告。具体的问卷设计情况如下。

第一，问卷的目的和设计。本书问卷的目的在于通过问卷的设计、发放与回收来获取问卷调查中各个题项的结果数据，以进行各变量的度量和变量间因果关系的检验，即检验不同商业模式下管理会计工具的综合应用与企业创新绩效之间的关系。鉴于前文中各变量之间的因果关系的推导是建立在一定的文献与理论基础之上，因此可以认为，结合相关理论与实践的需要所设计的问卷具有可行性。基于前文的基本理论框架与逻辑思路以及国内外相关文献的查阅，本书借助知名学者的研究思想，选取较为权威文献中的变量测量方法，以保证基于问卷所得数据的可靠性和有效性。并根据学术团队意见的反馈、企业实地访谈与问卷小范围预测试的初步结果统计，再次修正和完善问卷细节，以保证了调研问题的全面性，并形成最终的调查问卷。

第二，总体定义和抽样。如果整体中的一个子集具有样本总体样本的某些特征属性，那么其可以代表总体进行相关数据的检验与结果分析（Sapsford，1999）。此外，问卷调查的样本应尽可能地采取随机抽样的方法。本书关注的整体样本为我国企业的中高层管理人员与财务人员。因此，问卷的发放也主要面对这两类。其中，问卷发放总数为600份，收回问卷431份，剔除99份无效问卷后，最终可作为研究的有效问卷总计332份。

第三，问卷发放途径和样本分布。本次问卷的发放对象主要包括在校MBA学员、已工作财务专业学生以及企业中财务人员与管理人员，主要涉及各类企业中具有三年以上工作经验的财务人员与中高层管理者。因此，可以认为问卷调查的样本基本符合随机性抽样要求。发放形式以纸质问卷与网络问卷相结合、线上与线下相结合的方式为主。

第四，关于数据录入。本问卷采用了线上线下相结合的方法进行问卷的发放与数据的回收，主要以纸质、电子文档和网络在线（问卷星）的形式对已完成问卷进行数据的整理和统计，问卷填写人在网络平台所填写答案的数据可直接通过后台导出，以降低手工录入的误差。对于纸质和 Email 电子文档形式的问卷，在手动整理和录入之前也反复进行核对，以确保数据录入的准确性。

第五，数据的披露、分析和报告。在问卷数据的录入完成后，应对样本分布与变量数据的基本情况进行初步整理和统计，并对变量的度量结果进行简要分析，如因子分析等，以为后文的实证研究奠定基础。

7.2.2 变量测量

本节主要研究考察的是商业模式对管理会计工具的综合应用的影响，以及商业模式类型对管理会计工具综合应用与企业创新绩效影响的实证检验。涉及的主要变量分别是管理会计工具综合应用、管理会计信息、企业创新绩效与商业模式，对相关所涉及的变量的准确度量，对于后文实证分析结果的准确性起到十分重要的作用。

（1）管理会计工具综合应用

管理会计工具综合的表现形式，从纵向上看是管理会计工具的应用层次各层次之间的管理会计工具的整合应用，从横向看是层次内的管理会计工具的整合。本书参考《管理会计基本指引》以及王斌和顾惠忠（2014）中对管理会计工具种类的界定与管理会计工具发展阶段的划分，并结合本书需要对 Abdel – Kader and Luther（2008）中管理会计工具应用层次的工具种类进行调整，最终确定了 27 种管理会计工具进行研究。采用 Likert 七级量表来衡量管理会计工具在各企业的应用程度，反映各层次管理会计工具的整合运用情况。

管理会计工具综合应用的度量量表在前面章节已经给出，具体情况如表 5-3、表 5-4 所示。对于管理会计纵向整合以及横向整合程度的相关度量方法，可参照第 5 章中的具体描述。本书设计的包含 27 项管理会计工具在内的调查问卷已附于附录，具体内容见"关于管理会计工具综合应用情况的调查问卷"。为了研究的规范性和严谨性，本书首先使用 AMOS22.0 软件对 27 种管理会计工具进行验证性因子分析（具体结果见第 4 章），根据结果最终保留 18 种管理会计工具方法，并重新进行了因子分析。

修改后的 18 种管理会计工具应用四个层次的 *Cronbach's alpha* 值与修正项目总相关系数（*CITC*）值均分别大于 0.700 与 0.500，且总体的 *Cronbach's alpha* 值大于 0.900，说明问卷变量的可信度与内部一致性较高。四个层次的 *KMO* 值均大于 0.600，巴特利特（Bartlett）球体检验中，四个层次的 *KMO* 值均大于 0.600，且 P 达到显著性水平，说明问卷具有较高的单一构面效度，即每个层次所包含的管理会计工具具有一定的合理性。在一阶与二阶因子模型中，各题项的因子载荷都在 0.5 以上，二阶因子聚合效度与模型适配度较好，且四个层次的 *AVE* 指标均在合理范围之内，可以认为基于以往研究所设计的管理会计工具应用的调查问卷的可靠性和有效性较高，可以作为研究使用。

（2）创新绩效

如第 5 章、第 6 章所述，本书对创新绩效的度量，主要根据钱锡红等（2010）的研究，并参考 Bell（2005）、Ritter and Gemünden（2004）的研究，使用李克特七级量表，共九个题项对创新绩效进行测量。本书首先采用文东华等（2009）的做法，对企业创新绩效三个方面的划分维度进行了探索性因子分析，结果表明这 12 个题项的内容可有 3 个主成分因子表示,3 个主成分因子的各题项与本书关于新产品推出、新技术使用与市场反应方面创新绩效的分类完全一致,表明本书对创新绩效及其三个维度的维度划分是合理的。其中,新产品的推出频率为本公司与同行业其他公司相比新产品推出的数量、新产品研发的速度以及新产品研发的成功率;新技术的使用包括本公司与同行业其他公司相比在行业中率先应用新技术的情况、产品包含先进技术与工艺以及新技术的不可模仿性;市场反应维度包括产品改进与创新后市场占有率、营业收入增长率以及顾客的满意度三方面。企业创新绩效的量表设计参见表 5-7,附录"关于管理会计工具应用及其经济后果的调查问卷"中列示了关于企业创新绩效的具体问题。

(3) 管理会计信息

管理会计信息的支持功能主要体现在为企业决策者提供相关信息,以此实现组织目标,改善组织经营,为企业创造组织价值。对于管理会计信息功能维度的划分也较为多样:Chenhall and Morris (1986) 分别从视野范畴(Scope)、及时性(Timeliness)、综合性(Aggregation) 和整体性(Integration) 四个方面对管理会计的信息决策功能进行划分。Gordon and Narayanan (1984)、Choe (1998)、邓博夫等 (2016) 认为,管理会计系统的信息决策支持维度具有范围性,及时性和综合性三个维度。王悦等 (2015) 认为,信息支持功能包含了处理、计划、交流和协调四个方面的作用。王斌和顾惠忠 (2014) 认为,管理会计信息系统可以为组织的管理决策提供通用、客观、透明的信息,企业对经营中的影响因素的分析可以减少创新不确定性,帮助决策者运用有效信息促进创新发挥效益(王斌和顾惠忠,2014),进而有助于企业创新绩效的提高。

对于管理会计信息的度量方法较多。于增彪和桑向阳 (2014) 参照国外学者 Meredith and Hill (1987) 的研究,从信息管理系统的支持、有关部门之间的信息衔接以及信息管理系统的兼容与互动3个方面开发了可操作的信息技术量表来度量企业流程管理中3个层次的信息技术。孔增强等（2015）以高校大学生为调查对象来探究高校学生工作信息传递有效性的影响因素，总结出包括传递者对信息的关注度、传递时机的适宜性、信息的意义、传递方式的针对性和接收者对信息的兴趣5个方面的测量量表。本书对管理会计信息的测量主要参考以上国内外相关学者的研究，通过问卷调查获取数据，最终形成包含3个方面9个题项的量表来反映信息的获取、信息的传递与信息的接收3个维度的量表。具体题项为"有信息管理系统来提供各部门的管理会计信息""提供的管理会计信息数量适中""提供的管理会计信息对公司决策有价值""管理会计信息传递的时机恰当""管理会计信息传递方式灵活多样并具有针对性""管理会计信息传递具有互动性与反馈性""管理者能及时关注和接收管理会计信息""管理者对所接收的信息兴趣高，理解能力强""管理者能对管理会计信息进行有效分析和利用"等。管理会计信息的量表设计如表6-1所示。附录"关于管理会计工具应用及其经济后果的调查问卷"中列示了关于企业管理会计信息及其三个方面的具体问题。

（4）商业模式

本书首先借鉴Amit and Zott（2007）以及胡保亮（2015）等文献设计出商业模式量表，并区分企业所采用的不同商业模式类型。具体来说，分别使用四个题项和五个题项来测量效率型商业模式和新颖型商业模式两种类型。效率型商业模式主要包括四个方面的题项：交易过程中交易机制简单快速、交易各方的信息不对称程度低、交易各方的市场销售及沟通成本低、合作企业的存货成本低。新颖型商业模式主要包括五个方面的题项：在交易过程中引入了新的交易方式、引入了新的合作伙伴、引入了新的思想和方法、引入了新的参与者激励方式以及出现了新的产品、服务及信息的组合。

然后根据每个样本的新颖型商业模式和效率型商业模式各题项得分均值,来确定该样本企业属于哪一种商业模式类型生成变量 BM 进行多元回归。具体衡量标准为:计算每个样本的两种类型商业模式各题项得分均值,即如果一个样本企业的新颖性商业模式(NCM)的各题项得分均值大于中位数 4,则该样本企业属于新颖性商业模式的企业,否则为效率型的企业或其他类型企业;如果该样本企业的效率型商业模式(ECM)的各题项得分均值大于中位数 4,则该企业为效率型商业模式的企业(已剔除了两个类型题项的平均得分同时大于或小于等于中位数 4 的其他类型商业模式的样本)。其中,效率型商业模式的样本企业取 0,新颖性商业模式类型的样本企业取 1。商业模式的量表设计如表 7-1 所示。

表 7-1　　　　　　　　商业模式的量表设计

测量维度	变量符号	测量题项
效率型商业模式（ECM）	ECM1	交易机制简单、快速
	ECM2	交易各方的信息不对称程度低
	ECM3	交易各方的市场、销售及沟通成本低
	ECM4	合作企业的存货成本低
新颖型商业模式（NCM）	NCM1	引入了新的交易方式
	NCM2	引入了新的合作伙伴
	NCM3	引入了新的思想和方法
	NCM4	引入了新的参与者激励方式
	NCM5	出现了新的产品、服务及信息的组合

与前两章变量的度量方式相同,本书首先采用 SPSS21.0 软件分别对两种类型的商业模式进行了探索性因子分析。与此同时,使用 AMOS22.0 对该量表进行一阶和二阶验证性因子分析(CFA),具体统计结果由表 7-2、表 7-3 可见,两种类型的商业模式一阶及二阶验证性因子分析情况如图 7-1、图 7-2 所示。

表7-2　　　　　　商业模式信度效度检验统计分析

变量		题项	因子载荷	Cronbach's alpha	AVE	KMO
商业模式（BM）	效率型商业模式（ECM）	交易机制简单、快速（ECM1）	0.77	0.799	0.500	0.786
		交易各方的信息不对称程度低（ECM2）	0.68			
		交易各方的市场、销售及沟通成本低（ECM3）	0.70			
		合作企业的存货成本低（ECM4）	0.67			
	新颖型商业模式（NCM）	引入了新的交易方式（NCM1）	0.68	0.867	0.571	0.860
		引入了新的合作伙伴（NCM2）	0.79			
		引入了新的思想和方法（NCM3）	0.75			
		引入了新的参与者激励方式（NCM4）	0.81			
		出现了新的产品、服务及信息的组合（NCM5）	0.74			

表7-3　　　　　　商业模式验证性因子分析拟合指标

变量	统计量	卡方自由度比值	GFI	CFI	RESEA	AGFI
效率型商业模式（ECM）	一阶阶因子模型	2.631	0.991	0.991	0.074	0.954
新颖型商业模式（NCM）	一阶阶因子模型	2.993	0.980	0.985	0.082	0.939

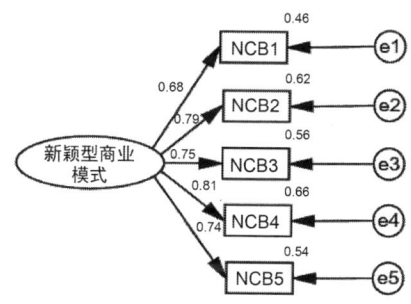

图7-1　新颖型商业模式验证性因子分析

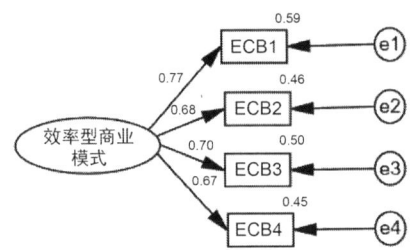

图7-2 效率型商业模式验证性因子分析

由表7-2可见，两种类型商业模式的整体 Cronbach's alpha 值均大于0.700，且总体的 Cronbach's alpha 值大于0.900，说明问卷变量的信度较高。同时，各题项的修正的项目总相关系数（CITC）值均大于0.500，表明各个题项之间具有较高的内部一致性。使用SPSS21.0进行探索性因子分析的 KMO 值分别为0.786、0.860均大于0.600，巴特利特（Bartlett）球体检验显著性概率P达到显著性水平，说明问卷具有较高的单一构面效度。如图7-1、图7-2所示，在验证性因子分析，两种类型的商业模式各题项的因子载荷均大于0.6，说明各题项之间具有较好的收敛效度。

由表7-3可见，在一阶因子模型中，各项指标的数据基本符合拟合标准。适配度指标为：$Chi-square/df$ = 2.631、2.993；GFI = 0.991、0.980；CFI = 0.991、0.985；$RMSEA$ = 0.074、0.082；$AGFI$ = 0.954、0.939。各配适度指标均在合理范围内，以上分析说明使用该量表测量企业两种类型商业模式具有一定的可靠性。最后，两种类型的 AVE 指标分别为0.500、0.571，均大于0.5均在合理范围之内。表明企业商业模式测量模型与数据的拟合基本符合要求，变量的测量题项具有一定的可靠性。

7.2.3 模型设定

本书借鉴管商业模式、管理会计工具和创新绩效的相关文献，根据前文所提出的框架构建了基于本章三个假设的多元回归模型,用于检验商业模式类型对管理会计工具综合应用与创新绩效的影响。各变量见定义表7-4。

商业模式对管理会计工具综合应用的影响:

$$MACA = \theta_0 + \theta_1 BM + \theta_i Controls + \varepsilon \quad (7-1)$$

商业模式对管理会计工具综合应用与企业创新绩效的调节作用:

$$IP = \rho_0 + \rho_1 BM + \rho_i Controls + \varepsilon \quad (7-2)$$

$$IP = \rho_0 + \rho_1 BM + \rho_2 MACA + \rho_i Controls + \varepsilon \quad (7-3)$$

$$IP = \rho_0 + \rho_1 BM + \rho_2 MACA + \rho_3 BM \times MACA + \rho_i Controls + \varepsilon \quad (7-4)$$

$$IP = \rho_0 + \rho_1 BM + \rho_2 MACA + \rho_3 BM \times MACA + \rho_4 MAI + \rho_i Controls + \varepsilon \quad (7-5)$$

$$MAI = \rho_0 + \rho_1 BM + \rho_2 MACA + \rho_3 BM \times MACA + \rho_i Controls + \varepsilon \quad (7-6)$$

表7-4　　　　　　　　　变量定义

变量类型	变量名称		变量符号	说明
被解释变量	创新绩效		IP	(Ritter and Gemünden, 2004; Bell, 2005; 钱锡红, 2010)
解释变量	管理会计工具综合应用程度	纵向整合程度	MACA_L	MACA1-4代表管理会计工具应用的四个层次(Abdel-Kader and Luther, 2008);企业所处管理会计工具应用的层次用MACA_L1来表示;企业应用管理会计工具的整体程度MACA_L2
		横向整合程度	MACA_I	采用主成分因子分析法对各层次管理会计工具应用提取的公因子进行降维,利用得到工具的贡献度来进行度量
	管理会计信息		MAI	(于增彪和桑向阳, 2014; Meredith and Hill, 1987; 孔增强等, 2015)

续表

变量类型	变量名称	变量符号	说明
被解释变量	创新绩效	IP	(Ritter and Gemünden, 2004; Bell, 2005; 钱锡红, 2010)
解释变量	商业模式	BM	新颖型商业模式 BM 取 1, 效率型商业模式 BM 取 0 (Amit and Zott, 2007; 胡保亮, 2015)
控制变量	公司治理	GOV	(Rong Ruey Duh et al., 2009; 孙嘉阳, 2015)
	规模	Size	以公司员工人数的自然对数来表示
	企业年限	Age	以公司成立至今所处时间区间的中位数表示
	企业性质	SOE	国有企业 1, 否则取 0
	企业所属区域	Loc	属于东部地区取 1, 否则取 0
	行业类型	Industry	属于高新技术行业取 1, 否则取 0

本章主要采用多元回归方法对理论模型中的各条路径进行假设检验,以上结构方程模型组包含了本章所要研究检验全部的内容。如上述模型所示,该假设模型包含了三部分内容:商业模式与管理会计工具综合应用及其两个维度之间的关系、商业模式对管理会计工具应用与企业创新绩效的影响、管理会计信息在其中所发挥的中介作用。其中,$MACA$(Management Accounting Comprehensive Application)代表管理会计工具综合应用程度,具体反映包括纵向整合的 $MACA\_L$(Level)和横向整合的 $MACA\_I$(Integration)两个变量指标;IP 代表企业创新绩效,IP_p、IP_t、IP_m 分别表示企业创新绩效的三个不同维度;管理会计信息用 MAI 表示;BM 代表商业模式变量,其中 ECM 为效率型商业模式,NCM 为新颖型商业模式;$Controls$ 代表公司治理(GOV)、企业规模($Size$)、年限(Age)、性质(SOE)、所属区域(Loc)、行业类型($Industry$)等

控制变量。

模型（7-1）检验了商业模式对管理会计工具综合应用及两个维度的影响，其中 θ_1 表明商业模式与管理会计工具综合之间的关系，如果 θ_1 系数呈显著为正，则说明新颖型商业模式的企业比效率型商业模式的企业管理会计工具综合应用程度更高；模型（7-2）至模型（7-4）分步检验了商业模式对管理会计工具综合应用与企业创新绩效之间的调节作用机制，其中 ρ_1 表明商业模式与企业创新绩效之间的关系，ρ_2 表示管理会计工具应用对企业创新绩效的促进作用，ρ_3 表示两者的交乘项，即二者的交互效应对创新绩效的影响。如果 ρ_1、ρ_2、ρ_3 系数分别显著为正，则说明商业模式对管理会计工具综合应用与企业创新绩效起到了一定的调节作用，即在新颖型商业模式的企业中，管理会计工具综合应用对创新绩效的影响更加显著；模型（7-5）至模型（7-6）将管理会计信息（MAI）纳入方程中检验管理会计信息在不同商业模式下所发挥的中介效应，如果 ρ_1、ρ_2、ρ_3 系数仍显著为正，则说明商业模式类型对管理会计工具综合应用与企业创新绩效起调节作用，且以管理会计信息为中介。

7.3 实证结果分析

7.3.1 描述性统计

（1）问卷调查结果描述性统计

本书对调查问卷的回收结果进行了描述性统计，展示了管理会计工具在四个层次上应用程度的问卷数量和各种管理会计工具的应用均值，如表7-5所示。

表7-5　　问卷调查结果描述性统计（N=332）

	应用程度系数							均值
	1	2	3	4	5	6	7	
Panel A 成本与财务控制								
标准成本法	27	22	36	89	49	46	30	4.23
基于回收期/回报率评估项目投资	26	14	35	89	51	52	32	4.37
杜邦分析法	31	23	42	88	55	43	17	4.04
Panel B 有用信息提供								
本量利分析	24	16	35	74	50	70	30	4.47
运用定量方法进行库存控制	26	15	35	91	58	44	30	4.31
运用贴现现金流法评价项目投资	24	17	42	77	58	49	32	4.35
责任会计	24	15	39	89	60	39	35	4.34
Panel C 业务流程优化								
作业成本法（ABC）	33	22	39	103	50	35	17	3.96
产品生命周期法	46	24	44	85	56	30	14	3.76
全面质量管理	18	20	35	104	55	47	20	4.27
零基预算	26	24	40	96	57	34	22	4.08
目标成本法	30	20	45	91	60	37	16	4.02
价值链分析	21	13	41	93	61	49	21	4.31
Panel D 组织价值创造								
平衡计分卡	18	20	34	95	50	45	37	4.41
经济增加值（EVA）	15	21	33	84	61	57	28	4.46
关键业绩指标法（KPI）	52	27	42	92	48	26	12	3.61
全面预算管理	35	22	49	95	41	40	17	3.91
标杆管理	61	24	41	67	44	45	17	3.71

从表7-5的各种管理会计工具在各个层次的得分均值可以看出，管理会计工具在企业不同层次上的应用程度不同。

在第一层次中，主要以成本与财务控制相关工具为主，包括回收期/回报率法、标准成本法、杜邦分析法3种管理会计工具，3种管理会计工具应用程度得分的均值分别为4.23、4.37和4.04，均大于4，处于中等水平。说明企业对第一层次的3种工具（回收期/回报率法、标准成本法、杜邦分析法）应用程度较高，企业中较为注重成本与财务控制。

在第二层次中，主要以决策信息提供相关的管理会计工具为主，包括本量利分析、贴现现金流法、责任会计、定量库存控制4种管理会计工具，4种管理会计工具应用程度得分的均值分别为4.47、4.31、4.35和4.34，4种管理会计工具应用程度的得分均值也在4.00以上。其中，本量利分析法在4种工具中得分最高，说明企业较为注重对企业成本、价格以及获利能力的预测，以要达到企业目标、获取更好的经营成果。

在第三层次中，主要包括业务流程优化有关的管理会计工具。作业成本法、零基预算、全面质量管理、目标成本法、价值链分析、生命周期法6种管理会计工具的均值分别为3.96、3.76、4.27、4.08、4.02和4.31。除了作业成本法、产品生命周期法略低于平均值4以外，其他工具的应用程度均达到4以上。说明企业对第三层次中的6种管理会计工具应用程度较高且较为广泛，但相比于其他4种工具，多数企业对作业成本法等工具的应用程度还有所欠缺。

在第四层次中，主要以平衡计分卡、经济增加值、关键业绩指标法、标杆管理、全面预算管理5种管理会计工具为主。5种管理会计工具的均值分别为4.41、4.46、3.61、3.91和3.71。其中，均值在4.00以上的管理会计工具有平衡计分卡、经济增加值两种，其余3种工具的应用得分均值小于4，说明在管理会计工具的实际应用过程中，企业较为注重平衡计分卡、经济增加值等工具方法的应用，或以二者为中心的多种管理会计工具之间的整合应用。

由表 7-5 可以看出，在不同的管理会计应用层次中，管理会计工具应用程度不同，侧重的管理方面亦有所不同，同时又存在着一些共性。例如，通过对四个层次管理会计工具的应用程度对比发现，大多数企业对较低层次（第一层次、第二层次）的工具应用较为广泛，对较高层次（第三层次、第四层次）的工具应用程度略低。说明管理会计工具应用在企业中自上而下的兼容水平还不够，更高层次的工具仍有待于进一步的整合应用。

（2）主要变量的描述性统计

表 7-6 列示的是主要研究变量的描述性统计，各变量基本统计情况与之前两章相同。总体样本各变量的均值大多处于中等水平且变化幅度较小，标准差结果在一定范围内浮动，各变量的基本情况与经验认知相符。其中，管理会计工具整体应用程度（$MACA\_L1$）均值和标准差分别为 4.167、1.222，说明从整体上看，被调查样本企业的管理会计工具应用程度基本处于中等水平，且管理会计工具在各企业的应用程度差异较大；管理会计工具应用层次均值为 2.655，表明大多数企业的管理会计工具应用层次处于第二、第三层次；横向整合程度的均值为 0.701，表明企业具体所处层次中各个工具的贡献程度，且在各层次中较为平均，波动较小；创新绩效（IP）整体处于中等水平，均值为 3.957；管理会计信息（MAI）均值为 4.105，整体处于中等水平，标准差为 0.633，各企业管理会计信息获取、传递与利用程度在一定范围内波动；此外，本章所涉及的两种类型的商业模式变量中，效率型商业模式（ECM）的得分均值为 3.902，新颖型商业模式（NCM）得分均值为 3.902，均处于中位数 4 左右，说明样本在各变量上的取值均处于中等水平；控制变量中，公司治理（GOV）、规模（$Size$）、性质（SOE）、所属区域（Loc）、行业类型（$Industry$）均处于均值左右并呈一定程度的波动，标准差除企业年限的数值较大以外，其他变量的数值的变化程度符合标准以及以往的经验认知。

表7-6　　　　　主要变量描述性统计（N=332）

变量	极小值	极大值	均值	标准差	偏度	峰度
MACA_L1	1	7	4.167	1.222	-0.361	-0.265
MACA_L2	1	4	2.655	1.067	-0.244	-1.174
MACA_I	0.620	0.800	0.701	0.633	0.543	-0.933
MAI	1.560	6.670	4.105	1.048	-0.036	-0.391
IP	1.110	6.670	3.957	1.256	-0.113	-0.563
ECM	1.500	6.500	3.902	0.898	-0.045	-0.038
NCM	1.400	6.600	3.971	1.120	0.065	-0.646
BM	0	1	0.635	0.482	-0.566	-1.691
GOV	1.286	6.571	4.611	1.175	-0.423	-0.167
Size	1.610	14.510	6.578	2.355	0.425	0.195
Ind	0	1	0.144	0.352	2.040	2.178
Loc	0	1	0.458	0.499	0.169	-1.985
List	0	1	0.311	0.464	0.821	-1.336
Age	3	50.000	18.724	11.653	0.882	-0.212

7.3.2　相关性分析

本章按照所构建的理论模型并将商业模式的两个变量纳入研究框架内，采用 Pearson 相关性分析对商业模式与管理会计工具综合应用的相关性进行了检验，样本总体各变量间的相关性水平如表7-7所示。从统计分析的结果可以看出，两种类型的商业模式（*ECM*、*NCM*）与管理会计工具综合应用（*MACA*）及其三个维度指标（*MACA_L1*、*MACA_L2*、*MACA_I*）均在1%的水平上呈显著正相关，与预期相符，初步说明效率型商业模式（*ECM*）与新颖型商业模式（*NCM*）两种商业模式类型都会影响企业的管理会计工具综合应用水平,二者之间有密切联系。其他变量中的公司治理(GOV)、规模($Size$)、年限(Age)、性质(SOE)、所属区域(Loc)、行业类型($Industry$)与管理会计工具综合应用($MACA\_L1$、$MACA\_L2$、$MACA\_I$)在一定程度上相关,根据相关性分析的结果可以初步证明企业规模、年限等变量能够影响管理会计工具综合应用与企业创新绩效水平,即依据以往文献研究所选取变量的合理性。另外,各变量间的相关系数并均小于0.5,可以初步证明模型中不存在多重共线性问题,但具体结论仍需进一步检验确认。

7.3.3　多元回归分析

层级回归是建立在之前的多元回归分析方法之上的统计回归方法,相当于对每层的变量进行单独的分析,找出差异性。在回归结果分析中,通常通过比较前后两次回归结果中 R^2 的大小来判断该变量的加入是否使模型的有效性得到改善。如果 R^2 变大,则说明模型变得更好,新加入的变量的作用效果更加明显。即检验在排除其他变量影响的情况下,新加入变量对回归模型的贡献程度。因此,本部分通过多元回归分析与层级回归分析相结合的方法验证商业模式对管理会计工具综合应用的影响,以及商业模式对管理会计工具综合应用与企业创新绩效的调节作用,回归结果如表7-8、表7-9所示。

表7-8是利用上述模型(7-1)对本节的假设进行检验的结果。首先根据每个样本的新颖型商业模式和效率型商业模式各题项得分均值,来确定该样本企业属于哪一种商业模式类型,生成变量 BM 进行多元回归。其中,效率型商业模式的样本企业取0,新颖性商业模式类型的样本企业取1。第(1)列至第(3)列的回归结果分别显示的是商业模式(BM)以及公司治理(GOV)、规模($Size$)、年限(Age)、所属区域(Loc)、行业类型($Industry$)等控制变量对管理会计工具的综合应用三个维度的影响。实证结果显

第7章 商业模式对管理会计工具应用与企业创新绩效影响的实证检验

表7-7 变量相关性分析（N=332）

变量	MACA_L1	MACA_L2	MACA_I	ECM	NCM	GOV	Size	Ind	Loc	Soe	Age
MACA_L1	1.000										
MACA_L2		1.000									
MACA_I			1.000								
ECM	0.258***	0.253**	0.222**	1.000							
NCM	0.464***	0.422**	0.366**	0.461**	1.000						
GOV	0.483***	0.026	0.043	0.104*	0.289***	1.000					
Size	0.124**	0.082*	0.045	-0.56	-0.017	0.025	1.000				
Ind	0.170***	0.091*	0.062*	0.068	0.190**	0.060	0.020	1.000			
Loc	0.370***	0.008	0.002	0.044	0.180**	0.233***	-0.010	0.076	1.000		
Soe	0.178***	0.048	0.025	-0.032	0.042	0.071	0.272**	0.006	0.064	1.000	
Age	0.323***	0.109*	0.160**	0.069	0.153***	0.213***	0.285**	0.068	0.057	0.239**	1.000

注：*、**、***分别表示在10%、5%、1%的水平上显著。

示，商业模式（BM）对管理会计工具的整体应用情况（MACA_L1）、管理会计工具应用层次（MACA_L1）、管理会计工具的横向整合程度（MACA_I）3个维度的回归结果均有正向影响，分别在1%与10%的水平上显著，研究结果与前文假设预期结果具有一致性，这表新颖型商业模式的企业比效率型商业模式的企业管理会计工具综合应用程度更高。即，在新颖型商业模式下，管理会计工具纵向整合程度更高，管理会计工具横向整合水平也更高。以上结果验证了本书H6-3。

表7-9是利用上述模型（7-2）至模型（7-6）对本章的假设进行检验的结果。第（1）列回归结果表明商业模式类型与企业创新绩效在1%的水平上显著呈正相关关系。第（2）列将管理会计工具应用整体程度纳入模型中，回归结果依然显著，进一步验证了本书的H6-3。第（3）列检验了商业模式对管理会计工具应用程度和创新绩效的调节作用，回归结果显示二者交互项系数为0.174，在0.1水平上有显著正向影响，表明在新颖型商业模式的企业中，管理会计工具综合应用对创新绩效的影响更加显著，H7-1得到验证。第（4）列回归中，将因变量创新绩效对自变量管理会计工具应用程度、调节变量商业模式、商业模式与管理会计工具应用程度的乘积以及中介变量管理会计信息做回归分析，结果显示交乘项系数与中介变量系数分别为0.179、0.116，且均显著为正。最后，将中介变量管理会计信息对自变量管理会计工具应用程度、调节变量商业模式和二者交乘项做回归分析，第（5）列回归结果显示交乘项系数显著，说明商业模式对管理会计信息和管理会计工具应用程度的调节作用显著。因此，H7-2得到验证。

为了进一步检验商业模式对管理会计工具综合应用的两个维度的影响及其所发挥的调节作用机制，使用多元回归方法对模型（7-1）至模型（7-6）进行回归，以管理会计工具应用层次与横向整合两个维度的指数（即MACA_L2、MACA_I）分别为解释变

表 7-8　　　　　　　　　　多元回归分析（1）

解释变量	被解释变量		
	MACA_L1	MACA_L2	MACA_I
BM	0.210***	0.183***	0.142**
	4.291	2.953	2.286
GOV	0.333***	0.070	0.147***
	6.940	1.124	2.352
Size	0.040	0.055	0.003
	0.827	0.886	0.055
Ind	0.087*	0.061	0.034
	1.912	1.060	0.577
Loc	0.215***	0.049	0.046
	4.509	0.826	0.766
SOE	0.053	0.009	0.030
	1.113	0.143	0.498
Age	0.176***	0.065	0.033
	3.595	1.058	0.576
（常量）	1.256***	2.271***	1.124***
	4.932	8.041	13.835
N	332	332	332
F	22.262	12.544	8.138
调整 R^2	0.397	0.028	0.144
VIF 最大值	1.147	1.135	1.163

注：*、**、*** 分别表示在 10%、5%、1% 的水平上显著。

表 7-9　　　　　　　　　　层级回归分析（1）

变量	创新绩效（IP）				管理会计信息（MAI）
	(1)	(2)	(3)	(4)	(5)
MACA_L1		0.175***	0.130**	0.101*	0.183***

续表

变量	创新绩效（IP）				管理会计信息（MAI）
	（1）	（2）	（3）	（4）	（5）
BM	0.337***	0.300***	0.177*	0.161*	0.131*
MAP×BM			0.171*	0.176*	0.141*
MAI				0.108*	
GOV	0.163***	0.105*	0.103*	0.093	0.081
Size	-0.0110**	-0.0117**	-0.127**	-0.0129**	0.004
Ind	0.140***	0.125**	0.109**	0.099*	0.089
Loc	0.018	-0.020	-0.05	-0.010	-0.023
SOE	0.027	0.017	0.033	0.041	-0.064
Age	0.055	0.024	0.024	0.025	0.010
（常量）	2.576***	2.350***	2.513***	2.172***	2.753
N	322	322	322	322	322
F	12.484	14.654	11.088	10.463	7.455
调整R^2	0.212	0.228	0.257	0.241	0.163
VIF最大值	1.147	1.457	3.852	3.261	2.573

注：*、**、***分别表示在10%、5%、1%的水平上显著。

量，回归思路大致与前一张表相同，回归结果如表7-10、表7-11所示。就总体趋势而言，商业模式类型（*BM*）与管理会计工具应用两个维度（*MACA_L2*、*MACA_I*）的回归系数均在1%水平上呈显著正相关，创新绩效对商业模式（*BM*）、管理会计工具应用两个维度（*MACA_L2*、*MACA_I*）、商业模式与管理会计工具应用两个维度的交乘项以及中介变量管理会计信息（*MAI*）的各项回归系数均显著为正，各控制变量回归结果与前文相符且在合理范围。表明在新颖型商业模式下，管理会计工具应用层次更高，管理会计工具横向整合水平也更高。同时，商业模式类型对管理会计工具综合应用与企业创新绩效起调节作用，且部分以管理会计信息为中介。

第7章 商业模式对管理会计工具应用与企业创新绩效影响的实证检验

进一步验证了本章所提出假设的合理性。

表7-10 层级回归分析(2)

变量	创新绩效(IP)				管理会计信息(MAI)
	(1)	(2)	(3)	(4)	(5)
MACA_L2		0.157***	0.139**	0.130**	0.209***
BM	0.337**	0.308***	0.169*	0.157*	0.146**
MAP×BM			0.184**	0.175*	0.156***
MAI				0.112**	
GOV	0.163***		0.151***	0.131**	0.135**
Size	-0.0110**	-0.119**	-0.131**	-0.132**	-0.010
Ind	0.140***	0.131**	0.111**	0.099**	0.085
Loc	0.018	0.025	0.022	0.017	0.015
SOE	0.027	0.028	0.042	0.047	0.051
Age	0.055	0.044	0.037	0.034	0.031
(常量)	2.576***	2.156***	2.312***	1.934***	2.475***
N	322	322	322	322	322
F	12.484	12.372	11.532	10.938	9.240
调整 R^2	0.212	0.234	0.241	0.250	0.199
VIF 最大值	1.147	1.181	3.373	3.210	1.883

注：*、**、*** 分别表示在10%、5%、1%的水平上显著。

表7-11 层级回归分析(3)

变量	创新绩效(IP)				管理会计信息(MAI)
	(1)	(2)	(3)	(4)	(5)
MACA_I		0.143***	0.128**	0.121**	0.110*
BM	0.337**	0.316***	0.168*	0.156*	0.165**
MACA_I×BM			0.195**	0.184**	0.174**
MAI				0.116**	
GOV	0.163***	0.165	0.147***	0.127**	0.134**

续表

变量	创新绩效（IP）				管理会计信息（MAI）
	(1)	(2)	(3)	(4)	(5)
Size	-0.0110**	-0.110**	-0.124**	-0.127**	-0.051
Ind	0.140***	0.136***	0.114**	0.101*	0.098*
Loc	0.018	0.024	0.022	0.016	0.012
SOE	0.027	0.031	0.045	0.050	0.015
Age	0.055	0.034	0.027	0.025	0.028
(常量)	2.576***	1.338*	1.638**	1.150	1.671
N	332	332	332	332	332
F	12.484	12.120	11.636	10.835	7.773
调整 R^2	0.212	0.230	0.222	0.248	0.170
VIF 最大值	1.147	1.168	3.202	3.364	1.735

注：*、**、***分别表示在10%、5%、1%的水平上显著。

7.3.4 进一步检验

（1）同源偏差检验

由于本书主要通过问卷调查来进行数据的获取，渠道较为单一，这可能会导致测量误差的存在与研究效度的降低，即可能存在共同方法偏差。因此，本书采用两种方法来避免问卷调查中的人为变量间的共变关系。

首先，将所有题项作为整体进行了主成分因子分析，提取特征值大于1的公因子，得到第一未旋转因子占23.71%的载荷量，满足低于50%的标准，因此可初步认为，此次研究的数据受共同方法偏差的影响较小。

其次，本书将管理会计工具综合应用与创新绩效的全部题项视为一个整体，对其进行 Harman 单因素检验（Podsakoff and Organ，1986），并将单一因子模型的分析结果与二因子模型的适配度指标进行对比。同源偏差检验各项拟合指标结果如表7-12所示，

$Chi-square/df$ 值分别为 19.832、2.656，结果表明单一因子模型适配度指标欠佳，二因子模型各适配度指标更好。即将所有变量全部题项的来源并非单一因子，因此可基本认为，不存在同源偏差问题，或问卷的同源偏差问题在可接受范围内。

表 7-12　　　　　　　　　同源偏差检验

模型	卡方自由度比值	GFI	CFI	RESEA	AGFI
单因子模型	19.832	0.680	0.216	0.882	0.882
五因子模型	2.656	0.912	0.960	0.072	0.983

（2）赋予权重的多元回归模型检验

由前文分析可知，不同层次管理会计工具整合运用的机制在于，功能定位具有差异性和互补性的管理会计工具，能够从不同侧面提供企业管理信息，包括短期的和长期的、财务的和非财务的、历史的和未来的、内部的和外部的，从而帮助管理者在拥有更全面信息的基础上进行成本控制、管理决策和绩效评价等。管理者利用功能定位不同的管理会计工具收集信息，利用这些信息用于决策、控制、评价和激励。因此，不同层级的管理会计工具的整合，可以各司其职地为管理者提供决策有用的信息。而在管理会计工具具体应用过程中，每个层次工具所提供信息的侧重点不同，每个层次工具的使用对创新绩效的影响效果和程度也会有所差异。例如，前两个层次的管理会计工具应用更侧重于提供基本财务指标信息与成本方面信息，并且聚焦于企业内部资源配置信息，更加关注短期的利润指标；而后两个层次的管理会计工具的应用更侧重于财务指标与战略性非财务指标的提供，聚焦于内外部资源配置信息，关注于战略性的长期经济利润指标。因此，本章在前文的基础上将每个层次的管理会计工具应用程度按 1:2:3:4 赋予相应权重，再将整体使用情况进行加总，得到的度量指标会更加准确。回归分析结果如表 7-13、表 7-14 所示。

表 7−13　　　　　　　　多元回归分析（2）

解释变量	被解释变量：MACA_L3		
	（1）	（2）	（3）
ECM		0.139***	
		2.764	
NCM		0.286***	
		5.604	
BM			0.174***
			3.608
GOV	0.363***	0.292***	0.336***
	7.393	6.220	6.897
Size	0.022	0.114*	0.017
	0.447	2.304	0.356
Ind	0.087*	0.187**	0.070
	1.862	3.897	1.506
Loc	0.264***	0.231***	0.229**
	5.491	5.100	4.763
SOE	0.077	0.079*	0.068
	1.566	1.741	1.396
Age	0.199***	0.07	0.195
	3.930	1.52	3.920
（常量）	1.276***	1.741**	1.266***
	4.878	2.429	13.043
N	385	385	332
F	19.045	31.478	20.075
调整 R^2	0.351	0.45	0.277
VIF 最大值	1.145	1.327	1.146

注：*、**、***分别表示在10%、5%、1%的水平上显著。

第7章 商业模式对管理会计工具应用与企业创新绩效影响的实证检验

表7-14　　　　　　　层级回归分析（4）

变量	创新绩效（IP）				管理会计信息（MAI）
	（1）	（2）	（3）	（4）	（5）
MACA_L3		0.169 **	0.120 *	0.096 *	0.167 **
BM	0.337 **	0.301 ***	0.180 **	0.162 **	0.150 *
MACA_L3 × BM			0.170 *	0.176 *	0.146 *
MAI				0.110 **	
GOV	0.163 ***	0.108 *	0.107 **	0.091	0.087
Size	-0.0110 **	-0.114 **	-0.125 **	-0.127 **	0.011
Ind	0.140 ***	0.130 **	0.114 **	0.102 **	0.095 *
Loc	0.018	-0.019	-0.009	-0.008	-0.021
SOE	0.027	0.018	0.034	0.041	0.063
Age	0.055	0.024	0.025	0.026	0.021
（常量）	2.576 ***	2.349 ***	2.519 ***	2.172 ***	2.971 ***
N	322	332	332	332	332
F	12.484	11.953	11.005	10.411	7.957
调整 R^2	0.212	0.227	0.232	0.240	0.157
VIF 最大值	1.147	1.444	3.293	3.298	2.627

注：*、**、*** 分别表示在10%、5%、1%的水平上显著。

如表7-13所示，第（1）列、第（2）列分别研究两种商业模式类型对管理会计工具综合应用的影响，使用整体385份样本进行回归（只剔除了填答无效样本），回归结果显示两种商业模式类型与管理会计工具综合应用在一定水平上呈正相关关系，这说明不管是效率型商业模式还是新颖型型商业模式，都有助于推进管理会计工具的应用。第（3）列的回归中，首先将按照本书分类标准无法划分商业模式类型的样本剔除，然后根据某一样本的新颖型商业模式和效率型商业模式相对于竞争对手的高低得出的分值，确定该样本企业具体属于哪一种类型。第（3）列回归结果显示，商业模式（BM）与赋予权重后的管理会计工具应用程度在 1% 水平上显著，说明新颖型商业模式的企业比效率型商业模式的企业管理会计工具综合应用程度更高，同时再一次验证了本书的 H6－3。同样地，表 7－14 中赋予权重后的层级回归结果也与之前结论相一致，再次验证了本书的 H7－1 与 H7－2。

商业战略影响企业的业绩评价方法的选择（Ferreira and Otley，2009），而商业模式也会对企业的管理会计工具应用程度和层次产生一定的影响。具体来说，不同类型的商业模式的企业所使用管理会计工具，在工具种类和结构上存在明显差异，而使用数量上差异可能并不显著。具体来说，以效率为中心的企业可能更倾向于应用标准成本法、差异分析，作业成本法等工具（主要集中于前两个层次）来进行成本的控制。而以新颖型为中心的企业可能更倾向于使用参与预算、激励薪酬以及阿米巴经营等工具（主要集中于后两个层次）来进行过程与风险的控制。聚焦于新颖型商业模式的企业更多受益于质量管理技术、团队为基础的人力资源管理和组织结构，以及平衡的业绩评价措施和以员工为基础的措施，标杆和战略计划技术等；而以效率为中心的企业聚焦于提高管理流程效率和制造系统创新，以及作业成本管理。因此，在不同商业模式下，管理会计工具综合应用程度与层次不同，将不同的管理会计工具应用层次赋予权重后的结果也会更加显著。但这种管理会计工具的使用在结构上的差异，并非表现的十分显著。如两种商业模式类型的企业，可能都会使用激励薪酬或参与预算等。

（3）多项 LOGIT 模型估计

本书通过多项 LOGIT 模型估计，检验两种商业模式类型的变化对管理会计工具应用层次产生的影响，以保证前文结果的稳健性。具体模型为：

$Probability（管理会计应用层次） = \beta_0 + \beta_1 NCM + \beta_2 ECM + \beta_3 Controls + \varepsilon$。

多项 LOGIT 回归分析结果如表 7-15 所示，本书以管理会计工具的第一个层次（MAP1）为参照基础，所以回归结果不以列出。使用多项 LOGIT 模型得出的估计结果显示：相比于第一层次，在第二至第四层次中，效率型与新颖型商业模式两个主要权变因素对各层次的管理会计工具应用水平的回归系数的显著性有一定的变化。其中，与第一层次相比，两种类型的商业模式与较高层次的管理会计工具应用的回归结果更加显著。

表 7-15　　　　　　　多项 LOGIT 回归分析

解释变量	MAP1（以此为基准）	被解释变量：MAP1-4		
		MAP2	MAP3	MAP4
ECM		0.559**	0.449**	0.440***
(Wald 值)		5.216	3.872	3.161
NCM		-0.166	0.474**	0.879***
(Wald 值)		0.551	5.079	14.591
GOV		0.167	0.147	0.386***
(Wald 值)		1.297	1.111	5.871
Size		0239**	0.477**	0.198***
(Wald 值)		1.820	2.453	4.696
Ind		0.154*	0.167**	0.162***
(Wald 值)		1.872	2.163	5.523
Loc		0.432**	0.535**	0.284***
(Wald 值)		2.07	2.091	4.452
List		0.129	0.012*	0.707*
(Wald 值)		0.24	1.906	1.832
Age		0.183	0.862*	0.183**
(Wald 值)		0.43	1.761	2.170
CONS		-3.727***	-4.557***	-6.481***
(Wald 值)		13.746	22.472	35.032

续表

解释变量	被解释变量：MAP1-4			
	MAP1（以此为基准）	MAP2	MAP3	MAP4
N		385		
LRchi2		78.145		
Prob > chi2		0.000		
Pseudor2		0.230		

注：*、**、*** 分别表示在10%、5%、1%的水平上显著。

7.4 本章小结

本章主要检验了商业模式对管理会计工具综合应用与企业创新绩效的影响，在前几章文献综述与理论框架研究的基础上，本章将商业模式变量纳入框架内，考察了商业模式、管理会计工具综合应用、管理会计信息以及创新绩效之间的关系。首先，借鉴了国内外权威期刊的做法以及相关量表，使用李克特式7级量表对所涉及的变量（包括两种类型的商业模式）进行了度量。其次，以整体样本以及332份有效样本数据为依据，使用多元回归与层级回归分析模型对商业模式、管理会计工具应用与创新绩效三者的之间的关系进行了实证研究。研究结论显示，新颖型商业模式的企业比效率型商业模式的企业管理会计工具综合应用程度更高。即在新颖型商业模式下，管理会计工具纵向整合程度更高，管理会计工具横向整合水平也更高；在新颖型商业模式的企业中，管理会计工具综合应用对创新绩效的影响更加显著；进一步地，商业模式类型对管理会计工具综合应用与企业创新绩效起调节作用，且部分以管理会计信息为中介。

第7章 商业模式对管理会计工具应用与企业创新绩效影响的实证检验

此外,为了保证了实证结果的科学性与准确性,本章在进一步分析中使用多种方法验证了结果的稳健性。具体如下:使用Harman单因素方法来检验同源偏差问题,并将每个层次的管理会计工具应用程度赋予相应权重重新进行回归。此外,将每个层次的管理会计工具应用程度赋予相应权重重新进行回归;使用多项LOGIT模型进行了稳健性检验,以上稳健性检验的结果同样支持了上述研究结论。

第8章

研究结论、政策建议与研究展望

在前面对管理会计工具各方面多角度多方法的分析研究之后，总结了研究结论，同时通过分析总结本次研究的局限性，为之后研究指明了明确的方向。

8.1 研究结论

基于促进我国经济的转型升级，提升企业内部管理水平与创新能力的背景下，本书将管理会计工具综合应用作为研究对象，研究了管理会计工具综合的逻辑概念，并采用理论分析与实证研究相结合的方法对管理会计工具综合应用与创新绩效之间的关系进行了分析检验。全书按照"管理会计工具综合应用的研究综述——理论基础分析——访谈与问卷设计——实证分析——研究结论"的研究思路展开研究。从理论的分析与推演到企业访谈与实证的检验，由表及里，层层深入。本书所得到的研究结论主要有以下几点：

（1）界定出本书所要研究的管理会计工具不同种类和以及管理会计工具所处的具体应用层次

本书在借鉴 IFAC（1998）及相关文献的基础上，对管理会计工具应用层次的概念进行拓展并进一步提出管理会计工具综合应用的理论研究框架,采用了问卷调查和半结构访谈的方式对管理会计工具类别和收集到的有效数据进行检验,运用量表和结构方法模型刻画管理会计工具综合应用情况,对管理会计工具综合应用程度加以反映和度量;在此基础上对会计工具的使用频数进行统计、分析和描述,最终界定了18种管理会计工具,他们分别在预算管理、成本管理、营运管理、绩效管理、风险管理等领域的四个不同中,具体为:回收期/回报率法、标准成本法、杜邦分析法、本量利分析、贴现现金流法、责任会计、定量库存控制、作业成本法、零基预算、全面质量管理、目标成本法、价值链分析、生命周期法、平衡计分卡、经济增加值、关键业绩指标法、标杆管理、全面预算管理。

关于管理会计工具整合的相关研究,已得到管理会计研究领域专家学者的广泛关注,相关领域的文献与研究也越来越多。但以往的研究中,很少从层次化的视角对管理会计工具整合应用的问题进行思考。因此,本书将理论研究与企业实践应用相结合,这对于明确和把握管理会计工具整合的逻辑概念以及理解企业实践应用具有一定的理论意义与实践启示。

(2)管理会计工具的综合应用能够促进企业实现战略目标、提高创新绩效

纵向整合方面,层次的提高兼容性越强,管理会计工具应用的种类也随之增加,不同层次的管理会计工具之间越来越趋于整合。本书通过企业调研和实证检验发现,层次内的工具整合应用有利于发挥协同效应,也可以促进企业的创新绩效水平。而不同层次的管理会计工具之间的差异互补性,也能为企业的管理决策提供有用信息,降低不确定风险,提高企业的创新绩效。

本书在第5章和第6章分别研究分析了管理会计工具和企业创新绩效间的关系,具体分析了其对创新绩效造成的直接和间接影响。通过第5章的分析检验认为,无论是管理会计工具的纵向整合

还是横向整合，其都能影响创新绩效水平及其三个维度。第6章检验了引入管理会计信息中介变量后的间接效应。管理会计工具应用可以通过管理会计信息支持功能来提高企业的创新绩效，即管理会计信息在管理会计工具应用对创新绩效的影响中发挥一定的中介作用，但纵向与横向两个维度上的工具整合应用对信息的提供以及对创新绩效的影响会有所差异。

（3）商业模式对企业的管理会计工具综合应用与创新绩效有影响

研究结论显示，新颖型商业模式的企业比效率型商业模式的企业管理会计工具综合应用程度更高，即在新颖型商业模式下，管理会计工具纵向整合程度更高，管理会计工具横向整合水平也更高；在新颖型商业模式的企业中，管理会计工具综合应用对创新绩效的影响更加显著；进一步地，商业模式类型对管理会计工具综合应用与企业创新绩效起调节作用，且部分以管理会计信息为中介。

企业的管理会计工具应用层次不是一成不变的，而是受到了诸多因素的影响。关于管理会计的应用的影响因素的研究，从过去10多年以来一直有不少文献对此进行了研究。从管理会计工具应用的影响因素的实证研究中可以看出，环境不确定性、组织分权、战略、先进制造技术、规模和公司治理等权变要素会对管理会计工具的应用产生一定影响，但很少有学者以商业模式为切入点对其进行研究。因此，本书将商业模式视为一项权变因素，研究不同类型商业模式下管理会计工具的综合应用问题，具有比较宏观的视角，以及较强的理论意义和政策意义。

8.2 政策建议

基于本书研究得出的以上结论，本节针对管理会计指引体系的理论建设、企业中管理会计工具的实际运用情况、如何将管理会计工具在各层次上进行整合应用以及协同效应最大化地促进创新绩效等目标的实现提出相关的政策建议。

(1) 解读相关指引，推进管理会计体系建设

我国财政部于 2016 年和 2017 年先后发布的《管理会计基本指引》《管理会计应用指引》标志着我国在全面推进管理会计体系建设上迈出了坚实的一步。两部政策法规从管理会计目标、原则、工具、应用等方面为我国企业及行政事业单位中管理会计工具的相关应用提供了基本理论指导，将有效提升组织应用管理会计工具的能力，并在具体实践中提高组织的管理水平及业绩水平。本书对管理会计工具的研究基于以上相关指引内容，由此得出的结论也能够为进一步深化管理会计体系建设提供一些建议，具体如下。

第一是在管理会计的战略导向方面。《基本指引》中提出了战略导向原则是管理会计工具应用的基本原则之一，即管理会计工具应用要以战略规划为导向，以持续性价值创造为核心使命，推动组织单位健康可持续发展。本书将企业创新绩效分为新产品推出方面、新技术使用和市场反应方面三个维度进行分析，以企业创新绩效为落脚点，研究了管理会计工具应用对其产生的影响。综合来看，管理会计工具的应用对创新绩效的各个维度皆有正向影响。因此，本书建议管理会计相关指引体系可以将组织战略目标进一步细化为多个维度，在管理会计与这些目标维度之间建立联系，以便于更好地推进管理会计体系建设并实现组织的最终战略目标。

第二是在管理会计系统化、集成化应用方面。《基本指引》中强调了在应用管理会计工具时要着重与企业自身情况相结合，将其系统化、集成化。本书在此基础上进一步将管理会计工具划分为四个层次，每层中包含预算管理、成本管理、营运管理、绩效管理、风险管理等领域的工具，并又根据其应用情况生成相关工具簇进行研究，大大加强了管理会计工具之间的联动性。因此，本书建议相

关指引要进一步放宽应用领域范围界定,打破应用领域限制,使企业能够依据自身实际将各应用领域工具打散再系统归类,进一步提高管理会计工具之间的关联性。

第三是在管理会计工具借助业务流程融合方面。《基本指引》与《应用指引》中都强调了在应用管理会计工具时应结合单位业务流程,本书认为,基于层次的管理会计工具整合应用有助于进一步降低企业内部流程的复杂性,减少流程变动,降低创新过程中的风险,提高内部经营效率,实现企业目标。因此,本书建议相关指引在强调管理会计工具与业务流程相融合的同时,还要强调管理会计工具协同性在优化流程中的作用,使管理会计工具向更高级的"立体化"方向发展。

第四是在管理会计信息系统建设方面。信息化水平的提高推动了管理会计的广泛应用,同时管理会计的发展也使单位信息系统建设得以加强。《应用指引》对管理会计工具在各个应用领域的信息化要求作出了明确说明,但是为了进一步实现数据流动畅通、数据口径统一、消除信息孤岛等目标,本书建议相关指引要完善管理会计信息系统,使其能够反映出管理会计工具整合应用与结合业务流程等实际情况的要求。

(2)深化管理会计工具应用,完善管理会计理论研究体系

本书通过对企业应用管理会计工具情况进行实地调研,结果表明我国企业的管理会计工具应用仍处于中等水平。财政部于2017年颁布的《管理会计应用指引》正是针对这一情况,重点在于提高我国企业的管理会计工具应用水平,进而为企业如何有效选取管理会计工具方法提供思路与指导。但该指引没有给出具体应用实例且部分类别中的管理会计工具较为陈旧,对于企业的适用性较低。此外很多企业价值导向有所偏离,一味追求规模扩张与利润增长,未能树立企业价值最大化的目标。因此本书提出以下建议。

完善管理会计应用指引内容,根据现代企业实际经营情况,颁

布风险管理类应用指引,旨在促进企业适应激烈的市场竞争,提高其风险应对能力;拓展管理会计工具方法,用生命周期成本、精益管理等新的管理会计方法去替代原有较为陈旧的方法,增加价值链等管理工具类应用指引,与企业实际需要相匹配,提升企业的管理会计工具应用程度及水平;提升相关指引中对企业价值导向的指导力度,强化价值创造在企业长足发展中的核心地位,完善价值管理体系,深化价值创造观念。

(3)坚持价值导向,加强管理会计工具整合应用

本书以《基本指引》中强调的管理会计工具整合应用注重系统化、集成化的思想为理论指导,本书将管理会计工具整合为管理会计工具簇,并按各工具在应用领域的功能将其进行归类划分,并在此基础上分别研究管理会计工具整合在各层次上的应用对企业创新绩效的直接影响和影响路径,得出管理会计工具整合应用对企业创新绩效显著的正向作用的结论。研究论证了企业应将其自身特点与管理会计工具特性相匹配,摒弃孤立应用某一种或几种工具的观念,将管理会计工具进行系统性、集成性整合应用,并充分发挥其协同性效用。

加强管理会计工具整合应用要坚持以价值创造为整体导向,基于各业务流程,渗透进入单位经营的核心环节和各领域。本书研究以各流程环节为载体,以产品、技术、市场反应三个维度为具体目标,论证了管理会计工具在各层次上与层次间的整合应用对企业创新绩效产生的直接和间接影响。

从产品、技术、市场反应三个价值创造维度来看,管理会计工具在研发、采购、生产、销售、物流环节上的整合应用对新产品推出及新技术使用两个非财务方面的创新绩效维度都有直接的正向影响作用。在这两个非财务方面,管理会计工具整合应用也会借助管理会计的信息支持功能再次对其产生正向影响。因此,管理会计工具的整合应用要以有利于财务及非财务指标为导向,尤其要向非财

务方面的目标实现方向发展,通过将管理会计工具与各流程相结合来实现管理会计工具与单位的实际经营活动牢牢结合的目标。

需要强调的是,创新绩效三个维度的目标是总目标导向的细分,企业应结合自身实际,将总体价值创造目标分解成具体目标导向,提升管理会计工具整合应用能力。

(4)促进工具间协同,实现企业目标

我国《管理会计基本指引》中强调了管理会计的融合性原则,即管理会计工具应用要与业务流程相融合,本书将企业管理会计工具应用的四个层次作为管理会计工具应用的切入点,以战略管理、预算管理、成本管理、营运管理、投融资管理、绩效管理、风险管理等七大类为管理会计工具应用领域,发现不同层次之间管理会计工具应用的协同会推动企业创新绩效水平。

各层次的主要管理会计工具其功能定位、提供信息的侧重点,以及体现的管理控制思想不同。四个层次的管理会计工具的整合,表现为不同层次的管理会计工具提供不同侧面的信息,并为管理者综合利用。管理者应用管理会计工具的载体是各类管理会计报表。第一层次的管理会计工具,提供的信息侧重于成本确定和财务控制;第二层次的管理会计工具侧重于为计划和控制提供决策信息;第三层次的管理会计工具侧重于关注消除商业流程中的资源浪费;第四层次的管理会计工具则着眼于寻求人力资源潜力的激励和挖掘,以便对资源进行有效利用和价值创造。总的来看,前三个层次的管理会计工具主要关注物力资源的配置信息,最终的落脚点是企业的短期会计利润。第四个层次的管理会计工具更侧重于对人力资源的激励,通过对人力资源潜力的调动来实现企业中所有资源在短期和长期内的最优配置,其落脚点不再仅仅是企业的短期利润,更关注企业在长期里是否具有创造经济利润的能力和价值创造能力。

综上所述,根据本书的研究结论得出的相关政策建议,无论是对于构建并完善管理会计指引体系,还是指导企业的管理会计操作实践,在企业生产经营流程中的管理会计工具整合应用都具有现实借鉴意义。

8.3 研究展望

虽然本书的研究存在一定的创新性,也得到了一些对管理会计理论和企业实践有意义的研究结论,但是在研究过程中仍然存在一些局限,需要在未来的研究中进一步深化和完善。在未来的研究中,认为需要深入和完善的地方主要包括:

(1) 在研究方法上

由于问卷调查方法本身的局限性,研究结果可能存在某种程度上的主观性偏差,在研究中应加强对研究结果的稳健性检验。并且管理会计工具在企业各层次中的应用对创新绩效的影响由于问卷数据本身所存在的局限性,无法通过变量替换的方式进行稳健性检验,期望在以后的问卷调查研究中能有所突破,使研究结论更夯实。

(2) 在研究内容上

本书是对管理会计工具综合应用中一般性的、总体性的规律做出的初步探索和尝试。本书只是提出了管理会计工具综合应用的概念体系,检验了其影响因素和经济后果。从层次化的视角研究管理会计工具的应用,还有很多问题有待于深入研究。如深入了解不同管理会计工具的特性、功能和定位,运用不同的分类方法,加强对不同管理会计工具之间的联系和区别的研究。深化对不同的管理会计工具之间的协同应用的研究,深化管理会计工具应用与企业面临的管理情境的匹配性的研究。立足企业实践,进行管理会计工具结构化应用的案例研究,并从诸多案例中去寻找管理会计工具结构化应用的最佳实践,再进行抽象和提炼,形成具有规律性的理论。

附录 A　访谈提纲

您好！首先感谢您能参与本书的访谈，对您所给予的回答和所提出建议，表示最诚挚的感谢！

本次访谈主要是想了解一下管理会计工具在企业的应用情况、企业的创新情况以及企业的商业模式。该访谈为匿名调查，访谈结果仅做学术研究，绝无商业目的，您可以放心作答。本次访谈的回答无对错之分，请按照企业的真实情况进行回答问题，敬请放心。

您提供的宝贵意见和建议，是研究不可缺少的重要依据。再次向付出辛苦劳动的您表达谢意和敬意！

一、背景资料

请您简单介绍下贵公司和您个人的基本情况？

1. 企业名称；

2. 所有权性质；

3. 企业主营业务；

4. 企业近年来的发展概况（如经营理念、经营战略与目标、研发成果、行业地位、竞争与合作情况）；

5. 被访人职务；

6. 被访人在本企业工作年限。

二、访谈问题

1. 贵公司主要的业务流程是什么样的？

2. 在上述各个流程中，公司应用了哪些管理会计工具？具体是如何应用的？

3. 贵公司的管理会计报表有哪些？主要关注哪些指标？在日常管理与创新过程中主要关注什么方面？如何对报告中各项指标所提供的信息进行分析？

4. 您对企业创新有什么看法？贵公司的创新情况如何？请举例说明。

5. 贵公司应用管理会计工具所提供的信息对企业的创新绩效提高有帮助吗？请举例说明。

6. 您怎样理解企业的商业模式？贵公司所采用的商业模式如何？请举例说明。

附录 B　访谈企业编码材料

A 公司：

A 公司自 1998 年开始在企业内部管理中使用预算管理系统，最初的预算管理仅仅关注成本、费用和利润等单个指标，经过进一步的发展逐渐形成了涵盖公司宏观目标、部门计划以及具体生产销售安排等方面的全面预算管理系统，全面控制企业生产经营管理活动，引导企业战略目标的落实，并逐渐形成体系。预算上至公司管理层的经营目标，下达至班组或具体作业。总公司有 5 年的战略经营计划，每年 8 月经营部依据上期预算完成情况同时结合本期经营目标预算，着手编制本年度的预算草案，并采取自上而下的目标分解与自下而上的信息反馈方法。预算按编制年度包括年度、半年度、季度和月度预算，采用金蝶系统进行编制与调整。其中，月度预算能够过程控制，可以进行随时动态调整，同时对预算进行事后分析以实现事前控制。预算的编制内容主要有：费用预算和经营活动预算，超出预算的部分根据金额的大小需要上报并说明具体原因，有些项目预算是较为固定的，而有些项目则相对有弹性。

1. 销售：公司 90% 为按订单生产，10% 为在库备用。客户下单后，销售部、法务部会参与合同签订，销售部门有专门的 CRM 管理系统，会及时反馈客户满意度，并形成反馈日志。合同签订后，根据给定价格和期望利润水平确定目标成本设计工艺流程。由于企业不直接面向最终客户，而是为上游客户提供在加工产品，所以价值链管理不太使用。对产品分类进行本量利分析，而非针对具体产品，因为企业的产品种类较多，多达十几万种。在企业经营决策方面，分析对经营效益有重要影响的敏感性因素，并通过边际分析进行短期决策。

2. 采购：公司在采购环节对供应商的选择主要可以分为两种情况：一种是长期的战略合作，主要是针对稳定的客户，所需材料固定，这样通过长期合作的供应商可以降低成本；另一种是由采购金额的大小决定，如果采购金额较大，则采取招标的形式，如果采购金额较小，一般采取货比三家的购买方式。另外，企业正在实施通过将采购材料库存转嫁到供应商的采购模式，以此降低企业采购材料的库存成本。

3. 生产：公司在生产过程中有专门的工艺指导，并下发指示书，从物流系统领取原材料后进行加工，最后将产成品检验入库。在预算的整体控制下，生产部门主要采用标准成本法对大类的产品进行成本核算，同时辅以作业成本法。在预算的编制过程中，仅使用标准成本法，而作业成本法的作用一则是对实际生产活动进行成本分析，据此在预算中对大类产品的生产成本进行调整；二则可以在实际生产中起到监督作业，防止成本超标。根据制造费用发生的成本动因对每个作业活动的资源消耗量编制预算。把固定性的生产成本作为成本核算的内容。运用的分配标准较多，如工时、人工等。

4. 物流：公司有专门的物流管理系统。当企业采购的原材料验收入库时，要填原材料入库单。生产部门提取材料时要填原材料出库单，才可以进入生产流程。对生产完工的产成品在检验入库时，需要填写产成品入库单，到交货期时，经物流中心发货出库，并开具产品出库单。

5. 研发：企业所生产的产品品种众多，且多为民生产品，机器设备适应不同市场环境下客户对不同产品的需求。因此，企业的研发活动不多。

企业会定期进行内部考核,主要由内部经营部门和人力资源部门进行,采用的方法是 KPI,KPI 具体指标的选择来自全面预算。各部门的考核标准不同,如人力资源部门较为看重人员数量流失率和工伤比率等,销售部门比较看重销售额、营业利润率和利润总额,财务部门看重财务风险、应收账款回款等,对财务部门的业绩考核中 90% 是非财务指标,10% 是量化指标。对同行业的关注仅考虑竞争者的销售额与销售增长情况。

B 公司:

B 公司于 2002 年成立,现拥有遍布全国的高端汽车钢钢加中心的服务网络,为客户提供包括仓储、剪切、落料、激光拼焊等全套服务。公司目前主要有 ABC 三个生产区域:A 区是东北和华北;B 区位于西南,以重庆产线为主;C 区是华南,以广州产线为主,采用代销的方式。目前,东北的大连区域生产线已经成熟,重庆和广州的生产线尚处于起步阶段。

公司设有董事会、总经理,下设研发部、采购部、生产部门、销售部、人力资源部、财务控制部等。企业财务控制部门分为财务部和控制部:财务部的主要职能为会计核算、控制部主要职能为编制采购、销售等部门的预算考核表。公司每年 8 月由财务部牵头开始做下一年的年度预算。预算编制一般是由销售部门根据以往年的数据为基础,利用 SAP 系统的大数据库预测全年的销售量,并分配到各个月份,同时生产部和运行部分别制订生产计划和材料消耗计划,三个部门的预算在一定的期限内汇总到财务部。由财务控制部与各部门协调交涉,形成公司的初步预算。最后,由各部门领导开会商讨后进行修正,并上报至总经理和董事会审批。

企业将整体设为利润中心,内部含有各类成本中心,设立依据是按功能设计,成本中心包含设备以及包括进口端、锻造、出口端等一系列列流程。针对成本管理的具体情况,不断调整和细化成本中心。

1. 采购：公司采购由固定的供应商，以销定产，利用 SAP 系统根据客户需求确定进货规模。采购渠道主要是与其控股股东进行关联交易，按照市场价格进行定价。

2. 研发：设立有专门的研发实验室，技术支持以属地管理为主，包括属地技术人员、TSD 技术支持工程师、TEAM 高效推进团队、扩大区域办公室技术人员队伍。提高产品的反应速度和产品的分析能力。企业致力于开发新产品和产品深加工，针对 QP 钢、热成型钢等需要深加工的产品加大研发力度，这类产品因利用德国镀锌技术支持，成本低，收入可观，利润高。

3. 生产：公司整体按照项目设账，来管理成本中心，有利于成本控制和预算等。公司年初会根据上年的情况设立企业的标准成本，并使用标准成本法对产品成本进行核算，辅以作业成本法，对成本进行改进。由于企业成本持续变动，与市场关联性较大，并不使用目标成本进行成本管控。企业进行本量利分析，计算边际生产量、边际成本，进行营运管理。

4. 物流：企业提供剪切、落料、激光拼接焊板的适时制（JIT）服务，降低客户库存量，并降低库存成本。各地区设立驻外办事处，办事处进行日常的存货的盘点，年底进行统一集中盘点。

5. 销售及客户服务：企业在提供产品的同时提供服务。客户每月报生产计划，企业利用数据库中车型、部件、份额、产量、估计耗材量等有关数据核定计划是否合理。由于该行业客户通常 3 年不更换供应商，保证其连续稳定生产，企业所生产产品拥有品牌优势，极大地将客户 3 年认证的周期缩短。企业实施标准化质量异议处理，将质量纠纷保证在 15 日之内解决。企业对自身定位于不仅仅是钢材的供应商。企业形成较为完善的钢加中心服务网络，实现对客户前期和后期的服务。提供 EVI 服务，争取市场份额。公司在对产品销售做分析时，充分考虑竞争对手宝钢，并以其作为参考，通过与竞争对手的对比学习，使公司不断改善。

公司在年度预算的基础上，每季度会进行滚动预测，在每季度末财务控制部会针对预算的实施情况进行内部审计。企业按照每季度实施绩效考核，利用关键指标法（KPI）对企业整体、各部门、所有员工进行考核。考核标准按照往年实施情况以及部门之间的协调确定。考核标准为实用可靠，能够落实并影响行为的标准，而非硬性的指标。公司整体关注的绩效指标为销售量、销售价格和企业利润。企业由于产品品种单一，相对于宝钢打包销售和多品种销售策略存在弱势。企业使用风险矩阵进行风险的识别和应对。

C公司：

C公司所在的集团公司目前有115家企业，是国内最大的制版公司。其中，70余家子公司在国内，40余家子公司在国外，总部在上海。具体分为四个管理层架，集团、总公司、子公司和片区。C公司是大连地区的总公司，下属八家子公司，主要负责庄河、沈阳、长春等东北地区的运营与管理。C公司从2012年开始实施财务战略转型，采用集中记账和精益化管理，并与普华永道合作开发企业内部控制制度规范，实施标准化管理和财务监督。C公司采用集中记账的制度，使用软件为用友，有利于统一标准。公司考核主要根据业绩，以产值利润为辅。公司年终会使用KPI对各个部门进行考核，如总经理考核指标为上交款、产值例利润（回款利润）、业务员考核标准为产值、车间人员考核标准是综合生产、出勤率等、员工考核是计件等。集团公司要求下属C公司计算EVA，并上报给集团总部。

1. 销售：产品销售由各子公司的业务部（销售部）负责，并由总公司市场部对其进行监督。销售部每年会根据上年的客户情况制定销售预算，并作为企业全年预算的编制基础。每季度会对销售预算进行较大的分析，每月跟踪预算实施情况，每日上报工作总结，用于分析客户变动情况以及客户跑单的情况。

2. 采购：企业采购的原材料主要有钢板、钢管、法兰盘。采购的流程主要是各分子公司提交原材料使用申请，集团采购组会根据现有库存和采购周期，确定材料采购量，通过向供应商招标的方式在保证原材料质量的前提下以低于市场价格采购所需材料。

3. 生产：生产部门会根据生产情况对原材料规格等进行下料，形成物料清单。在生产车间进行机器加工、电镀、精雕等生产工艺流程。生产预算主要是财务部门根据销售预算制定。企业采用精益化生产制度，已实施4年，该精益生产制度实施以来，生产效率有所提高，效益并无明显改善。该制度分为四个阶段：一是以 TPM（全员生产维修）为主，通过设备的维修与保养等，来保证设备运行；二是以 TQM（全面质量管理）为主，保证产品质量；三以小批量生产为主，主要与生产技术有关。将实施的第四阶段主要以 SAP 为主，以期实现各个流程、各部门之间的无缝链接。并作生产线和工序之间实施 JIT，以到达生产线的无库存。生产成本核算中，按照移动平均法核算原材料的出库价格，通过单位耗量乘以出库价来核算产品成本。每日，生产部门会汇报生产日报，并与标准成本进行对比，分析成本差异。

4. 研发：集团公司专门的研发中心，各分总司也设有相应的研发中心，主要用于提供客户产品的保障服务。

5. 物流：集团设有上海物流中心，主要原材料由集团统一采购并配送。子公司订单完成后，在大连市市内，由业务员发货或者客户直接提取，其他地区则采用火车、客运、海运等方式进行配送。由于企业采用订单式生产，所有发货及时，库存成本较小。

6. 客户管理：销售部门主要是对固定客户进行维护，并积极开发新客户资源。企业的经营风险主要体现在应收账款。对客户的应收账款的管理，主要采用信度和账期控制。分客户类型进行管理，对信度好的长期合作的大客户无须定金，直接可以下单；对于初始客户需要提交定金。每两个月会提示客户及时汇款，最初不超过3个月，拖欠3个月会暂扣货款。

D 公司：

D 公司成立于 1993 年，主要经营业务有铁路货运于临港物流业务、特种集装箱物流业务和房地产三项。公司采用混合所有制，现有员工 2000 人左右。D 公司在管理体系上采用扁平化管理，总经理下设战略投资部、办公室、人力资源部、财务管理部、企业管理部、工程预算部、收入稽查部、证券事务部和审计部，且下属的 10 个主要分子公司及机构均由总经理直接负责。D 公司的业务流程如下：首先由市场运营部门做相关的市场开发和新客户发掘，然后根据客户需求检查自身是否有适用箱型，如果没有可用箱型则需根据客户需求量决定是否进行研发，如果有适用箱型则与客户签订合同。具体合约包括自营物流和代理物流两种模式，前者是 D 公司利用自身物流体系和物流能力满足客户需求，后者则是 D 公司寻找具备相关物流能力的第三方物流公司完成客户物流订单。

D 公司的预算包括经营预算和资金预算两种，其中经营预算是每年 10 月编制一次，遵循先自下而上上报，然后自上而下审批下拨的顺序。具体而言，首先由业务部门根据往年的稳定客户以及新市场开发进度预计下年的运量，而该预计运量信息在与上级部门的沟通交流后予以确定下年预计运量，然后据此计算预计的收益和成本，最后将所有子公司的预算信息汇总到集团的财务部门，经过总经理办公会议的讨论与研究，再提交至董事会议和股东会议申请批准。而资金预算则是建立在公司的资金管理的基础上每月编制一次，而超预算部分需要向上级部门申请审批。D 公司在资金管理上采用收支两条线，各分部子公司的货币资金需当日集中汇集到总公司的专项账户中，而各项支出则需要申请并于专门的支出账户中划拨资金，通过集中化的资金管理能够提高 D 公司的资金使用效率并控制资金风险。

1. 研发环节：D 公司的研发行为主要由客户的物流需求引发，在研发过程中主要扮演联系上游集装箱制造工厂和下游客户的角色。为了分散研发风险，D公司与合作伙伴共同设立了合资公司以专项负责集装箱的研发活动，且D公司仅占有较少股份，主要风险由其他制造商和客户承担。在具体研发活动中，首先由货物运输客户提出特殊箱型需求，然后由D公司牵头根据客户需求联系具备相关能力的集装箱制造厂商，最后达成箱型开发协议，并且对新箱型进行成品实验，以使其满足铁路运输的各种要求。在新箱型的研发过程中，D公司负责协调和组织研讨等工作，仅承担新箱型研发中较小部分费用，所以在核算中D公司通常直接将研发支出计入当期费用，而且在预算编制中并无专项的研发预算。

2. 物流环节：D公司物流业务的成本构成按照物流环节划分，主要包括取货和配送两类。取货是指客户需要上门取货，配送则根据运输路程长短和运输工具的不同分为短途公路运输和长途铁路运输两种类型。一般来说，D公司需要相关供应商（汽车运输队）签订协议，由其负责短途公路运输业务，而长途铁路运输则由其自备的集装箱及其与铁路总公司的运力协议完成。公司的业务收入以合同为基础，以市场谈判为主要定价方式，不同区域、货品类型、时段、线路等运输价格均有所不同，而且由于主要依赖铁路物流，因此其价格受铁路总公司的运价调整、运输政策的影响较大，市场变化较大。D公司在合同的签订上，首先设定一定的盈利幅度，然后在运输成本的基础上通过市场谈判确定运输价格并计算单箱收益，如果单箱收益在设定的盈利幅度内则接受订单。

D公司的主要竞争对手为自备集装箱的公司，该类公司利用自备集装箱进行物流运输，从而绕开D公司的物流服务，但是其需要向铁路总公司申请铁路运输区段。随着市场化改革的推进，公司的经营环境由封闭的卖方市场转变为竞争性的买方市场，竞争强度日益加重。此外，公司还需要和包括公路、水路等其他运输方式的物流企业进行竞争。在物流环节中，公司需要考虑并控制相关的安全风险和资金风险，保证人身安全、运输安全和货品安全，并控制资金的使用风险提供资金利用效率。

3. 客户服务：D公司的客户服务包括运输环节的服务与客户关系维护服务，在订单完成的运输过程中设有专员根据各环节流程控制点的实施情况向客户进行信息反馈和沟通，以提高客户满意度。客户关系维护则专门针对较为稳定的大客户实施，包括相关大运量的国有企业和铁路运输车站等。

E公司：

E公司是国内较大的综合船舶制造企业，拥有员工1万人左右，主要经营包括造船、修船、海工、重工等业务，董事会下设经理层，其下设有营销部、人力资源部、行政事务部、财务会计部和生产管理部等专职部门，下属包括设计研究院、生产保障部、检测中心等辅助支出部门，拥有15家子公司。

公司编制有3年滚动预算、年度预算和季度预算，其中3年滚动预算为长期控制型预算，年度预算为各期经营基础，通常公司的年度预算由企业策划部牵头编制，先由各职能部门如人力资源部和销售部等编制自身预算，然后提交给财务部门进行复核，最后将所有预算均汇集到企划部进行汇总。本季度末编制下季度的季度预算，若上季度支出超出预算，则需在下季度予以控制缩减。高级员工的绩效考核主要参考 EVA、KPI（利润总额、营业收入、应收款项和存货总额占流动资产比例、资产负责率）方法，年终决算时进行年度业绩考核。一般员工的业绩考核主要采用评分制，由相关部门负责人于年底进行考核，其中每月薪酬由固定部分与浮动部分构成，浮动部分由公司整体的工作量和建造进程决定。为了管理资金风险，公司每周需制定资金周报，并且编制每周和每月的资金预算。在具体的资金使用过程中，用款部门需要向财务部门提交用款申请，每周主管财务部门的领导以及相关归口部门召开资金计划会议，确定资金项目是否予以批准及其批准额度。资金使用申请被批准后由资金管理部门将资金下拨至申请部门，并对资金的后续使用情况进行考核管理,如果本期申请额度剩余较多,则下期申请会有所降低。

1. 销售:公司采用订单式生产,首先由营销部门负责合同的谈判与客户开发,签订合作意向,然后公司内部进行可行性研究,最终形成相关报告。相关可行性分析中需要计算船只建造的保本点和盈利额度,在建造能力空置而且订单金额可以覆盖固定成本的情况下也会接受订单。最后公司在双方均同意的基础上签订船只建造合同,通常由船东先支付一定比例的预付款,然后由公司进行专项融资,其中的利息支出进行资本化计入建造成本中。此外,公司会不定期组织考察团去其他同类企业进行考察学习,学习比较先进的生产设计经验,以提高自身竞争力。

2. 研发:具体的船只制造,首先由专门的子公司负责研发设计,根据客户需求进行船只设计、生产,然后做船只建造预算,以此作为成本管理控制基础。公司成立专门的项目组负责专项生产与管理,生产完成后公司与船东双方共同进行试航,符合要求后进行交工。

3. 采购:采购成本由物资部负责,均采用招标方式进行,在具有一定资质的供应商中选择合作伙伴。招标采购前通常设有一定的用款计划,结算部会参与其中的核算过程,而超出用款计划的部分需要上级审批。材料采购后入库,在使用时公司使用计划成本法进行成本核算,并设有材料成本差异科目计算成本差异。

4. 生产:生产过程中使用计划成本法,需要编制船只的目标成本据此控制建造成本,如果船只建造成本超出目标幅度,则需要追究归口部门相关责任人,影响其绩效考核。公司使用完工百分比法进行成本与收入核算,根据船舶建造进度确定完工程度。生产辅助部分发生的费用则由相关归口部门负责核算,如财务费用归属于财务部负责,超出预算部分需要申报与审批,销售费由营销部计算,相关制造费用由生产管理部负责。在对企业制造费用核算时,通过作业消耗资源动因的确认和计量,运用作业成本法计算产品的生产成本。

5. 售后:售后保障部主要负责船的维修沟通,财务部会根据往年的维修费用预提一定的保修费,在发生时冲减保修费。

附录 C　管理会计工具在企业中应用及其应用效果问卷调查

尊敬的女士/先生：

您好！我们正在进行一项国家社会科学基金项目的课题研究，将基于问卷数据，分析不同商业模式下企业管理会计工具综合应用对创新绩效的差异性影响。本书的研究成果对不同商业模式的企业进行系统化、集成化地应用管理会计，提高创新绩效等具有一定支持和指导意义。

我们郑重承诺：该问卷调查为匿名调查，问卷调查结果仅做学术研究，不存在任何商业用途，不会泄露贵公司的任何机密。问卷中所有题项的回答无对错之分，请您根据实际情况填写。衷心感谢您对我们研究工作的大力支持和帮助！

一、公司面临的环境和基本情况

1. 您的职位是（　　）

A. 高层管理者　B. 中层管理者　C. 财务负责人　D. 基层管理者　E. 一般财务人员

2. 您在贵公司的工作年限是（　　）

A. 5 年以下　B. 5~10 年　C. 11~15 年　D. 16~20 年　E. 20 年以上

3. 您的学历是（　　）

A. 本科以下　B. 本科　C. 研究生及以上

4. 贵公司成立至今的时间是（　　）

A. 5 年以下　B. 5~10 年　C. 11~20 年　D. 21~50 年　E. 50 年以上

5. 贵公司员工人数约为（　　　）人

6. 贵公司的主要业务属于（　　　）

A. 农林牧渔　B. 采矿业　C. 石油天然气和再生能源　D. 制造业　E. 信息和通信技术　F. 运输、存储和配送　G. 公共服务　H. 批发和零售　I. 建筑和房地产　J. 银行、金融和保险　K. 医疗器械和制药　L. 教育　M. 其他行业

7. 贵公司所在省市为（　　　）省（　　　）市

8. 贵公司的性质属于（　　　）

A. 民营非上市公司　B. 民营上市公司　C. 国有非上市公司　D. 国有上市公司　E. 中外合资企业　F. 外商独资企业　G. 其他

9. 贵公司总资产约为（　　　）亿元　（　　　）千万元　（　　　）百万元

10. 贵公司年主营业务收入约为（　　　）亿元　（　　　）千万元　（　　　）百万元

11. 贵公司研发支出占年主营业务收入的比例约为（　　　）

12. 下列题项中，贵公司所在行业（1 = 不符合；7 = 非常符合）

新产品/服务出现的速度快	1	2	3	4	5	6	7
生产技术更新速度快	1	2	3	4	5	6	7
产品价格竞争程度高	1	2	3	4	5	6	7
销售渠道竞争程度高	1	2	3	4	5	6	7
竞争对手的数量多	1	2	3	4	5	6	7

二、公司管理的基本情况

1. 下列题项中，相对于竞争对手，贵公司（1 = 不符合；7 = 非常符合）

附录 C　管理会计工具在企业中应用及其应用效果问卷调查

重视在价格上的竞争力	1	2	3	4	5	6	7
重视对总成本的控制	1	2	3	4	5	6	7
重视对制造流程的创新	1	2	3	4	5	6	7
重视对现有产品的改进	1	2	3	4	5	6	7
重视企业的运营效率	1	2	3	4	5	6	7

2. 下列题项中，相对于竞争对手，贵公司（1 = 不符合；7 = 非常符合）

重视高端市场的产品投入	1	2	3	4	5	6	7
重视公司广告费用的投入	1	2	3	4	5	6	7
重视差异化产品的提供	1	2	3	4	5	6	7
重视研发与自主创新	1	2	3	4	5	6	7

3. 在交易过程中，下列题项（1 = 不符合；7 = 非常符合）

交易机制简单、快速	1	2	3	4	5	6	7
交易各方的信息不对称程度低	1	2	3	4	5	6	7
交易各方的市场、销售及沟通成本低	1	2	3	4	5	6	7
合作企业的存货成本低	1	2	3	4	5	6	7

4. 在交易过程中，下列题项（1 = 不符合；7 = 非常符合）

引入了新的交易方式	1	2	3	4	5	6	7
引入了新的合作伙伴	1	2	3	4	5	6	7
引入了新的思想和方法	1	2	3	4	5	6	7
引入了新的参与者激励方式	1	2	3	4	5	6	7
引入了新的运作流程、惯例和规范	1	2	3	4	5	6	7
出现了新的产品、服务及信息的组合	1	2	3	4	5	6	7

5. 下列题项中，贵公司（1 = 不符合；7 = 非常符合）

有信息管理系统来提供各部门的管理会计信息	1	2	3	4	5	6	7
提供的管理会计信息数量适中	1	2	3	4	5	6	7

提供的管理会计信息对公司决策有价值	1	2	3	4	5	6	7
管理会计信息传递的时机恰当	1	2	3	4	5	6	7
管理会计信息传递方式灵活多样并具有针对性	1	2	3	4	5	6	7
管理会计信息传递具有互动性与反馈性	1	2	3	4	5	6	7
管理者能及时关注和接收管理会计信息	1	2	3	4	5	6	7
管理者对所接收的信息兴趣高，理解能力强	1	2	3	4	5	6	7
管理者能对管理会计信息进行有效分析和利用	1	2	3	4	5	6	7

6. 下列题项中，贵公司（1＝不符合；7＝非常符合）

董事会结构合理	1	2	3	4	5	6	7
监事会结构合理	1	2	3	4	5	6	7
重视保护股东、债权人的利益	1	2	3	4	5	6	7
股权结构清晰透明	1	2	3	4	5	6	7
高层管理者治理目标明确，经营能力强	1	2	3	4	5	6	7
财务与非财务信息披露真实、完整、及时	1	2	3	4	5	6	7
高层管理者与董事会之间沟通有效	1	2	3	4	5	6	7

三、企业创新绩效

1. 下列题项中，与同行业其他公司相比，贵公司（1＝不符合；7＝非常符合）

新产品推出的数量多	1	2	3	4	5	6	7
新产品研发的速度快	1	2	3	4	5	6	7
新产品研发的成功率高	1	2	3	4	5	6	7

2. 下列题项中，与同行业其他公司相比，贵公司（1＝不符合；7＝非常符合）

在行业中率先应用新技术	1	2	3	4	5	6	7
产品包含先进技术与工艺	1	2	3	4	5	6	7
新技术难以被竞争对手模仿	1	2	3	4	5	6	7

3. 下列题项中，与同行业其他公司相比，贵公司（1 = 不符合；7 = 非常符合）

产品改进与创新后市场占有率高	1	2	3	4	5	6	7
产品改进与创新后营业收入增长率高	1	2	3	4	5	6	7
产品改进与创新后顾客对其满意度高	1	2	3	4	5	6	7

四、公司管理会计方法使用情况

	管理会计方法	1 = 没有使用；4 = 正常使用；7 = 广泛使用
	成本确定与财务控制	
1	使用标准成本法或定额法来核算产品成本，分析成本差异	1 2 3 4 5 6 7
2	运用回收期或会计回报率评估项目投资	1 2 3 4 5 6 7
3	依据财务指标进行业绩评价	1 2 3 4 5 6 7
4	用杜邦分析法综合分析企业的财务状况	1 2 3 4 5 6 7
	为计划和控制提供决策信息	
1	对主要产品进行本量利分析	1 2 3 4 5 6 7
2	运用定量方法进行库存控制	1 2 3 4 5 6 7
3	运用贴现现金流法评价项目投资	1 2 3 4 5 6 7
4	编制责任单位的预算并进行考核	1 2 3 4 5 6 7
5	通过边际分析，比较追加成本和收益	1 2 3 4 5 6 7
6	按不同的业务量来编制弹性预算	1 2 3 4 5 6 7
7	测算并分析敏感性因素，进而提高技术方案的抗风险能力	1 2 3 4 5 6 7
	消除商业流程中的资源浪费	
1	使用作业成本法（ABC）将制造费用、期间费用分配到产品成本中	1 2 3 4 5 6 7
2	从研发设计、生产、使用、报废的整个产品生命周期的角度综合考虑生产者成本、维护成本、消费者成本等	1 2 3 4 5 6 7

续表

	管理会计方法	1 = 没有使用;4 = 正常使用;7 = 广泛使用
3	不考虑以往所发生的费用项目和数额,以零为基础编制计划和预算	1 2 3 4 5 6 7
4	对所做工作不断改进完善,以提高质量、消除浪费、降低成本	1 2 3 4 5 6 7
5	在企业全流程实施质量管理以实现零缺陷产品目标	1 2 3 4 5 6 7
6	有订单时才采购原材料生产,并及时交货,保持低库存或零库存	1 2 3 4 5 6 7
7	给定价格和期望利润水平,进而确定目标成本,设计运营流程	1 2 3 4 5 6 7
8	运用价值链分析消除非增值作业,对作业和流程进行评价和改进	1 2 3 4 5 6 7
9	以作业需求量为基础,根据作业或业务流程来编制预算	1 2 3 4 5 6 7
	通过有效资源利用进行价值创造	
1	使用平衡计分卡进行绩效考核	1 2 3 4 5 6 7
2	使用经济增加值(EVA)进行绩效评价与考核	1 2 3 4 5 6 7
3	使用关键业绩指标法(KPI)进行绩效评价	1 2 3 4 5 6 7
4	采用员工持股计划、股票期权等薪酬激励方式	1 2 3 4 5 6 7
5	参照标杆企业先进的业务流程和管理方式,不断改进和创新	1 2 3 4 5 6 7
6	采用小组织独立核算制度,以及根据团队内部的业绩给予适当激励的"阿米巴经营"模式	1 2 3 4 5 6 7
7	采用全方位、全过程、全员参与编制与实施的预算管理模式	1 2 3 4 5 6 7

参 考 文 献

[1] 北京工商大学会计学院课题组. 论管理会计系统的权变性——对我国管理会计工具引入的经验性评价 [J]. 北京工商大学学报（社会科学版），2003（6）：49-52.

[2] 财政部. 关于全面推进管理会计体系建设的指导意见 [EB/OL]. http：//www.mof.gov.cn, 2014-10-27.

[3] 财政部. 关于印发《管理会计基本指引》通知 [EB/OL]. http：//www.mof.gov.cn, 2016-06-22.

[4] 财政部. 关于印发《管理会计应用指引——零基预算》等7项管理会计应用指引的通知 [EB/OL]. http：//www.mof.gov.cn, 2018-08-17.

[5] 陈春花，刘祯. 案例研究的基本方法——对经典文献的综述 [J]. 管理案例研究与评论，2010，3（2）：175-182.

[6] 陈寒松，张文玺. 权变管理在管理理论中的地位及演进 [J]. 山东社会科学，2010（9）：105-108.

[7] 陈劲，邱嘉铭，沈海华. 技术学习对企业创新绩效的影响因素分析 [J]. 科学学研究，2007，25（6）：1223-1232.

[8] 程愚，孙建国，宋文文，等. 商业模式、营运效应与企业绩效——对生产技术创新和经营方法创新有效性的实证研究 [J]. 中国工业经济，2012（7）：83-95.

[9] 程愚，孙建国. 商业模式的理论模型：要素及其关系 [J]. 中国工业经济，2013（1）：141-153.

[10] 程愚. 交易分析：企业活动研究的范式创新 [J]. 中国

工业经济, 2004 (5): 97-104.

[11] 池国华, 邹威. 基于EVA的价值管理会计整合框架——一种系统性与针对性视角的探索 [J]. 会计研究, 2015 (12): 38-44, 96.

[12] 迟晓英, 宣国良. 价值链研究发展综述 [J]. 外国经济与管理, 2000 (1): 25-30.

[13] 邓博夫, 李子扬, 毛洪涛. 政府干预下的会计权力配置与管理会计信息决策有用性 [J]. 会计研究, 2016 (5): 63-70.

[14] 杜俊义, 熊胜绪, 王霞. 中小企业动态能力对创新绩效的影响——基于环境动态性的调节效应 [J]. 科技管理研究, 2017, 37 (1): 25-31.

[15] 杜荣瑞, 肖泽忠, 周齐武, 等. 管理会计与控制技术的应用及其与公司业绩的关系 [J]. 会计研究, 2008 (9): 39-46.

[16] 冯丽霞, 肖一婷. 内部资本市场超额价值创造研究——基于资源基础理论的思考 [J]. 会计研究, 2008 (4): 41-46, 93-94.

[17] 冯巧根. 管理会计变迁的制度经济学分析 [J]. 财经理论与实践, 2006 (5): 79-84.

[18] 冯巧根. 管理会计的变迁管理与创新探索 [J]. 会计研究, 2015 (10): 30-36, 96.

[19] 冯巧根. 管理会计应用与发展的典型案例研究: 一种理论与实践综合的视角 [M]. 北京: 经济科学出版社, 2002.

[20] 冯巧根. 管理会计在我国企业管理中的应用研究 [J]. 会计研究, 1997 (7): 33-35.

[21] 冯巧根. 基于环境不确定性的管理会计对策研究 [J]. 会计研究, 2014 (9): 21-28.

[22] 傅佳林, 袁水林. 我国物流成本预算管理体系构建研究 [J]. 商业研究, 2010 (4): 212-216.

[23] 高晨、汤谷良. 管理控制工具的应用模式理论分析与中国企业的创新——基于中国国有业的多案例研究 [J]. 会计研究, 2007（8）：68-75.

[24] 龚丽敏, 江诗松, 魏江. 试论商业模式构念的本质、研究方法及未来研究方向 [J]. 外国经济与管理, 2011, 33（3）：1-8, 18.

[25] 顾远东, 彭纪生. 组织创新氛围对员工创新行为的影响：创新自我效能感的中介作用 [J]. 南开管理评论, 2010, 13（1）：30-41.

[26] 豪夫·瑞册特, 罗伯特·C. 瑞卡斯, 解冰. 影响中国企业应用管理会计工具的组织因素探析——基于问卷调查及访谈的实证研究 [J]. 会计之友, 2015（20）：2-10.

[27] 胡保亮, 疏婷婷, 田茂利. 企业社会责任、资源重构与商业模式创新 [J]. 管理评论, 2019, 31（7）：294-304.

[28] 胡保亮. 商业模式、创新双元性与企业绩效的关系研究 [J]. 科研管理, 2015, 36（11）：29-36.

[29] 胡玉明. 21世纪管理会计主题的转变——从企业价值增值到企业核心能力培植 [J]. 外国经济与管理, 2001（1）：42-48.

[30] 胡玉明. 承前启后：重温余绪缨管理会计思想 [J]. 财务研究, 2018（4）：45-54.

[31] 胡玉明. 管理会计发展的历史演进 [J]. 财会通讯, 2004（1）：19-23.

[32] 姜洪涛, 王满. 管理会计工具应用层次：影响因素、整合机制与价值创造效应 [J]. 会计研究, 2020（9）：134-148.

[33] 姜洪涛, 王满. 环境不确定性、管理会计工具整合与企业绩效 [J]. 华东经济管理, 2018, 32（2）：130-138.

[34] 解学梅, 徐茂元. 协同创新机制、协同创新氛围与创新

绩效——以协同网络为中介变量 [J]. 科研管理, 2014, 35 (12): 9-16.

[35] 解学梅, 左蕾蕾. 企业协同创新网络特征与创新绩效: 基于知识吸收能力的中介效应研究 [J]. 南开管理评论, 2013, 16 (3): 47-56.

[36] 解学梅. 中小企业协同创新网络与创新绩效的实证研究 [J]. 管理科学学报, 2010, 13 (8): 51-64.

[37] 卡普兰, 阿特金森. 高级管理会计 [M]. 丁友刚, 译. 大连: 东北财经大学出版社, 2012.

[38] 孔增强, 詹海都, 卢淑芳. 影响高校学生工作信息传递有效性的因素探究 [J]. 思想教育研究, 2015.

[39] 李志刚, 汤书昆, 梁晓艳, 等. 产业集群网络结构与企业创新绩效关系研究 [J]. 科学学研究, 2007, 25 (4): 777-782.

[40] 李志强, 赵卫军. 企业技术创新与商业模式创新的协同研究 [J]. 中国软科学, 2012 (10): 117-124.

[41] 林文雄, 吴安妮. 中国管理会计实务调查报告 [J]. 会计研究, 1998 (8): 12-16.

[42] 刘学元, 刘璇, 赵先德. 社会资本、知识获取与创新绩效: 基于供应链视角 [J]. 科技进步与对策, 2016, 33 (4): 119-126.

[43] 刘运国, 陈国菲. BSC与EVA相结合的企业绩效评价研究——基于GP企业集团的案例分析 [J]. 会计研究, 2007 (9): 50-59, 96.

[44] 刘志山. 论权变学说在管理会计中的应用 [J]. 上海会计, 1991 (4): 8-10.

[45] 罗珉, 李亮宇. 互联网时代的商业模式创新: 价值创造视角 [J]. 中国工业经济, 2015 (1): 95-107.

[46] 罗兴武, 杨俊, 项国鹏, 等. 商业模式创新双重属性如

何作用创业企业成长：裸心的案例研究[J]. 管理评论, 2019, 31 (7): 133-148.

[47] 马连福, 高塬, 秦鹤. 企业双元创新路径选择研究——基于资本配置效率的视角[J]. 科学学与科学技术管理, 2019, 40 (8): 18-32.

[48] 潘飞, 陈世敏, 文东华, 等. 中国企业管理会计研究框架[J]. 会计研究, 2010 (10): 47-54.

[49] 彭家钧. 互联网时代组织变革与管理控制系统创新——海尔集团节点网状组织与人单合一双赢模式的设计运行[J]. 财务与会计, 2013 (12): 19-21.

[50] 钱锡红, 杨永福, 徐万里. 企业网络位置、吸收能力与创新绩效——一个交互效应模型[J]. 管理世界, 2010 (5): 118-129.

[51] 邱琼, 高建. 创业与经济增长关系研究动态综述[J]. 外国经济与管理, 2004 (1): 8-11, 21.

[52] 邱妘. 作业成本法与剩余生产能力管理[J]. 会计研究, 2004 (5): 67-70.

[53] 沙秀娟, 王满, 钟芳, 等. 价值链视角下的管理会计工具重要性研究——基于中国企业的问卷调查与分析[J]. 会计研究, 2017 (4): 66-72, 96.

[54] 沙秀娟, 王满. 管理会计工具研究综述: 回顾和展望[J]. 财会月刊, 2019 (9): 62-67.

[55] 沈灏, 李垣. 联盟关系、环境动态性对创新绩效的影响研究[J]. 科研管理, 2010, 31 (1): 77-85.

[56] 孙晓娥. 深度访谈研究方法的实证论析[J]. 西安交通大学学报 (社会科学版), 2012, 32 (3): 101-106.

[57] 汤世国. 技术创新指标研究的国际比较[J]. 科学学研究, 1990 (4): 39-43.

[58] 王斌, 高晨. 论管理会计工具整合系统 [J]. 会计研究, 2004 (4): 59 - 64.

[59] 王斌, 顾惠忠. 内嵌于组织管理活动的管理会计: 边界、信息特征及研究未来 [J]. 会计研究, 2014 (1): 13 - 20.

[60] 王立彦, 张莹. 关注会计信息的管理价值——管理会计的过去、现在和未来 [J]. 财务与会计, 2000 (02): 20 - 23.

[61] 王满, 于浩洋, 马影, 等. 改革开放 40 年中国管理会计理论研究的回顾与展望 [J]. 会计研究, 2019 (1): 13 - 20.

[62] 王胜洲. 基于价值链理论的商业模式设计与优化研究 [J]. 财经理论与实践, 2012, 33 (3): 108 - 111.

[63] 王悦, 潘飞, 周琳, 等. 企业研发类型与管理控制系统设计——基于上市公司的实地研究 [J]. 中国会计与财务研究, 2015 (3): 1 - 32.

[64] 王悦, 潘飞, 周琳, 等. 企业研发类型与管理控制系统设计——基于上市公司的实地研究 [J]. 中国会计与财务研究, 2015 (3): 1 - 32.

[65] 魏江, 刘洋, 应瑛. 商业模式内涵与研究框架建构 [J]. 科研管理, 2012, 33 (5): 107 - 114.

[66] 温素彬, 汪超, 刘义鹃. 管理会计工具及应用案例——约束理论视角下的有效产出会计方法及应用 [J]. 会计之友, 2017 (4): 134 - 137.

[67] 文东华, 陈世敏, 潘飞. 全面质量管理的业绩效应: 一项结构方程模型研究 [J]. 管理科学学报, 2014, 17 (11): 79 - 96.

[68] 文东华, 潘飞, 陈世敏. 环境不确定性、二元管理控制系统与企业业绩实证研究——基于权变理论的视角 [J]. 管理世界, 2009 (10): 102 - 114.

[69] 文东华, 潘飞. 全面质量管理与企业业绩实证研究

[J]. 中国会计与财务研究, 2008 (4): 49-74.

[70] 翁君奕. 介观商务模式: 管理领域的"纳米"研究 [J]. 中国经济问题, 2004 (1): 34-40.

[71] 吴明隆. 问卷统计分析实务——SPSS 操作与应用 [M]. 重庆: 重庆大学出版社, 2010.

[72] 吴兴宇, 王满. 产学研协同创新视角下联盟网络嵌入对创新绩效的影响 [J]. 科技进步与对策, 2020, 37 (3): 16-23.

[73] 武梦超, 李随成. 知识积累与产品创新性: 知识整合机制与动态知识能力的作用 [J]. 科学学与科学技术管理, 2019, 40 (6): 37-53.

[74] 项国鹏, 杨卓, 罗兴武. 价值创造视角下的商业模式研究回顾与理论框架构建——基于扎根思想的编码与提炼 [J]. 外国经济与管理, 2014, 36 (6): 32-41.

[75] 谢志华, 敖小波. 管理会计价值创造的历史演进与逻辑起点 [J]. 会计研究, 2018 (2): 3-10.

[76] 熊焰韧, 苏文兵. 管理会计实践发展现状与展望——先进管理会计方法在中国应用状况调查 [J]. 会计研究, 2008 (11): 84-90.

[77] 徐建中, 徐莹莹. 企业协同能力、网络位置与技术创新绩效——基于环渤海地区制造业企业的实证分析 [J]. 管理评论, 2015, 27 (1): 114-125.

[78] 杨雄胜, 陈丽花, 缪艳娟, 时现. 中国会计发展: 立足国际大背景的战略思考 [J]. 会计研究, 2018 (11): 3-14.

[79] 杨雄胜, 陈启忠, 陈丽花, 等. 价值具象化: 信息革命赋予价值管理及其管理会计新框架 [J]. 会计研究, 2016 (11): 6-13, 95.

[80] 杨雄胜. 企业创新管理会计制度研究 [J]. 财务与会计, 2019 (21): 4-10.

[81] 姚明明, 吴晓波, 石涌江, 等. 技术追赶视角下商业模式设计与技术创新战略的匹配——一个多案例研究 [J]. 管理世界, 2014 (10): 149-162, 188.

[82] 印猛, 李燕萍. 基于 BSC 和 EVA 整合战略管理的应用研究 [J]. 南开管理评论, 2006 (5): 83-88.

[83] 于增彪, 姜杰凡. 关于商业银行应用与发展管理会计的探讨 [J]. 金融会计, 2016 (10): 27-34.

[84] 于增彪, 桑向阳. 为什么业务流程管理总是败多胜少?——一个管理会计的视角 [J]. 会计研究, 2014 (6): 48-56, 97.

[85] 于增彪, 桑向阳. 为什么业务流程管理总是败多胜少?——一个管理会计的视角 [J]. 会计研究, 2014 (6): 48-56.

[86] 于增彪. 管理会计概念的重新界定 [J]. 会计之友, 2018 (3): 6-10.

[87] 原磊. 商业模式体系重构 [J]. 中国工业经济, 2007 (6): 70-79.

[88] 张方华. 网络嵌入影响企业创新绩效的概念模型与实证分析 [J]. 中国工业经济, 2010 (4): 110-119.

[89] 张建斌, 鲍新中. 集团公司财务预算控制的动态博弈分析 [J]. 中国管理信息化, 2010, 13 (12): 29-31.

[90] 郑建君, 金盛华. 中国企业中员工创新能力与创新绩效的关系: 以组织创新气氛为调节变量 [J]. 心理与行为研究, 2010, 8 (4): 274-278, 306.

[91] 钟芳, 王满, 周鹏. 供应链下的管理会计工具整合运用与企业绩效 [J]. 华东经济管理, 2019, 33 (1): 145-153.

[92] 朱朝晖. 探索性学习、挖掘性学习和创新绩效 [J]. 科学学研究, 2008, 26 (4): 860-867.

[93] 诸波,李余. 基于价值创造的企业管理会计应用体系构建与实施 [J]. 会计研究, 2017 (6): 11 – 16, 96.

[94] Abdel – Kader M., Luther R. The impact of firm characteristics on management accounting practices: A UK – based empirical analysis [J]. The British Accounting Review, 2008, 40 (1): 2 – 27.

[95] Abdel – Kader M., Luther R., "Management Accounting Practices in the British Food and Drinks Industry", British Food Journal, 2006, 108 (5): 336 – 357.

[96] Abernethy M. A., Chua W. F., "A field study of control system 'redesign': the impact of institutional processes on strategic choice", Contemporary Accounting Research, 1996, 13 (2): 569 – 606.

[97] Adler P. S., Chen C. X. L. Combining Creativity and Control: Understanding Individual Motivation in Large – scale Collabo – rative Creativity [J]. Accounting, Organizations and Society, 2011, 36 (2): 63 – 85.

[98] Ahren T., Chapman S., "Accounting for flexibility and efficiency: A field study of Management Control Systems in a Restaurant Chain", Contemporary Accounting Research, 2004, 21 (2): 271 – 301.

[99] Ahuja G. Collaboration networks, structural holes, and innovation: A longitudinal study [J]. Administrative science quarterly, 2000, 45 (3): 425 – 455.

[100] Al – Omiri M., Drury C., "A survey of factors influencing the choice of product costing systems in UK organizations", Management Accounting Research, 2007, 18 (4): 399 – 424.

[101] Amabile T M, Conti R, Coon H, et al. Assessing the Work Environment for Creativity [J]. The Academy of Management

Journal, 1996, 39 (5): 1154 - 1184.

[102] Amburgey Terry L; Dacin Tina. . As the left foot follows the right? The dynamics of strategi [J]. Academy of Management Journal, 1994 (37): 1427 - 1452.

[103] Amit, R. , Zott, C. Value creation in e - business [J]. Strategic Management Journal, 2001, 22 (6/7): 493 - 520.

[104] Anderson, S. , W. , Glenn, D & Sedatole, K. L. , "Sourcing parts of complex products: evidence on transactions costs, high - powered incentives and ex - post opportunism", Accounting, Organizations and Society, 2001, 25: 723 - 749.

[105] Barney J. B. , "Resource - based theories of competitive advantage: A ten - year retrospective on the resource - based view", Journal of Management, 2016, 27 (6): 643 - 650.

[106] Barney Jay B. , "Strategic Factor Markets: Expectations, Luck, and Business Strategy" Management Science, 1986, 32 (10): 1231 - 1241.

[107] Barney Jay B. , "Resource - based theories of competitive advantage: A ten - year retrospective on the resource - based view", Journal of Management, 2001, 27 (6): 643 - 650.

[108] Baron, R. M, Kenny, D. A. , "The moderator - mediator variable distinction in social psychological research: conceptual, strategic and statistical considerations. Joural of Personality and Social Psychology", 1986, 51 (6): 1173 - 1182.

[109] Beers C V, Panne G V D. Geography, knowledge spillovers and small firms'exports: an empirical examination for The Netherlands [J]. Small Business Economics, 2011, 37 (3): 325 - 339.

[110] Beers C, Zand F. R&D cooperation, partner diversity, and innovation performance: an empirical analysis [J]. Journal of

Product Innovation Management, 2014, 31 (2): 292 -312.

[111] Bell, G. G. Clusters, Networks, and Firm Innovativeness [J]. Strategic Management Journal, 2005 (26): 287 -295.

[112] Bertrand, M. Mullainathan, S. Enjoying the quiet life? Corporate governance and managerial preferences (Article) [J]. Journal of Political Economy, 2003, 111 (5): 1043 -1075.

[113] Birger Wernerfelt. A Resource - Based View of the Firm [J]. Strategic Management Journal, 1984, 5 (2): 171 -180.

[114] Bledow R, Frese M, Mueller V. Ambidextrous leadership for innovation: the influence of culture [J]. Advances in global leadership, 2011 (6): 41 -69.

[115] Bledow, Ronald; Schmitt, Antje; Frese, Michael; Kühnel, Jana. The Affective Shift Model of Work Engagement [J]. Journal of Applied Psychology, 2011, 96 (6): 1246 -1257.

[116] Brickley, J., Zimmerman, S. C., "The economics of organizational architecture", Journal of Applied Corporate Finance, 1995, 8 (2): 19 -31.

[117] Brignall S., "A contingent rationale for cost system design in services", Management Accounting Research, 1997, 8 (3): 325   346.

[118] Cardinaels E., Veen - Dirks PMGV., "Financial versus non - financial information: The impact of information organization and presentation in a Balanced Scorecard", Accounting, Organizations and Society, 2010, 35 (6): 565 -578.

[119] Casadesus - Masanell, R. & Rican, J. E. From strategy to Business Models and onto Tactics [J]. Long Range Planning, 2010, 43 (2 -3): 195 -215.

[120] Casadesus - Masanell, Ramon; Ricart, Joan E.. How to Design A Winning Business Model [J]. Harvard Business Review,

2011 (89): 100 – 107.

[121] Chen C J, Huang J W. Strategic human resource practices and innovation performance—the mediating role of knowledge management capacity [J]. Journal of Business Research, 2009, 62 (1): 104 – 114.

[122] Chenhall R. H., Langfield – Smith K., "Adoption and benefits of management accounting practices: an Australian study", Management Accounting Research, 1998, 9 (1): 1 – 19.

[123] Chenhall R. H., "Management Control Systems Design within its Organizational Context: Findings from Contingency—Based Research and Directions for the Future", Accounting, Organizations and Society, 2003, 28 (2): 127 – 168.

[124] Chenhall R. H., Morris D., "The impact of structure, environment, and interdependence on the perceived usefulness of management accounting systems", Accounting Review, 1986, 61 (1): 16 – 35.

[125] Chenhall R. H., Euske K. J., "The Role of Management Control Systems in Planned Organizational Change: An Analysis of Two Organizations", Accounting, Organizations and Society, 2007, 32 (7 – 8): 601 – 637.

[126] Chenhall R. H., Moers F., "the role of innovation in the evolution of management accounting andits integration into management control", Accounting Organizations & Society, 2015 (47): 1 – 13.

[127] Chenhall, R. H., and K. Langfield – Smith. Adoption and Benefits of Management Accounting Practices: An Australian study [J]. Management Accounting Research, 1998, 9 (1): 1 – 14.

[128] Chesbrough H W. The Era of Open Innovation [J]. MIT Sloan management review, 2003, 44 (3): 35 – 41.

[129] Choe J. M. , "The effects of user participation on the design of accounting information systems", Information and Management, 1998, 34 (3): 185 - 198.

[130] Clay Shirky. Here Comes Everybody The Power of Organizing Without Organizations [J]. Harvard Business Review, 2008, 86 (3).

[131] Cloodt M, Hagedoorn J, Van Kranenburg H. Mergers and acquisitions: Their effecton the innovative performance of companies in high - tech industries [J]. Research policy, 2006, 35 (5): 642 - 654.

[132] Collis D J. , Montgomery CA. , Corporate Strategy: a Resource - based Approach, 1998.

[133] Dahya J. , Dimitrov O. , Mcconnell J. J. , "Dominant Shareholders, Corporate Boards, and Corporate Value: A Cross - country Analysis", Journal of Financial Economics, 2008, 87 (1): 73 - 100.

[134] Damanpour F. Organizational innovation: A meta - analysis of effects of determinants and moderators [J]. Academy of management journal, 1991, 34 (3): 555 - 590.

[135] Darrell Rigby, Bruno Lannes. The Most Popular Management Accounting Tools in 2009 [J]. Harvard Business Review, 2009 (8): 189 - 207.

[136] Davila, T. An empirical study on the driver of management control system' design in new product development [J]. Accounting, Organizations and Society, 2000, 25: 383 - 409.

[137] Dekker, H. C. , "Value chain analysis in interfirm Relationships: A Field Study", Management Accounting Research, 2003, 14 (1): 1 - 23.

[138] Dwivedi R., Chakraborty S., "Development of a strategic management tool in a thermal power plant using ABC and BSC models", Serbian Journal of Management, 2016, 11 (1): 81-97.

[139] Estrada I, Faems D, Faria P D. Coopetition and product innovation performance: The role of internal knowledge sharing mechanisms and formal knowledge protection mechanisms [J]. Industrial Marketing Management, 2016 (53): 56-65.

[140] Ferreira, A., Otley D., "The design and use of performance management systems: an extended framework for analysis", Management Accounting Research, 2009, 20 (4): 263-282.

[141] Forés B, Camisón C. Does incremental and radical innovation performance depend on different types of knowledge accumulation capabilities and organizational size? [J]. Journal of Business Research, 2016, 69 (2): 831-848.

[142] Fornell C, Larcker D F., "Structural equation models with unobservable variables and measurement error: Algebra and statistics", Journal of marketing research, 1981, 18 (4): 382-388.

[143] Frezatti F., Aguiar AB., Guerreiro R., et al. Does management accounting play role in planning process? [J]. Journal of Business Research, 2011, 64 (3): 242-249.

[144] Gietzmanm M. B., "Incomplete contracts and the make or buy decisions: governance design and attainable flexibility", Accounting, Organizations and Society, 1999 (21): 611-625.

[145] Gilbert A. Churchill. A Paradigm for Developing Better Measures of Marketing Constructs [J]. Journal of Marketing Research, 1979, 16 (1): 64-73.

[146] Gong, M. Z., Ferreira., A., "Does consistency in management control systems design choices influence firm performance? An

empirical analysis". Accounting and Business Research, 2014, 44 (5): 497 –522.

[147] Gordon L. , Miller D. , "A contingency framework for the design of accounting information systems" Accounting, Organizations and Society, 1976 (1): 59 –69.

[148] Gordon L. A, Narayanan V. K. , "Management accounting systems, perceived environmental uncertainty and organization structure: an empirical investigation" Accounting, Organizations and Society, 1984, 9 (1): 33 –47.

[149] Govindarajan, V. , "A contingency approach to strategy implementation at the business – unit level—integrating administrative mechanisms with strategy". Academy of Management Journal, 1988, 31 (4): 828 –853.

[150] Grabner I. , Moers F. Management Control as a System or a Package? Conceptual and Empirical Issues [J]. Accounting, Organizations and Society, 2013, 38 (6 –7): 407 –419.

[151] Gupta A. K. , Wilemon D. L. , "Accelerating the Development of Technology – Based New Products", California Management Review, 1990, 32 (2): 24 –44.

[152] Hagedoorn J, Cloodt M. Measuring innovative performance: is there an advantage in using multiple indicators? [J]. Research policy, 2003, 32 (8): 1365 –1379.

[153] Hamel G. Leading the revolution how to thrive in turbulent times by making innovation a way of life [M]. Boston, MA: Harvard Business School Press, 2000.

[154] Hamel, G. The Challenge Today: Changing the Rules of the Game [J]. Business Strategy Review, 1998, 9 (2): 19 –26.

[155] Hankansso, Lind, H. J. , "Accounting and network coor-

dination", Accounting, Organizations and Society, 2004 (29): 51 -72.

[156] Hawkins, R. The Phantom of the Marketplace: Searching for New E - commerce Business Models [J]. Communications And Strategies, 2002, 46 (2): 297 -329.

[157] Henri J. F., "Management Control Systems and Strategy: A Re - source - based Perspective", Accounting, Organizations and Society, 2006, 31 (6): 529 -558.

[158] Hensher D. A., "Customer Service Quality and Benchmarking in Public Transport Contracts", International Journal of Quality Innovation, 2015, 1 (1): 1 -17.

[159] Horngren C. T., Cost Accounting: A Managerial Emphasis, Prentice -Hall, 1972.

[160] Horngren C. T., Datar S. M., Rajan M. V., "Cost accounting: a managerial emphasis", Issues in Accounting Education, 2000, 25 (4): 789 -790.

[161] Hurley, Robert F.. Fordham U, Faculty of Business, Bronx, NY, US; Hult, G. Tomas M., ORCID 0000 -0003 -1728 -7856. Innovation, market orientation, and organizational learning: An integration and empirical examination [J]. Journal of Marketing, 1998, 62 (3): 42 -47.

[162] Huws Ursula, Dahlmann Simone, Value chain restructuring in Europe in a global economy, HIVA - K. U. Leuven, 2009.

[163] International Federation of Accountants (IFAC). International Management Accounting Practice Statement: Management Accounting Concepts, New York, 1998.

[164] Ittner C D., Larcker D F. Assessing empirical research in managerial accounting: a value - based management perspective [J].

Journal of accounting and economics, 2001, 32 (1 - 3): 349 - 410.

[165] Ittner, C. D., Larcker, D. F., Nagar, V. & Rajan, M. V., "Supplier selection, monitoring practices, and firm performance", Journal of Accounting and Public Policy, 1999 (18): 253 - 281.

[166] Jack H., Engineering Design, Planning and Management, Academic Press, 2013: 245 - 282.

[167] Janssen O. Job demands, perceptions of effort - reward fairness and innovative work behaviour [J]. Journal of Occupational and organizational psychology, 2000, 73 (3): 287 - 302.

[168] Jay Barney. Firm Resources and Sustained Competitive Advantage [J]. Journal of Management, 1991, 17 (1): 99 - 120.

[169] Jerry Dermer. Review [J]. Accounting Review, 1977, 52 (2): 548 - 549.

[170] John Hagedoorn; Myriam Cloodt. Measuring innovative performance: is there an advantage in using multiple indicators? [J]. Research Policy, 2003, 32 (8): 1365 - 1379.

[171] Joreskog D. G., Sorbom D., "Lisrel 8: Struc - tural Equation Modeling with the SIMPLIS Command Language", Lawrence Erlbaum, Hillsdale, NJ, 1993.

[172] Kanfer, Ruth; Ackerman, Phillip L.; Murtha, Todd C.; Dugdale, Brad; Nelson, Leissa. Goal Setting, Conditions of Practice, and Task Performance: A Resource Allocation Perspective [J]. Journal of Applied Psychology, 1994, 79 (6): 826 - 835.

[173] Kaplan Robert S., Norton David P., "The Balanced Scorecard: measures that drive performance", Harvard Business Review, 1992, 70 (1): 79 - 80.

[174] Kaynak H., "The relationship between total quality management practices and their effects on firm performance", Journal of op-

erations management, 2003, 21 (4): 405-435.

[175] Kiazad, K. a; Seibert, S. E. b; Kraimer, M. L. b. Psychological contract breach and employee innovation: A conservation of resources perspective (Article) [J]. Journal of Occupational and Organizational Psychology, 2014, 87 (3): 535-556.

[176] Kleinknecht A, Montfort K, Brouvver E. The non-trivial choice between innovation indicators [J]. Economics of Innovation and new technology, 2002, 11 (2): 109-121.

[177] Knápková A., Pavelková D., Jirčíková E., "Possibilities for the utilization of concepts BSC and EVA for measuring and managing performance with the support of benchmarking", International Business Information Management Association, 2011 (1-3): 731-743.

[178] Lambert R. A., "Contracting theory and accounting", Journal of Accounting and Economics, 2001, 32 (1-3): 3-87.

[179] Langfield-Smith K., "Management control systems and strategy: a critical review", Accounting, Organizations and Society, 1997, 22 (2): 207-232.

[180] Li, S., Lin, B. Accessing information sharing and information quality in supply chain management [J]. Decision Sup-port Systems, 2006, 42 (3): 1641-1656.

[181] Lippman S. A., Rumelt R. P., "A bargaining perspective on resource advantage", Strategic Management Journal, 2003, 24 (11): 1069-1086.

[182] MacKinnon, D. P., Matthew S. F., "Distribution of the product confidence limits for the indirect effect Program PRODCLIN", Behavior Research Methods, 2007, 39 (3): 384-389.

[183] Magretta J. Why Business Models Matter [J]. Harvard Bus-iness Review, 2002, 80 (5): 86-92.

[184] Makhija M. V, Ganesh U. , "The Relationship between Control and Partner Learning in Learning – related Joint Ventures", Organization Science, 1997, 8 (5): 508 – 527.

[185] Malmi, T. , Brown, D. A. , " Management control systems as a package—Opportunities, challenges and research directions", Management Accounting Research, 2008, 19 (4): 287 – 300.

[186] Margaret A. Peteraf. The Cornerstones of Competitive Advantage: A Resource – Based View [J]. Strategic Management Journal, 1993, 14 (3): 179 – 191.

[187] Massaro M. , "Innovation Strategy and Management Control. The Link Between Knowledge Management and Management Control Systems", European Conference on Intellectual Capital, 2011, 2 (4): 569 – 571.

[188] Mclellan J. D. , Moustafa E. , "An Exploratory analysis of the Importance of Management Accounting Tools in the GCC Countries", Journal of Economic & Administrative Sciences, 2008, 24 (2): 54 – 77.

[189] Mcwilliams A. , Siegel DS. , "Creating and Capturing Value: Strategic Corporate Social Responsibility, Resource – Based Theory, and Sustainable Competitive Advantage", Journal of Management, 2011, 37 (5): 1480 – 1495.

[190] Merchant K. A. , Otley D. T. , "A Review of the Literature on Control and Accountability", Handbooks of Management Accounting Research, 2006, 2 (2): 785 – 802.

[191] Merchant, K. A. , Van der Stede, Management Control Systems: Performance Measurement, Evaluation and Incentives. UK: Prentice Hall, 2007.

[192] Meredith, J. R. , and M. Hill. Justifying New Manufactur-

ing Systems: A Managerial Approach. Sloan Management Review, 1987, 28 (4): 49 - 61.

[193] Michael E. Porter. TECHNOLOGY AND COMPETITIVE ADVANTAGE [J]. Journal of Business Strategy, 1985 (5): 60 - 78.

[194] Milgrom Paul, John Roberts, "The Efficiency of Equity in Organizational Decision Processes", The American Economic Review, 1990, 80 (2): 154 - 159.

[195] Morgan, R. M., Hunt, S. D. The commitment - trust theory of relationship marketing [J]. Journal of Marketing, 1994, 58 (3): 20 - 38.

[196] Morris M. Shirokova G. Shatalov A. The Business Model and Firm Performance: The Case of Russian Food Service Ventures [J]. Journal of Small Business Management, 2013, 51 (1): 46 - 65.

[197] Morris, M, Schindehutte, M, and Allen, J. The entrepreneur's business model: Toward a unified perspective [J]. Journal of Business Research, 2005, 58 (6): 726 - 735.

[198] Mouritsen, J., Hansen, A. & Hansen, C., "Interorganizational controls and organizational competencies: episodes around target cost management functional analysis and open book accounting". Management Accounting Research, 2001 (12): 221 - 244.

[199] Mundy, J. An investigation of the inter - relations between management controls. In: working paper, University of Greenwich presented at BAFA conference March, Manchester, 2015.

[200] Mundy J., "Creating dynamic tensions through a balanced use of management control systems", Accounting, Organizations and Society, 2010, 35 (5): 499 - 523.

[201] Nirmalya Kumar, Lisa Scheer, Philip Kotler. From market driven to market driving [J]. European Management Journal, 2000,

18 (2): 129 -142.

[202] O'Connor, N. G., Chow, C. W., Wu, A., "The adoption of 'Western' management accounting/controls in China's state - owned enterprises during economic transition". Accounting, Organizations and Society, 2004, 29 (3 -4): 349 -375.

[203] O'Leary - Kelly, S. &R. J. Vokurka, "The empirical assessment of construct validity", Journal of Operations Management, 1998 (16): 387 -405.

[204] Osterwalder A, Pigneur Y. Business Model Generation: A Handbook for Visionaries, Game Changers and Challengers [M]. Wiley Hoboken, NJ, 2010.

[205] Otley D., "Performance management: a framework for management control system design", Management Accounting Research, 1999, 10 (4): 363 -382.

[206] Otley David T., "The contingency theory of management accounting: Achievement and prognosis", Accounting, Organizations and Society, 1980, 5 (4): 413 -428.

[207] Otley, D. "The contingency theory of management accounting and control: 1980 - 2014". Management Accounting Research, 2016 (31): 45 -62.

[208] Otley, D. T., "Management control and performance management", the British Accounting Review, 2003, 35: 309 -326.

[209] Ouchi, W. G., "A Conceptual framework for the design of organizational control mechanisms". Management Science, 1979, 25 (9): 833 -848.

[210] Pelham, Alfred M.. Market Orientation and Other Potential Influences on Performance in Small and Medium - Sized Manufacturing Firms [J]. Journal of Small Business Management, 2000, 38 (1):

48 – 67.

[211] Peng MW., Chen H., "The institution – based view as a third leg for a strategy tripod", Academy of Management Perspectives, 2009, 23 (3): 63 – 81.

[212] Podsakoff, P. M., Organ, D. W., "Self – reports in organizational research: problems and prospects", Journal of Management, 1986, 12 (4): 531 – 544.

[213] Powell W W, Koput K W, Smith – Doerr L. Interorganizational collaboration and the locus of innovation: Networks of learning in biotechnology [J]. Administrative science quarterly, 1996: 116 – 145.

[214] Prajogo D I, Ahmed P K. Relationships between innovation stimulus, innovation capacity, and innovation performance [J]. R&D Management, 2006, 36 (5): 499 – 515.

[215] Priem R., Butler J., "Is the resource – based 'view' a useful perspective for strategic management research?", Academy of Management Review, 2001, 26 (1): 22 – 40.

[216] Priit Vahter a; James H. Love b; Stephen Roper b. Openness and Innovation Performance: Are Small Firms Different [J]. Industry and Innovation, 2014, 21: 553 – 573.

[217] Raphael Amit 1, *; Lawrence Glosten 2; Eitan Muller 3. CHALLENGES TO THEORY DEVELOPMENT IN ENTREPRENEURSHIP RESEARCH [J]. Journal of Management Studies, 1993, 30 (5): 815 – 834.

[218] Ren S, Eisingerich A B, Tsai H. Search scope and innovation performance of emerging – market firms [J]. Journal of Business Research, 2015, 68 (1): 102 – 108.

[219] Revellino, S., Mouritsen. J. Accounting as an engine: the

performativity of calculative practices and the dynamics of innovation [J]. Management Accounting Research, 2015 (28): 31 -49.

[220] Richard W. Firth and V. K. Narayanan. New product strategies of large, dominant product manufacturing firms: An exploratory analysis [J]. Journal of Product Innovation Management, 1996, 13 (4): 334 -347.

[221] Rietveld, J. 1. Creating and capturing value from freemium business models: A demand - side perspective [J]. Strategic Entrepreneurship Journal, 2018, 12 (2): 171 -193.

[222] Rigby Darrell, Lannes Bruno. The Most Popular Management Accounting Tools in 2009 [J]. Harvard Business Review, 2009 (8): 189 -207.

[223] Ritter, T. & Gemünden, H. G. The Impact of a Company's Business Strategy on Its Technological Competence, Network Competence and Innovation Success [J]. Journal of Business Research, 2004, 57 (5): 548 -556.

[224] Robert M. Grant. The Resource - Based Theory of Competitive Advantage: Implications for Strategy Formulation [J]. California Management Review, 1991, 33 (3): 114 -126.

[225] Robin Cooper, Regine Slagmulder, "Inter - organizational cost management and relational context", Accounting, Organizations and Society, 2004, 29 (1): 1 -26.

[226] Rogers E M, Shoemaker F. Diffusion of innovation: A cross - cultural approach [M]. New York, 1983.

[227] Rosenkopf L, Nerkar A. Beyond local search: boundary - spanning, exploration, and impact in the optical disk industry [J]. Strategic Management Journal, 2001, 22 (4): 287 -306.

[228] Rumelt, Richard P.. Strategy, structure, and economic

performance [M]. Division of Research, 1974.

[229] Sapsford, R., Survey research. Thousand Oaks, CA: Sage Publications, 1999.

[230] Schoute M., "The relationship between cost system complexity, purposes of useand cost system effectiveness", The British Accounting Review, 2009, 41 (4): 208 – 226.

[231] Schumpeter J. A. The Theory of Economic Development [M]. Cambridge, Mass., Harvard University Press. 1934.

[232] Seal, W., Berry, A., Cullen, J., "Disembedding the supply chain: institutionalized reflexivity and inter – firm accounting", Accounting, Organizations and Society, 2004, 29 (1): 73 – 92.

[233] Shafer S, Smith H J, Linder J. The Power of Business Models [J]. Business Horizons, 2005, 48 (3): 199 – 207.

[234] Shan W, Walker G, Kogut B. Interfirm cooperation and startup innovation in the biotechnology industry [J]. Strategic management journal, 1994, 15 (5): 387 – 394.

[235] Shank J. K., Govindarajan V., "Strategic Cost Management: the Value Chain Perspective", Management Accounting Research, 1992 (4): 177 – 197.

[236] Sirmon D. G., Hitt M. A., Ireland RD., "Managing firm resources in dynamic environments to create value: looking inside the black box", Academy of Management Review, 2007, 32 (1): 273 – 292.

[237] Slater, Stanley F.. U Colorado, Coll of Business & Administration, Colorado Springs, US; Narver, John C.. Does competitive environment moderate the market orientation – performance relationship? [J]. Journal of Marketing, 1994, 58 (1): 46.

[238] Speklé R. F., "Explaining management control structure

variety: a transaction cost economics perspective", Accounting, Organizations and Society, 2001, 26 (4-5): 419-441.

[239] Sprinkle G. B., "Perspectives on experimental research in managerial accounting ", Accounting, Organizations and Society, 2003, 28 (2-3): 287-318.

[240] Stanley F. Slater (1). Developing a Customer Value - Based Theory of the Firm [J]. Journal of the Academy of Marketing Science, 1997, 25 (2): 162.

[241] Stewart D, Zhao Q. Internet marketing business models and public policy [J]. Journal of Public Policy & Marketing, 2000, 19 (2): 287-296.

[242] Sulaiman M. B., Ahmad N. N. N., Alwi N., "Management Accounting Practices in selected Asian countries: a review of the Literature", Managerial Auditing Journal, 2004, 19 (4): 493-508.

[243] Teece D. J., Pisano G., Shuen A., "Dynamic Capabilities and strategic Management", Strategic Management Jornal, 1997, 18 (7): 509-538.

[244] Teece D. J. Explicating Dynamic Capabilities: The Nature and Microfoundations of (Sustainable) Enterprise Performance [J]. Strategic Management Journal, 2007, 28 (13): 1319-1350.

[245] Teece, D. J. Business models, business strategy and innovation [J]. Long Range Planning, 2010, 43 (2/3): 172-194.

[246] TERESA M. AMABILE. How to Kill Creativity [J]. Harvard Business Review, 1998, 76 (5): 76-87.

[247] Tierney P, Farmer S M. Creative self-efficacy: Its potential antecedents and relationship to creative performance [J]. Academy of Management Journal, 2002, 45 (6): 1137-1148.

[248] Timmers, P. Business models for electronic commerce [J]. Electronic Markets, 1998, 8 (2), 3-8.

[249] Vahter P, Love J H, Roper S. Openness and innovation performance: are small firms different? [J]. Industry and Innovation, 2014, 21 (7): 553-573.

[250] Van der Meer - Kooistra, J. &Vosselman, E. G. J., "Management control of interfirm transctional relationships: the case of industrial renovation and maintenance", Accounting, Organizations and Society, 2000, 25 (1): 51-77.

[251] Van der Stede, W. A., Young, S. M., Chen, C. X., "Assessing The Quality of Evidence In Empirical Management Accounting Research: The case of Survey Studies". Accounting, Organizations and Society, 2005, 30 (7-8): 655-684.

[252] Venkatraman N, et al. Four vectors of business model innovation: Value capture in a network era [A]. Berlin: Springer, 2008.

[253] Wagner S M. Supplier traits for better customer firm innovation performance [J]. Industrial Marketing Management, 2010, 39 (7): 1139-1149.

[254] Wang C L, Ahmed P K. The development and validation of the organization innovativeness construct using confirmatory factor analysis [J]. European journal of innovation management, 2004, 7 (4): 303-313.

[255] Wang C L, Ahmed P K. Dynamic capabilities: a review and research agenda [J]. International Journal of Management Reviews, 2007, 9 (1): 31-51.

[256] Waterhouse J., Tiessen P., "A contingency framework for management accounting systems research", Accounting, Organiza-

tions, and Society, 1978 (3): 65-76.

[257] Yip G S. Using Strategy to Change Your Business Model [J]. Business Strategy Review, 2004, 15 (2): 17-24.

[258] Zeng S X, Xie X M, Tam C M. Relationship between cooperation networks and innovation performance of SMEs [J]. Technovation, 2010, 30 (3): 181-194.

[259] Zhu K, Kraemer K L. E-commerce metrics for net-enhanced organizations: Assessing the value of e-commerce to firmperformance in the manufacturing sector [J]. Information Systems Research, 2003, 13 (3): 275-295.

[260] Zimmerman JL., "Accounting for decision making and control", Irwin, 1997, 36 (4): 577-582.

[261] Zimmerman JL., "Accounting for Decision Making and Control", Issues in Accounting Education, 2005, 36 (4): 321-322.

[262] Zott C, Amit R. Business model design: an activity system perspective [J]. Long range planning, 2010, 43 (2-3): 216-226.

[263] Zott, C., Amit, R. Business model design and the performance of entrepreneurial firms [J]. organization Science, 2007, 18 (2), 181-199.

[264] Zott, C., Amit, R. Deigning your future business model: An activity system perspective [J]. IESE Business School Working paper, 2009, 781, 1-13.

[265] Zott, C., Amit, R. The fit between product market strategy and business model: implications for firm performance [J]. Strategic Management Journal, 2008, 29 (1): 1-26.

[266] Zimmerman JL., "Accounting for Decision Making and

Control", Issues in Accounting Education, 2005, 36 (4): 321 – 322.

[267] Zimmerman JL., "Accounting for decision making and control", Irwin, 1997, 36 (4): 577 – 582.